Berlin unter Hitler
1933-1945

Copyright © 2006 Dr. H. van Capelle und Dr. A. P. van de Bovenkamp
Copyright © 2006 bei Verba b. v., Soest
Copyright © 2007 der deutschsprachigen Erstausgabe bei tosa im
Verlag Carl Ueberreuter Ges. m. b. H., Wien
Zeichnungen und Pläne: Xcelent Computers, Berlin
Übersetzung aus dem Niederländischen:
Ludger Gausepohl (für akapit Verlagsservice)
Produktion der deutschen Ausgabe:
akapit Verlagsservice, Berlin – Saarbrücken
Umschlaggestaltung: Joseph Koo
Printed in Slovakia

www.tosa-verlag.com

Die größte Parade des Dritten Reiches auf der Ost-West-Achse zum Anlass von Hitlers 50. Geburtstag am 20. April 1939.

Berlin unter Hitler
1933-1945

Dr. H. van Capelle
Dr. A.P. van de Bovenkamp

tosa

Inhalt

VORWORT

Wenn es eine Hauptstadt auf dieser Welt gibt, die einen besonderen Platz einnimmt, dann ist es wohl Berlin. In dieser Stadt – einstmals Sitz der preußischen Könige, des deutschen Kaisers, der Weimarer Republik, Adolf Hitlers und der DDR-Diktatur – wurden Weltkriege vom Zaun gebrochen, die Millionen von unschuldigen Menschen das Leben kosteten und die Zukunft Europas in großem Umfang beeinflusst haben.

Dieses Buch handelt von den dunklen Jahren von 1933 bis 1945, als sich Berlin in den Klauen des Nationalsozialismus befand und Reichshauptstadt des „Dritten Reiches" war, das entsprechend den Verheißungen des skrupellosen Diktators Hitler mindestens tausend Jahre bestehen und den europäischen Kontinent beherrschen sollte. In dieser Stadt feierte Hitler seine größten Triumphe, und hier erlitt er seine größte Niederlage, die schließlich zu seinem Selbstmord führte. Das Ergebnis eines beispiellosen Krieges war die Zerstörung Berlins, die mit den Bombardierungen von 1940 begann und mit der blutigen Schlacht um Berlin im April 1945 endete. Berlin und insbesondere die im typischen NS-Stil errichtete Reichskanzlei sowie Hitlers benachbartes Wohnhaus wurden zu den Symbolen des Dritten Reiches. Von hier aus wurde

der Zweite Weltkrieg politisch, materiell und psychologisch geplant, organisiert, vom Zaun gebrochen und ausgeführt. Dieses Buch nimmt den Leser mit in diese dunkle Zeit und vermittelt Eindrücke von den Ereignissen in der Stadt. Es wird nicht nur auf die wichtigsten politischen, militärischen und ökonomischen Ereignisse dieser Jahre eingegangen, sondern es wird auch das Privatleben Hitlers und seiner engsten Vasallen beleuchtet. Der Leser wird dadurch zum Zuschauer und bekommt einen lebendigen Einblick in die Zusammenhänge der Ereignisse zwischen 1933 und 1945.

Angesichts seiner stetig wachsenden Macht gab Hitler seinem Lieblingsarchitekten Albert Speer den Auftrag, gigantische Neubaupläne für Berlin mit riesigen Gebäuden zu entwerfen, welche die Welt bisher noch nicht gesehen hatte. Sie sollten der Stadt ein völlig neues Gesicht verleihen. Berlin sollte nach der geplanten Fertigstellung der Neugestaltung etwa 1953 zur Welthauptstadt „Germania" werden.
In Berlin befanden sich auch die Hauptzentralen der SS, des SD und der Gestapo, von denen aus die deutsche Bevölkerung und später auch die der eroberten Gebiete Europas terrorisiert werden sollten. Diese Institutionen sollten auch das finstere Imperium der zahlreichen Konzentrations- und Vernichtungslager verwalten. Sie zogen die Fäden für die systematische Vernichtung insbesondere der Juden im Machtbereich der Nationalsozialisten. Als Ergebnis dieser Machenschaften kamen etwa 6 Millionen unschuldige Menschen durch Vergasung, Krankheit, Entkräftung und Verhungern zu Tode, darunter Hunderttausende Kinder.

In Berlin wurden auch die XI. Olympischen Spiele 1936 veranstaltet. Die Nationalsozialisten nutzten die Spiele, um der Welt das neue Gesicht Deutschlands zu präsentieren und sich international zu legitimieren.
Dank der schlauen und alles umfassenden Propaganda von Dr. Joseph Goebbels wurden die Deutschen von der gnadenlosen Wirklichkeit abgeschottet. So waren viele blind für ein Klima der Angst, überfüllte Konzentrationslager, ständige Razzien und Diskriminierungen vor allem der jüdischen Bevölkerung sowie für eine völlige staatliche Gleichschaltung aller Lebensbereiche.

Im Sommer 1939 hielt die Welt den Atem an und richtete alle Blicke auf Berlin. Würde der inzwischen äußerst populäre Führer die Welt in einen Krieg stürzen, oder würde der Frieden überdauern? Es kam schließlich zum Krieg, der sich nach anfänglichen Siegen in West-, Nord- und Osteuropa letztendlich als Bumerang gegen Deutschland richtete und

wertvoller, da die meisten dieser Zeitzeugen heute nicht mehr leben. Zu ihnen gehörten u. a. Albert Speer, Hitlers favorisierter Architekt sowie Reichsminister für Rüstung und Kriegsproduktion; Hermann Gieseler, neben Speer Hitlers Lieblingsarchitekt; Richard Schulze-Kossens, Hitlers Waffen-SS-Adjutant; Rudolf Jordan, Gauleiter von Magdeburg-Anhalt; Karl Wolff, SS-General und Leiter von Himmlers persönlichem Stab; SS-Oberst Heim, Adjutant Martin Bormanns; die Sekretärinnen Traudl Junge und Christa Schröder; Henriette von Schirach, Ehefrau des Leiters der Hitlerjugend und Tochter von Parteifotograf Hoffmann; sowie Ehren-SS-Oberst Dr. Dollmann, Hitlers Dolmetscher bei Mussolini.

schließlich zur bedingungslosen Kapitulation führen sollte. Nicht nur Deutschland, sondern auch große Teile Europas wurden verwüstet. Eine Unzahl von Flüchtlingen sollte heimatlos werden, und etwa 55 Millionen Menschen würden in diesem Krieg umkommen. Allein im Kampf um Berlin starben gut 300.000 russische Soldaten.

Berlin war aber auch das Zentrum des Widerstands gegen Hitler in Deutschland. Als am 20. Juli 1944 der Bombenanschlag des Grafen Stauffenberg misslang und der von einem Widerstandskreis geplante Staatsstreich zum Erliegen kam, folgte daraus ein wahres Blutbad. Tausende Menschen wurden zum Tode verurteilt und im Gefängnis Berlin-Plötzensee gehängt.

Am Ende spielte sich in Berlin dann auch der Schlussakt des Dritten Reiches ab. Hitler und seine Frau Eva Braun, im Führerbunker gefangen, begingen Selbstmord. Mit ihm zerfiel der Nationalsozialismus, dessen Erbauer, Vollstrecker und Totengräber er zum Schluss war. Dieses Buch ist das Ergebnis jahrelanger Recherchen, sowohl in Berlin als auch anderswo. Wir haben dabei umfangreiches Archiv- und Literaturmaterial hinzugezogen. Ein nicht unwesentlicher Teil unserer Informationen entstammt Interviews, die wir mit einigen derer führten, die sich längere oder kürzere Zeit in Hitlers Umgebung aufgehalten haben. Diese Informationen sind umso

1 NATIONALSOZIALISTEN EROBERN BERLIN

Der junge Goebbels

Ende 1926 ernannte Hitler den jungen Dr. Joseph Goebbels zum Gauleiter und damit zu seinem Statthalter in Berlin. Als Gauleiter war Goebbels verantwortlich für den weiteren Aufbau der bis dato noch winzigen Nationalsozialistischen Deutschen Arbeiterpartei (NSDAP) in Berlin.

Goebbels wurde am 29. Oktober 1897 in Rheydt, einem ruhigen Industriestädtchen im Rheinland, geboren. Seine Jugend war ruhig, bürgerlich und gut behütet. Sein Vater war Betriebsleiter einer kleinen Textilfabrik.

Goebbels, dessen vollständiger Name Paul Joseph Goebbels war, hatte zwei Brüder und eine Schwester. Als er vier Jahre alt war, erkrankte er schwer an Kinderlähmung. Nach diversen Operationen behielt Joseph einen verkrüppelten

Mit dem Aufstieg der Nationalsozialisten war das Ende der frivolen „Goldenen Zwanzigerjahre" in Berlin gekommen.

Als Goebbels Ende 1926 in Berlin ankam, zählte die NSDAP nur einige hundert Mitglieder, während die straff organisierte kommunistische Partei etwa 100.000 streitbare Anhänger hatte. Aber genau wie die Schneefeger mit der Kaiser-Wilhelm-Gedächtnis-Kirche im Hintergrund, war Goebbels fest entschlossen, den Weg für die NSDAP freizumachen.

Foto linke Seite: Unter Führung des späteren Propagandaministers, Gauleiter Dr. Goebbels, gelang es der NSDAP, Berlin von den Kommunisten und Sozialdemokraten zu übernehmen.

Fuß zurück, und sein rechtes Bein blieb dünn und kraftlos. Er musste sein ganzes Leben lang spezielle Schuhe, Stützen und Verbände tragen. Er war ein stiller Junge, der sich meist zurückzog, da er nicht bei den Spielen der Kinder aus der Nachbarschaft und seiner Brüder mitmachen konnte. Weil er ihnen körperlich unterlegen war, musste er sich also auf andere Art beweisen. So ließ er keine Gelegenheit aus, um zu kritisieren und seine beträchtliche Intelligenz zu zeigen. Seine andauernden frechen Bemerkungen verschafften ihm schon in jungen Jahren den Ruf, arrogant und schwierig im Umgang zu sein.

Er studierte immerhin an acht deutschen Universitäten. 1921 schrieb er seine Doktorarbeit über die Geschichte des romantischen Dramas und erlangte so seine Promotion als Doktor für deutsche Literatur. Langsam, aber sicher erwachte beim jungen Goebbels eine nationalistische Gesinnung. Als er 1922 nach München zurückkehrte, wo er auch studiert hatte, wurde er alsbald Mitglied der NSDAP. Bis zu seinem Tod blieb er einer der fanatischsten Gefolgsleute Hitlers.

Goebbels (3. von links) in seinem Berliner Büro in der Berliner Straße. Er arbeitete jahrelang Tag und Nacht, um das „rote" Berlin für die NSDAP zu erobern. Es sollte dem „kleinen Doktor" schließlich gelingen, das Unmögliche zu erreichen.

Gauleiter von Berlin

Am 26. Oktober 1926 wurde Goebbels von Hitler zum Gauleiter des Gaus Groß-Berlin ernannt. Dies erwies sich als ein meisterlicher Schachzug, da niemand dieser Herausforderung besser gewachsen war als der junge, blasse, hinkende Doktor. Die NSDAP zählte in diesen Jahren im durch die Kommunisten und Sozialdemokraten dominierten Berlin noch keine tausend Mitglieder und war kaum organisiert. Hitler erwartete von Goebbels, dass er die Partei von unzuverlässigen Elementen säuberte und die Organisation von Grund auf restrukturierte. Er unterstellte sich den Gauleiter direkt. Nach Hitlers Meinung war Goebbels genau der Mann, den er für Berlin brauchte, denn er verfügte über die Eigenschaften, die unbedingt nötig waren, um die Verhältnisse in Berlin in den Griff zu bekommen: Redegewandtheit, einen hohen Intellekt und einen ausgesprochenen Sinn für Propaganda. Goebbels betrachtete von Anfang an die Kommunisten und die Juden als seine wichtigsten Gegner, mit denen er den Kampf aufnehmen musste.

Berlin hatte in den Zwanzigerjahren ca. 4 Millionen Einwohner und war nach Moskau die „roteste" Stadt Europas. Die starke und schlagkräftige kommunistische Partei (KPD) zählte allein in Berlin rund 100.000 kampfeslustige Anhänger. Auch befand sich hier die Zentrale der bestorganisierten sozialdemokratischen Partei (SPD) der Welt, während die NSDAP nur einige hundert Mitglieder hatte.

Weiterhin wohnte in Berlin etwa ein Drittel der ungefähr 500.000 Juden, die zu dieser Zeit in Deutschland lebten. Prozentual waren dies zwar nur 4,3% der Gesamtbevölkerung Berlins, aber sie stellten mehr als die Hälfte der Berliner Rechtsanwälte, 15% der Immobilienmakler und beinahe 11% der Ärzte. Auch andere Berufsgruppen wie Zahnärzte, Apotheker, Bankiers, Richter, Professoren, Schriftsteller, bildende Künstler und – nicht zu vergessen – bedeutende Zeitungen wie das „Berliner Tageblatt" wurden durch Juden dominiert.

Diese Welt betrat Goebbels nun an einem grauen Novembertag des Jahres 1926. Er besaß nicht mehr als einen Koffer, der seine gesamte Habe enthielt, etwas Geld und den Brief von Hitler, der ihn als Gauleiter von Groß-Berlin auswies und ihm alle Vollmachten gab. Es waren Vollmachten über eine Partei mit einer Hand voll Mitgliedern, die auch noch ständig in irgendwelche Streitereien untereinander verwickelt waren. Und Goebbels sollte nun Berlin für Hitler gewinnen. Allein der Gedanke daran hätte bei einem normal denkenden Menschen nur ein schwaches Lächeln hervorgerufen. Aber Goebbels hatte den gleichen unerschütterlichen Willen wie Hitler, das Unmögliche möglich zu machen. Was für Gedanken ihn auch bewegt haben mögen – eines konnte aber selbst Goebbels zu der Zeit nicht erwarten: dass er diese Stadt sofort für Hitler erobern würde. Goebbels arbeitete fast bis zum

Eine nicht nachlassende Welle von Propaganda wurde über Berlin losgelassen. Uniformen, Fähnchen, Ausrüstungen, Bücher, Grammophonplatten, goldene und silberne Artikel – alles stand im Dienst der Propaganda.

Propaganda mit einfachen Mitteln: Hier radelt ein findiges Parteimitglied als Reklameträger für die Nationalsozialisten über die Straße.

liebsten hielt Goebbels die Massenversammlungen bei Beginn der Dunkelheit ab: So folgten ihm die Massen am wenigsten beeinflusst von anderen Eindrücken – und ließen sich leicht durch Emotionen, Fackeln, Marschmusik und Parolen beeindrucken. Goebbels sorgte dafür, dass Ohren, Augen und Empfindungen nicht zu kurz kamen. Keine Wahlveranstaltungen waren beeindruckender als seine.

Umfallen, pro Tag etwa 16 bis 18 Stunden. Abend für Abend hielt er Ansprachen, Tag für Tag schrieb er Artikel, entwarf Plakate, Parolen, gab Anweisungen an andere Parteivertreter und organisierte Massenversammlungen. Ohne Zweifel leistete er Schwerstarbeit. Und seine Anstrengungen waren nicht vergebens, denn nach ein paar Jahren war die NSDAP eine der größten Parteien, nicht nur in Berlin, sondern in ganz Deutschland. Viele Berliner hatten Respekt vor dem „kleinen Doktor", wie sie ihn nannten, der es immerhin mit den mächtigen Sozialdemokraten und Kommunisten aufnahm und es verstand, diese mit ihren eigenen Waffen zu schlagen. Goebbels mietete die größten Säle, ließ enorme Zelte aufbauen und organisierte Demonstrationen auf öffentlichen Plätzen, bei denen Tausende SA-Männer mit Fackeln ein unheimliches Licht auf die Szene warfen. Am

Goebbels war ein sehr begabter Redner. Mit seinem leicht singenden, rheinländischen Akzent und seinem scharfen Intellekt verstand er es, die Massen zu beeindrucken. Hier spricht er im Lustgarten von der Balustrade des ehemaligen Stadtschlosses gegenüber dem Berliner Dom.

Die uniformierten „Braunhemden" der Partei, vereinigt in der „Sturmabteilung" (SA), marschierten in langen Kolonnen durch die Straßen Berlins, lieferten sich geradezu Feldschlachten mit den Kommunisten, misshandelten ihre Gegner, verursachten Unruhen und sorgten dafür, dass die NSDAP zunehmend an Boden gewann.

Goebbels spricht Ende der Zwanzigerjahre bei einer Massenversammlung der NSDAP im Sportpalast, dem größten Saal Berlins mit einer Kapazität von 15.000 Zuschauern. Hier ist der starke Antisemitismus deutlich sichtbar. Unter den Anwesenden war auch seine spätere Frau Magda.

Hitler und Goebbels umgeben von hohen SA-Führern bei einer Veranstaltung zum 1. Mai 1927. Es ist Hitlers erster Besuch in Berlin. Halb verdeckt, rechts neben Hitler, steht der Stabschef der SA, Röhm, während in der Mitte in der zweiten Reihe in schwarzer Uniform Dalugue zu sehen ist, der spätere Chef der uniformierten Polizei.

Blonde Schönheit

Eines Abends im Jahr 1930 saß mitten im Publikum des überfüllten Sportpalastes eine 29-jährige blonde, elegante Schönheit und hörte atemlos zu, was die Redner des Abends, Hitler und Goebbels, zu sagen hatten. Nach ihrer Scheidung 1929 vom steinreichen Textilfabrikanten Günther Quandt wusste die hübsche Magda nichts mit ihrer Zeit anzufangen. Dank ihrer fürstlichen Abfindung konnte Magda ein schickes, äußerst geschmackvolles und luxuriöses 7-Zimmer-Apartment am Reichskanzlerplatz 2 anmieten. Am betreffenden Abend lief sie am Sportpalast vorbei und wurde angezogen durch die Marschmusik, Fahnen und die hineinströmenden Massen. Sie beschloss, auch hineinzugehen. Magda konnte noch nicht ahnen, dass sich bald ihr ganzes Leben verändern sollte und ihr Schicksal mit dem Aufstieg und Fall von Hitler und seiner Bewegung verbunden sein würde.

Magda Quandt gehörte zu den Menschen, die man als „Gold-gräberinnen" bezeichnen würde: gut aussehende, gut ausge-bildete, intelligente Frauen, die zielgerichtet und mit Blick auf ihr Fortkommen ihr Augenmerk auf mächtige und reiche Männer richten. Deren Kontakt suchten sie mit dem Ziel einer Heirat und eines sorglosen Lebens. Und Magda war an

Nach ihrer Scheidung zog Magda Quandt in ein schickes Apartment am Reichskanzler-platz Nr. 2 (dem späteren Adolf-Hitler-Platz). Um nur in der Nähe von Hitler zu sein, ging sie ein Verhältnis mit Goebbels ein, das schließlich in einer Ehe mündete. Hitler war dort so oft zu Gast, dass es quasi sein privates Hauptquartier wurde. V. l. n. r.: Hitler, Putzi Hanfstaengl (der spätere Auslandspressechef und Hitlers bevorzugter Klavierspieler), Ella Quandt (Magdas beste Freundin), Magda, Hitlers Chefadjutant Bruckner und Goebbels.

Aufmarsch der SA am Stadtschloss im Zentrum Berlins. Links vorne mit ausgestreckter Hand steht Hitler, rechts vorne mit Hakenkreuzband Ernst Röhm, der mächtige Stabschef der SA, der drei Jahre später im Auftrag Hitlers liquidiert werden sollte.

diesem Abend wie verhext von Hitler. Sie beschloss, alles zu tun, um ihn besser kennenzulernen und ihn irgendwann zu heiraten. Sie wusste, dass er noch Junggeselle war.

Am 1. September 1930 schrieb sie sich als Mitglied der NSDAP ein. Sie wollte unbedingt den Kontakt mit Hitler und Goebbels, dem mächtigen Gauleiter von Berlin. Also beschloss sie – herausgeputzt und in ihrer besten Kleidung –, den Schritt zu wagen und ins Hauptquartier der NSDAP in Berlin in der Hedemannstraße 10 zu gehen, um dort ihre Dienste als Freiwillige anzubieten. Die hübsche Blondine fiel direkt auf und bekam eine Stelle als Sekretärin des stellvertretenden Gauleiters. Damit war sie bis ins Herz der Berliner NSDAP vorgedrungen. Es dauerte auch nicht lang, bis sie auf Goebbels traf. Dieser träumte schon bald von einer Beziehung mit dieser Schönheit aus den besseren Kreisen, zu denen er bisher keinen Zugang gehabt hatte. Schon bald wurde Magda mit der Betreuung von Goebbels' Privatarchiv beauftragt. So sahen sich die beiden täglich und lernten sich besser kennen. Magda wusste Goebbels zunehmend zu schätzen, denn er war ein großer Charmeur, intellektuell, idealistisch und ein Hexenmeister, der es verstand, diese Millionenstadt richtig anzufassen. Die Freundschaft vertiefte sich – nicht zuletzt ermutigt durch Hitler, der seine engsten Mitarbeiter gern verheiratet sah. Schließlich traten am 19. Dezember 1931 Joseph Goebbels und Magda Quandt vor den Traualtar

Hitlers Berliner Hauptquartiere

Nach seiner Heirat zog Goebbels in Magdas luxuriöses Apartment am Reichskanzlerplatz 2 (dem heutigen Theodor-Heuss-Platz). Diese neue Wohnung wurde auch schnell Hitlers privates Hauptquartier in Berlin. Fast alle wichtigen Parteibesprechungen fanden nun hier statt. In Magdas Wohnung saßen Hitler und Goebbels bis tief in die Nacht am Radio, um die Bekanntgabe der Wahlergebnisse der Reichstagswahlen vom 15. September 1930 zu verfolgen. Durch Hitlers Anwesenheit im Hause Goebbels waren auch die anderen Parteigrößen wie Göring, Röhm, Himmler, Sepp

Dietrich, SA-Führer Graf Helldorf und Hitlers Adjutanten dort oft zu Gast und lauschten u. a. dem Pianospiel von Hitlers Freund Ernst Hanfstaengl, der „Putzi" genannt wurde und bis zu seiner Flucht zu den engsten Vertrauten gehörte. Der Reichskanzlerplatz sollte 1934 umgetauft werden in Adolf-Hitler-Platz, um nach Hitlers vollständiger Machtübernahme den Namen Mussoliniplatz zu erhalten. Aber Goebbels' Wohnung diente auch als Hitlers Zufluchtsort. Hier brachte er seine freien Abende zu, hielt seine stundenlangen Monologe und ließ Grammophonplatten laufen.

Neben diesem Privat-Hauptquartier hatte Hitler auch noch seinen offiziellen Hauptsitz im bekannten Hotel Kaiserhof. Bis zu seiner Ernennung zum Reichskanzler im Januar 1933 hatte er in diesem Hotel einige Zimmer und später sogar ein ganzes Stockwerk gemietet. Hier sollte seine Machtübernahme am 30. Januar 1933 vorbereitet werden. Das Hotel Kaiserhof gehörte bis 1945 zu den feinsten Adressen in Berlin. Es lag am Wilhelmplatz im Zentrum des Regierungsviertels, dessen Achse die Wilhelmstraße war.

Berlin, Wilhelmplatz. Rechts das schicke Hotel Kaiserhof, in dem Hitler ab Ende der Zwanzigerjahre in der obersten Etage sein Parteihauptquartier hatte. Das Hotel war das wichtigste Zentrum der Intrigen, die letztendlich zur Machtübernahme der Nationalsozialisten am 30. Januar 1933 führten.

Nachdem Hitler an die Macht gekommen war, wurde Deutschland durch die straff organisierte nationalsozialistische Propaganda geradezu überrannt. Als es ihm nach einigen Jahren auch gelang, der riesigen Arbeitslosigkeit Herr zu werden, kannte Hitlers Popularität keine Grenzen mehr.

2 HITLER AN DER MACHT

Hitler wird Reichskanzler

Am Montagmorgen des 31. Januar 1933 war die Spannung im Hotel Kaiserhof unerträglich. Hitler lief in seinem Zimmer ruhelos auf und ab, wobei er andauernd nach der Uhrzeit fragte, denn er trug nie eine Uhr. An diesem Morgen wurde er um 11 Uhr mit seinem Kabinett beim Reichspräsidenten von Hindenburg zur Vereidigung erwartet. Nach wochenlangen geheimen Verhandlungen und zahlreichen Intrigen war es schließlich geglückt: Hitler sollte zum Reichskanzler ernannt werden. Berlin brodelte vor Gerüchten, und nach Meinung einiger hing sogar ein Staatsstreich in der Luft. Besonders vom amtierenden Reichskanzler von Schleicher konnte man Einiges erwarten. Aber so weit sollte es nicht kommen. Es hatte in der Nacht vom 29. auf den 30. Januar geschneit, und die Gärten der Reichskanzlei waren wie verzaubert. Kurz vor 11 Uhr marschierte ein kleines Grüppchen durch den verschneiten Garten zur Reichskanzlei, wo das Büro des Reichspräsidenten vorübergehend angesiedelt war, da das Reichspräsidium gerade renoviert wurde. Es handelte sich um Hitler, Ex-Reichskanzler von Papen, Hitlers Vertrauten Göring sowie um Hugenberg, den Führer der Deutschen Nationalen Volkspartei (DNVP), Vertrauter des Reichspräsidenten und der größte Film- und Pressemagnat Deutschlands. Im Palais wurden sie empfangen von Staatssekretär Meißner, dem Leiter der Reichspräsidentenkanzlei, der die Gruppe in sein Arbeitszimmer lotste, um dort den Empfang durch Reichspräsidenten von Hindenburg abzuwarten. Gegen 12 Uhr betrat der greise Reichspräsident den großen Saal. Hier hielt er eine recht knappe Begrüßungsrede, nach der er sehr schnell zu den Formalitäten der Vereidigung überging. Danach stellte er zufrieden fest, dass Hitler ihm ehrerbietig gelobte, seine Verpflichtungen gegenüber dem Land ohne parteipolitische Bevorzugungen und nach Ehre und Gewissen auszuführen. Am Ende der Zeremonie sagte der Präsident nur noch: „Und nun, meine Herren, vorwärts mit Gott."

Von Hindenburg zweifelte weiterhin daran, ob es richtig gewesen war, den radikalen Adolf Hitler zum Reichskanzler zu ernennen. Verschiedene Berater hatten ihm empfohlen, das nicht zu tun. Einer von ihnen war General Erich von Ludendorff, ein Kriegsheld des Ersten Weltkrieges und Anfang der Zwanzigerjahre Mitstreiter Hitlers, später aber dessen leidenschaftlicher Gegner. Als Ludendorff zu Ohren kam, dass der Präsident Hitler zum Reichskanzler ernennen wollte, äußerte er gegenüber von Hindenburg die prophetischen Worte: „Ich sage Ihnen in aller Ehrerbietung voraus, dass dieser unselige Mann unser Reich in den Abgrund stürzen und unvorstellbares Leid über unser Volk bringen wird. Kommende

Geschlechter werden uns deshalb bis in unser Grab verfluchen." Von Hindenburg und auch alle anderen politischen Vertreter in Deutschland waren jedoch davon überzeugt, dass Hitler und seine zwei Minister durch den schlauen Fuchs und Wachhund, den konservativen Vizekanzler von Papen, und die übrigen acht Nicht-NSDAP-Minister in Zaum gehalten werden würden.

Feuermeer in der Wilhelmstraße

Kurz nach Mittag kam der triumphierende Hitler in das schräg gegenüber der Reichskanzlei gelegene Hotel Kaiserhof zurück, wo ihn seine engsten Mitarbeiter in seinem Apartment mit größter Spannung erwarteten. Als Hitler den Aufzug verließ, sagte er voller Stolz: „Nun sind wir so weit." Hanfstaengl, der auch unter den Anwesenden war, schrieb: „Wir umdrängten ihn alle, auch die Kellner und Zimmermädchen, um ihm zu gratulieren." Am gleichen Abend sollte ein riesiger Fackelumzug stattfinden, bei dem Hunderttausende Anhänger durch das Brandenburger Tor und die Wilhelmstraße am Führer, an Reichspräsident von Hindenburg und an Göring vorbeiparadieren sollten, die an den geöffneten Fenstern der Reichskanzlei standen.

Hitler, der frisch gekürte Reichskanzler, begrüßt mit einer untertänigen Verbeugung Reichspräsident von Hindenburg, den alten Feldmarschall des Ersten Weltkriegs.

Montag, der 30. Januar 1933. Abends begrüßt Hitler die jubelnden Massen seiner Anhänger vor der Reichskanzlei. Da er sich weit aus dem Fenster beugen musste, gab Hitler später den Auftrag, einen Balkon zu bauen, damit er sich bei solchen Ereignissen dem Volk besser zeigen konnte. Dieser Balkon sollte als „Führerbalkon" in die Geschichte eingehen.

können, ob es geglückt ist. Quälende Stunden des Wartens. Endlich kommt ein Auto um die Ecke des Eingangs angefahren. Die Massen rufen Grüße. Sie scheinen zu vermuten, dass die große Wende vor der Türe steht oder schon eingetreten ist. Der Führer kommt! Wenige Minuten später ist er bei uns im Raum. Er sagt nichts, und auch wir alle sagen nichts, aber seine Augen stehen voller Tränen. Es ist so weit! Der Führer ist zum Kanzler ernannt. Er hat wirklich seinen Eid vor dem Reichspräsidenten abgelegt. Die große Entscheidung ist gefallen. Deutschland steht vor seiner historischen Kehrtwende. Wir sind alle still vor Rührung. Jeder drückt dem Führer die Hand. Es ist, als ob unser alter Treuebund aufs Neue geschlossen würde ..."

Der Reichstag brennt!

Im schicken Apartment von Magda und Joseph Goebbels am Reichskanzlerplatz war am Abend des 27. Februar 1933 durch die geschlossenen Übergardinen nur ein vager Schimmer der gedämpften Beleuchtung zu sehen. Die Gastgeberin hatte die Gardinen schon früh am Abend zugezogen, da es draußen kalt war und ein eisiger Wind wehte. Im Apartment war eine kleine Feier im Gange. Adolf Hitler, der frisch gebackene Reichskanzler, war der wichtigste Gast. Frau Goebbels hatte Nusskuchen gebacken, auf den der Führer so versessen war. Speziell für Hitler wurde vegetarisch gekocht, und er überhäufte wiederum die Gastgeberin mit Komplimenten. Während die meisten Gäste nach dem Essen

Die vielen tausend brennenden Fackeln tauchten sowohl das Brandenburger Tor als auch die gesamte Wilhelmstraße in ein geisterhaftes Licht. Um die Atmosphäre dieses schicksalhaften Tages zu beschreiben, lassen wir Goebbels zu Worte kommen, den damaligen Gauleiter von Berlin. Goebbels schrieb voller Pathos in sein Tagebuch: „Es ist beinahe wie in einem Traum. Die Wilhelmstraße gehört uns. Der Führer arbeitet schon in der Reichskanzlei. Mittags warteten wir alle zusammen schon auf ihn. Der Führer war beim Reichspräsidenten. Eine unbeschreibliche Spannung nahm uns beinahe den Atem. Draußen standen die Menschen zwischen Kaiserhof und Reichskanzlei, schwiegen und warteten. Was wird dort geschehen? Unsere Gefühle wurden hin- und hergerissen zwischen Hoffnung, Glück und Mutlosigkeit. Wir sind zu oft enttäuscht worden, um unbegrenzt an das große Wunder glauben zu können. Ununterbrochen behielten wir vom Fenster aus den Ausgang der Reichskanzlei im Auge. Hier muss der Führer herauskommen. Man sollte schon an seinem Gesicht sehen

Am Abend des 30. Januar 1933 marschierten Tausende von SA-Leuten mit Fackeln vorbei an ihrem Führer, wodurch das Brandenburger Tor in ein geisterhaftes Licht getaucht wurde.

beim Kaffee noch einen Weinbrand oder einen Likör tranken, bevorzugte Hitler Tee mit Nusskuchen, wobei er den Kuchen in kürzester Zeit verschlungen hatte. Wie üblich wollte Hitler nach dem Essen Musik hören. Dabei bevorzugte er eigentlich das hervorragende Pianospiel Putzi Hanfstaengls, der genau wusste, mit welchen Stücken er dem Führer das größte Vergnügen bereitete. Putzi war für diesen Abend auch zum Essen eingeladen worden, hatte aber telefonisch abgesagt, da er wegen einer starken Erkältung früh zu Bett gegangen war. Trotz zweier Anrufe aus dem Hause Goebbels blieb Putzi bei seiner Weigerung, vorbeizukommen und für den Führer zu spielen. Da nun die Live-Musik ausgefallen war, bat Hitler Goebbels, ein paar Grammophonplatten der „Lustigen Witwe" von Franz Lehár aufzulegen, einem seiner Lieblingskomponisten. Die Musik spielte, und Hitler hing mit geschlossenen Augen sehr entspannt nach vorn gesackt in einem der schweren Ledersessel. Die übrigen Gäste unterhielten sich mit gedämpfter Stimme, während das Dienstmädchen Wein, Erfrischungen und andere Leckereien anbot. Kurz vor zehn Uhr klingelte das Telefon, und Goebbels nahm ab. Es war Putzi Hanfstaengl, der aufgeregt Hitler sprechen wollte. Aber Goebbels wollte diesen nicht stören und fragte, was denn so Dringendes anläge. Putzi konnte seine Ungeduld nicht mehr im Zaum halten und antwortete: „Sag ihm mal, dass der Reichstag brennt!", worauf ihn Goebbels in eisigem Ton fragte: „Hanfstaengl, soll das ein Witz sein?" „Wenn ihr das meint, dann kommt es euch doch selbst ansehen", sagte Putzi und legte auf. Goebbels rief kurz darauf wieder zurück: „Ich habe eben mit dem Führer gesprochen, und er will wissen, was nun wirklich los ist. Und jetzt keine Scherze mehr!" Hanfstaengl wurde böse und zischte Goebbels an: „Komm doch hierher und überzeuge dich selbst, ob ich Blödsinn rede oder nicht. Das ganze Gebäude steht in hellen Flammen, und soeben kommt die Feuerwehr an." Kurz nach zehn raste ein schwarzer Mercedes mit Hitler, Goebbels und dem Chauffeur mit hoher Geschwindigkeit zum Reichstag. Als Hitler und Goebbels beim Gebäude ankamen, schlugen die Flammen bereits aus der gläsernen Kuppel, die das Dach des Reichstags zierte. Die Feuerwehr war mit schwerem Material zu Werke gegangen, aber die Löschversuche schienen vergebens. An der Seite zur Spree, die an dem Gebäude vorbeifließt, wurden sogar Löschboote eingesetzt. Ein Teil des Gebäudes brannte noch nicht, und es war dort ein Kommen und Gehen von Feuerwehrleuten, die immer neue Schläuche im Gebäude ausrollten. Aufgeregt liefen Hitler und Goebbels, begleitet von einigen Feuerwehroffizieren, in das kolossale Bauwerk hinein. Im größtenteils dunklen Gebäude, in dem die Flammen die einzige Lichtquelle lieferten, herrschte ein

einziges Chaos. Gebrüllte Kommandos der Feuerwehrmänner, das Geknister des Feuers, einstürzende Decken, beißender Rauch und nach unten stürzendes Löschwasser sorgten für eine surreale Atmosphäre. Im Gebäude sahen Hitler und seine Gesellschaft die massige Figur von Hermann Göring. Dieser war in einen schweren Kamelhaarmantel gekleidet, trug einen braunen Schlapphut und verhielt sich wie ein Oberbefehlshaber im Gefecht. „Das ist ohne Zweifel das Werk der Kommunisten, Herr Reichskanzler", vermeldete Göring. „Zwanzig Minuten, bevor der Brand ausbrach, waren noch einige kommunistische Abgeordnete im Hause. Einen der Brandstifter haben wir festnehmen können." „Sind die übrigen öffentlichen Gebäude gesichert?", fragte Hitler. „Ich habe alle nötigen Vorsichtsmaßnahmen getroffen", antwortete Göring. „Ich habe alle Polizeieinheiten benachrichtigt und den Alarmzustand ausgerufen. Alle öffentlichen Gebäude werden nun bewacht. Wir sind auf alles vorbereitet."

Waren die Nationalsozialisten die wahren Brandstifter?
Über die Schuldfrage ist viel gesprochen worden, und noch heute sind die Diskussionen hierüber noch nicht beendet. Schon kurz nach dem Brand zirkulierte in Berlin ein Bericht, dass die Nationalsozialisten das Feuer gelegt hatten, da es für sie perfekt passte. Einige Tage später sollten allgemeine Wahlen zum Reichstag stattfinden, und die NSDAP wollte diese gewinnen –koste es, was es wolle – und die absolute Mehrheit im Reichstag erreichen. Überdies gab es noch eine sehr starke Opposition, die von den Kommunisten und den

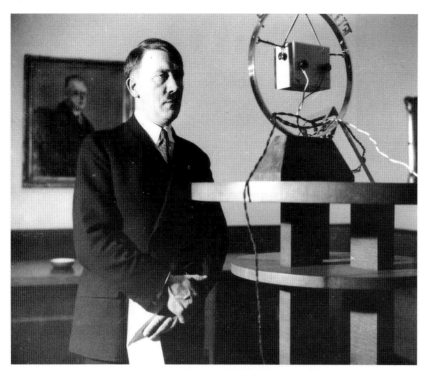

Verhaftungslisten – für den Fall, dass die Kommunisten und andere Opponenten einen Aufstand versuchen sollten. Noch in der gleichen Nacht wurden die Listen hervorgeholt und alle kommunistischen Abgeordneten sowie übrige KPD-Funktionäre festgenommen. Damit war der Startschuss für eine erste groß angelegte Verhaftungswelle des Dritten Reiches gefallen, der noch viele folgen sollten.

Göring hat seine Beteiligung an der Brandstiftung stets geleugnet. Er gab an, dass sich in seinem Arbeitszimmer im Reichstag zahlreiche wertvolle Gegenstände und einige Erbstücke befunden hatten. Aber dieses Zimmer war kaum zu Schaden gekommen, und die meisten kostbaren Wandteppiche und Ähnliches waren rechtzeitig gerettet worden. Dies spricht also kaum für ihn. Außerdem – und das wiegt schwerer – gibt es eine während des Nürnberger Prozesses unter Eid gemachte Aussage von General Halder, einem General von altem Schrot und Korn, über den Brand des Reichstages. Halder: „Anlässlich eines gemeinsamen Mittagessens zum Geburtstag des Führers am 20. April 1942 kam in der direkten Umgebung des Führers der Reichstagsbrand und der kunsthistorische Wert des Bauwerks zur Sprache. Ich habe mit eigenen Ohren gehört, wie Göring sich in das Gespräch einmischte und sagte: ‚Der Einzige, der den Reichstag wirklich gut kennt, bin ich; denn ich habe ihn selbst angezündet.‘ Dabei schlug er sich mit der flachen Hand lachend auf seinen Oberschenkel …“

In einer kürzlichen Untersuchung wurden zahlreiche teils geheime Akten herangezogen, die bis 1990 in Moskau und Ostberlin unter striktem Verschluss gehalten worden waren. Die 800 Seiten zählende Untersuchung lässt es sehr plausibel erscheinen, dass die Nationalsozialisten den Reichstag in Brand gesteckt hatten. Die Autoren beweisen, dass es für Marinus van der Lubbe unmöglich gewesen sein muss, den riesigen Reichstag allein anzuzünden. Nach einer minutiösen

Sozialdemokraten dominiert wurde. In der den Wahlen vorausgehenden Wochen wurde die Opposition durch die NSDAP, die nun die Staatsmacht hinter sich hatte, drangsaliert und verfolgt. Hitler und seine engsten Mitarbeiter hatten größte Angst, dass wirklich ein bewaffneter Aufstand der Opposition ausbrechen könnte.

Nach dem Krieg wurde die Brandstiftung nochmals gründlich untersucht, und man kam zu der Schlussfolgerung, dass tatsächlich nur ein Mann, der Niederländer van der Lubbe, das Gebäude in Brand gesteckt hatte, ohne Hilfe von außen. Aber Zweifel blieben dennoch zurück. Es passte alles viel zu gut zusammen, um von einem zufälligen Zusammentreffen der Ereignisse reden zu können. So hatte Hermann Göring als Präsident des Reichstags eine Dienstvilla, die durch einen unterirdischen Gang mit dem Reichstag verbunden war. Er war rasend schnell vor Ort gewesen und auch der Erste, der die Behauptung aufstellte, dass die Kommunisten den Reichstag als Startzeichen für eine Revolution in Brand gesteckt hatten. Göring hatte als preußischer Innenminister schon vor der Brandstiftung Pläne bereit liegen – inklusive

Rekonstruktion der Ereignisse kommen sie zu dem Schluss, dass van der Lubbe höchstens 12 bis 13 Minuten Zeit gehabt hätte, das Gebäude in Brand zu setzen. Unter den zahlreichen Dokumenten ist auch die Erklärung des SA-Mannes Adolf Rall, der am 24. Dezember 1933 von einem Journalisten des „Pariser Tagesblattes", eines Emigrantenblattes für geflüchtete Deutsche, interviewt wurde. In der Erklärung gibt Rall an, dass er Mitglied im SA-Sturm 17 war. Bevor der Brand ausgebrochen war, hatte er sich in dem unterirdischen Gang aufgehalten, der die Dienstwohnung des Reichstagspräsidenten mit dem Reichstag verband. Rall erklärte, dass er selbst gesehen habe, wie Männer aus seiner Einheit explosive Flüssigkeiten in das Gebäude gebracht hätten. Rall wurde kaum ein Jahr später von den Nationalsozialisten ermordet. Ein weiterer wichtiger Zeuge ist Dr. Hans Berndt Gisevius, der von August bis Dezember 1933 als Jurist bei der Gestapo tätig war. Während des Prozesses gegen die wichtigsten deutschen Kriegsverbrecher in Nürnberg 1946 erklärte er: „Es war Goebbels, der als Erster mit der Idee kam, den Reichstag in Brand zu stecken. Nach der ausdrücklichen Befürwortung durch Hitler besprach Goebbels diesen Plan mit dem Berliner SA-Offizier Karl Ernst und brachte detaillierte Anweisungen vor, wie die Brandstiftung vonstatten gehen musste. Eine Einheit von zehn zuverlässigen SA-Männern wurde zusammengestellt, und später wurde Göring bis ins Kleinste über die Pläne informiert, sodass dieser an jenem Abend nicht auf Wahlkampftournee ging, sondern zu später Stunde noch hinter seinem Schreibtisch als Innenminister saß."

Verhaftungswelle

Göring, der frisch gebackene preußische Innenminister, war davon überzeugt – oder er gab es vor –, dass die Kommunisten in Deutschland jeden Moment eine Revolution vom Zaun brechen würden, wie 1917 in Russland. Das würde zu einem blutigen Bürgerkrieg in Deutschland führen, und Göring wollte so schnell wie möglich zum Angriff übergehen und nicht abwarten, bis die Kommunisten losschlügen. Am Tag nach dem Reichstagbrand, als alle kommunistischen Abgeordneten und übrigen KPD-Funktionäre bereits verhaftet waren, verkündete die Regierung den Notstand. Reichspräsident von Hindenburg hatte dafür eine spezielle Notverordnung unterzeichnet, durch die beinahe alle demokratischen Rechte abgeschafft wurden, wie das Brief-, Post- und Telefongeheimnis, die Meinungsfreiheit, die Pressefreiheit und die Unverletzlichkeit des persönlichen Eigentums, die Versammlungsfreiheit und das Vereinigungsrecht. In der Notverordnung wurde auch die Todesstrafe wieder eingeführt für Verbrechen wie Brandstiftung und Hochverrat. Auf dieser Grundlage sollte später van der Lubbe in Leipzig

Direkt nach dem Brand des Reichstags kam das Drehbuch der Nationalsozialisten zum Zuge, das die Verhaftung von 100.000 politischen Gegnern vorsah, die in improvisierte Konzentrationslager gepfercht wurden. Um ihre Gegner noch besser im Auge zu haben, wurde im April 1933 das Geheime Staatspolizeiliche Amt („Gestapa", aber im Volksmund schnell zu „Gestapo" umgeformt) eingerichtet.

Hitler hatte es verstanden, nach seiner Ernennung zum Reichskanzler schnell alle Macht an sich zu reißen und die parlamentarische Demokratie auszuschalten. Als deutscher Reichskanzler hielt er nun die gesamte Staatsmacht in Händen und als Führer der NSDAP auch noch die Herrschaft über die größte (und bald einzig zugelassene) politische Partei Deutschlands.

zum Tode verurteilt werden. Gewalt verdrängte nun in Deutschland das Recht. In diesem Zusammenhang erklärte Göring während einer Wahlveranstaltung: „Ich bin nicht dazu da, Gerechtigkeit auszuüben, sondern nur, um auszurotten und zu vernichten." Darum ersetzte er in Preußen so schnell wie möglich alle Hauptkommissare durch SA- und SS-Führer und übergab die Leitung der Preußischen Staatspolizei (die spätere berüchtigte Gestapo) kurz darauf an seinen Vertrauten, den jungen und brillanten Rudolf Diels. Die Berliner

Stadtpolizei überließ er den Händen eines alten Bekannten, eines pensionierten Konteradmirals. Schließlich wurden etwa 50.000 SA- und SS-Männer sowie Veteranen des Stahlhelms als „Hilfspolizisten" vereidigt. Einer von Görings Befehlen lautete, gezielt zu schießen, wenn sie auf Widerstand stießen. In Preußen und allen anderen durch die NSDAP in Deutschland beherrschten Landesteilen wurden kommunistische Versammlungen und andere Zusammenkünfte verboten. Das gleiche Los wurde auch der SPD beschert. Die nationalsozialistischen SA- und SS-Banden bekamen von Göring grünes Licht, um ihren Aggressionen gegen alle freien Lauf zu lassen, die ihnen in den vergangenen Jahren im Weg gewesen waren. Es kam zu massenhaften Festnahmen, wobei besonders Kommunisten äußerst hart behandelt wurden. Überall in Preußen entstanden so genannte wilde Gefängnisse, oftmals in leer stehenden Gebäuden oder in Kellern, in denen meist unbeschreibliche Zustände herrschten. Allein zwischen März und Oktober 1933 wurden in diesen wilden Lagern an die 700 politische Gegner umgebracht. In den folgenden Monaten wurden in ganz Deutschland etwa 100.000 Menschen

verhaftet. Göring hatte als preußischer Innenminister mit Hinsicht auf die Masse der politischen Gefangenen und wegen der langsam nach außen dringenden Informationen über unmenschliche Verhältnisse in den vielen wilden Lagern zwei offizielle Lager eingerichtet, die er – entsprechend den britischen Internierungslagern während der Burenkriege in Südafrika – „Konzentrationslager" nannte. Diese Lager dienten dazu, die Gefangenen „umzuerziehen" – sehr wohl im nationalsozialistischen Sinn zu verstehen. Diese neuen Konzentrationslager lagen bei Oranienburg im Norden Berlins und bei Papenburg nahe bei Oldenburg. Im Volksmund wurden diese Lager sehr bald „KZ" genannt. Sie waren direkt der Aufsicht seines Ministeriums unterstellt.

Immer mehr nahmen die Nationalsozialisten Deutschland in ihren Würgegriff. Hier eine Massenversammlung in einem Stadion in Nürnberg mit surreal anmutenden Scheinwerfern der Luftwaffe. Der Mensch ist bei dieser Art von Veranstaltungen nichts weiter als eine Figur in einem Schachspiel.

Bereits kurz nach der Ausschaltung der politischen Opposition richteten die Nationalsozialisten ihren Hass gegen die halbe Million Juden in Deutschland, die sie von Anfang an aus dem Land vertreiben wollten. Der erste offizielle Judenboykott begann am 1. April 1933 und wurde am 3. April wegen zu vieler Proteste sowohl aus dem In- als auch dem Ausland unterbrochen.

Am 26. April 1933 transformierte Göring die Politische Polizei seines Ministeriums in das Geheime Staatspolizeiamt, das in amtlichen Kreisen „Gestapa" genannt, aber in der Bevölkerung bald in „Gestapo" umgetauft wurde. Chef dieses neuen Dienstes wurde der 32-jährige Rudolf Diels, der nach dem Krieg erklären sollte, dass er die allermeisten Anweisungen zur Eliminierung politischer Gegner direkt von Göring bekommen hatte.

Erster Judenboykott

Schon bald nach der Ausschaltung der politischen Gegner richteten die Nationalsozialisten ihren Hass gegen die 525.000 Juden Deutschlands. Sie wollten diese Gruppe von Anfang an aus allen gesellschaftlichen, sozialen und wirtschaftlichen Bereichen herausdrängen und vertreiben. Anfänglich hofften sie, dass sich die „Judenfrage" – wie die Propaganda es nannte – durch die so genannte freiwillige Emigration lösen würde. Bis zum Frühjahr 1934 emigrierten aber kaum 37.000 Juden, während die meisten nicht daran dachten auszuwandern. Sie hofften, dass sich die Verfolgungen nach der anfänglichen Siegeseuphorie legen und das Regime zur normalen Tagesordnung übergehen würde, um die großen Probleme des Landes anzupacken, wie die millionenfache Arbeitslosigkeit. Aber die Zeit würde sie lehren, dass dies ein fürchterlicher Irrtum war und dass der rabiate Antisemitismus nur noch an Heftigkeit und Gewalttätigkeit zunehmen sollte. Insgesamt wurden während der Herrschaft der Nationalsozialisten etwa 2.000 (!) antijüdische Gesetze und Verordnungen erlassen. So wurde 1933 und 1934 eine Reihe von Gesetzen verkündet, die alle zum Ziel hatten, Juden aus dem Beamtentum und weiteren mit öffentlichen Aufgaben betrauten Bereichen fernzuhalten. Das Ergebnis war, dass etwa 2.000 Beamte, hunderte Professoren, rund 400 Rechtsanwälte und 300 Ärzte entlassen wurden. Wenige Wochen vor dem ersten Boykott wurden die Juden in Berlin bereits zu Opfern von Gewalttaten. SA-Schlägertruppen überfielen jüdische Läden und Betriebe, übermalten Ladenschilder und stellten hie und da vor jüdischen Arzt- und Rechtsanwaltspraxen Schilder mit antijüdischen Hetzparolen auf.

Im Frühjahr 1933 ist am lebhaften Potsdamer Platz im Herzen Berlins schon die erste Hakenkreuzfahne zu sehen. Es war der verkehrsreichste Punkt Berlins und auch ganz Deutschlands. In der Mitte steht die erste Verkehrsampel, die in Europa in Betrieb genommen wurde. Im Gegensatz zu den heutigen Ampeln sind die Lichter noch waagerecht angeordnet.

Der SA-Terror begann, immer ernstere Formen anzunehmen, und drohte, außer Kontrolle zu geraten. Sowohl die deutsche Bevölkerung als auch das Ausland reagierten auf die Ereignisse mit zunehmenden Abscheu, und die Regierung Hitler musste strenge Maßnahmen treffen, um der SA-Gewalt Einhalt zu gebieten und die Kontrolle der Straße nicht zu verlieren. Andererseits wollte Hitler die SA wiederum nicht zu hart anfassen. In der NSDAP wurde ein interner Kompromiss geschlossen, der besagte, dass vom 1. bis 3. April ein erster, offizieller Boykott jüdischer Betriebe, Geschäfte, Warenhäuser, Arzt- und Rechtsanwaltspraxen usw. verkündet werden sollte. Und so kam es, dass die erste echte Welle staatlich organisierten Terrors gegen Juden ab dem 1. April 1933 durch Deutschland fegte. überall kam es zu antijüdischen Aktionen, wenn diese auch im Vergleich mit dem, was später geschehen sollte, noch halbwegs beherrschbar blieben und der materielle Schaden noch relativ gering war. Der immaterielle Schaden hingegen war enorm.

Vor allem im Ausland kam es zu schockierten Reaktionen, und das Ansehen des Regimes erlitt erheblichen Schaden. Nicht nur durch die Straßen von Berlin, sondern auch ganz Deutschlands fuhren offene Lastwagen mit SA-Leuten, die antijüdische Parolen brüllten, Flugblätter verteilten und zum Boykott jüdischer Geschäfte aufriefen. Nachdem

Am 1. Mai 1933 hielt Hitler im Lustgarten beim Berliner Dom eine Ansprache über den Kampf gegen die Massenarbeitslosigkeit.

gleichen Zeit fuhren die Studenten in einem acht Kilometer langen Demonstrationszug mit zahlreichen Last- und Lieferwagen sowie PKWs, die voll beladen mit Büchern insbesondere jüdischer Schriftsteller waren, quer durch Berlin. Viele saßen auf den Stapeln der kreuz und quer hingeworfenen Druckwerke und riefen mit Megaphonen die Bevölkerung auf, zum Opernplatz zu kommen, wo ein großes „Freudenfeuer" entzündet werden sollte. Die Bücher waren in den vorherigen Tagen überall in Berlin aus Bibliotheken und anderen Einrichtungen geholt worden. Man hatte eine vierseitige Liste mit ungefähr 160 verbotenen Autoren aufgestellt. Unter den Augen der immer größer werdenden Menge hatten die Studenten auf dem Opernplatz Sand auf großen Granitplatten ausgestreut, auf denen wiederum Holzstapel aufgeschichtet wurden.

Auf dem in der Nähe gelegenen Gendarmenmarkt versammelten sich etwa 5.000 Studenten und marschierten mit brennenden Fackeln unter dem Motto: „Deutsche Studenten marschieren wider den undeutschen Geist." Voraus lief eine Musikkapelle der SA zu dem Platz, an dem die Scheiterhaufen für die Bücher aufgerichtet waren. Als die ersten Lastwagen mit den Büchern auftauchten, führte dies bei der Menge fast zu einer Massenhysterie. Bei den Scheiterhaufen angekommen, warfen die Studenten unter Gejubel ihre Fackeln darauf, sodass die mit Benzin durchtränkten Holzstapel entflammten. Das Geräusch der aufflackernden

Reichspräsident von Hindenburg Hitler deshalb zu sich vorgeladen hatte, gab dieser nach und erteilte den Befehl, den Boykott mit sofortiger Wirkung zu beenden. Aber der Hass kochte weiter und wartete nur auf die nächste Gelegenheit, wieder aufzuflammen. Während des alljährlichen Reichsparteitags der NSDAP in Nürnberg wurden am 15. September 1935 die so genannten Nürnberger Gesetze verkündet. Diese Gesetze waren auf direkten Befehl Hitlers innerhalb von 24 Stunden zu Stande gekommen und verboten unter Androhung von drakonischen Strafen sowohl Ehen als auch außereheliche Beziehungen zwischen Juden und „Volksgenossen aus deutschem oder verwandtem Blute".

Bücherverbrennung auf dem Opernplatz

Anfang 1933 bekam der Antisemitismus erneut eine Chance aufzuflammen, als nationalsozialistische Studenten den Plan umsetzten, im Zentrum Berlins Bücher, Flugblättern usw. von jüdischen Autoren symbolisch zu verbrennen. Es war am 10. Mai 1933 den ganzen Tag lang bewölkt und regnerisch gewesen, und auch abends fiel Nieselregen. Aber in der Stadtmitte kochten Gerüchte hoch, dass auf dem Opernplatz (dem heutigen Bebelplatz) gegenüber der Friedrich-Wilhelm-Universität (der heutigen Humboldt-Universität) etwas passieren sollte. Der Platz begann sich bereits zu füllen, und immer mehr Neugierige strömten herbei. Die Platzmitte wurde durch SA-Männer frei gehalten. Zur

Am 10. Mai 1933 entlud sich der Antisemitismus wieder, als nationalsozialistische Studenten den Plan verwirklichten, Bücher, Schriften und Broschüren jüdischer Autoren symbolisch auf dem Opernplatz im Zentrum Berlins zu verbrennen. Beim Beobachten der Flammen und der Massenhysterie bemerkte einer der Augenzeugen mit fast prophetischer Gabe: „Wo Bücher verbrannt werden, werden später auch Menschen verbrannt …"
(Zitat von H. Heine).

Flammen wurde übertönt durch Lautsprecher, aus denen die Namen der Autoren der zu verbrennenden Bücher erschallten. Immer wenn ein Name ausgerufen wurde, flogen die betreffenden Bücher auf den Scheiterhaufen. Um Mitternacht erschien Goebbels dann schließlich selbst und kletterte auf das eilig aufgestellte und mit Fahnen verzierte Podium. Er war dieses Mal nicht die treibende Kraft hinter den Bücherverbrennungen. Obwohl er im vorläufigen Programm als Hauptredner aufgeführt war, hatte er doch wochenlang Zweifel, ob er dort reden sollte. Er hatte immerhin unter bekannten jüdischen Professoren wie Waldberg und Gundolf deutsche Literatur studiert und selbst über ein literarisches Thema promoviert. Außerdem war er ein fanatischer Sammler deutscher Literatur und ein echter Büchernarr. Das Verbrennen von Büchern, wenn sie auch von jüdischen Autoren stammten, ging ihm eigentlich zu weit.

Kampf gegen die Massenarbeitslosigkeit

Hitler war davon überzeugt, dass Deutschland auf Dauer unabhängig vom Rest der Welt werden musste. Ohne ausreichenden „Lebensraum" würde sich die Wirtschaft nicht genügend entwickeln können. Er verwies dabei auf England, das doch seiner Meinung nach mit der allergrößten Brutalität seine wirtschaftliche Macht durch Feuer und Schwert erkämpft hatte und nicht allein durch eine starke Binnenwirtschaft. Die Frage war, ob Deutschland über ausreichende militärische Stärke verfügte, um so eine Expansion durchsetzen zu können, und wie die westlichen Mächte seinen Plänen gegenüber eingestellt waren. Für Letzteres hatte Hitler bereits eine Lösung parat: Die Vergrößerung des Lebensraums würde nur realisierbar sein mit einer aggressiven Außenpolitik in Kombination mit einer starken und schlagfertigen Wehrmacht, die durch kurze Raub- und Vernichtungskriege, durch Überraschungsangriffe gegen besondere Widersacher oder auch so genannte Blitzkriege den notwendigen Lebensraum erobern sollte. Deutschland war absolut nicht im Stande, einen Krieg über einen längeren Zeitraum gegen mehrere Feinde gleichzeitig zu führen. Dem Land fehlten dafür die nötigen Reserven, sowohl an Menschen als auch an Material. Das wusste Hitler nur allzu gut. Um die Blitzkriege führen zu können, musste die deutsche Wirtschaft darauf vorbereitet werden. Dazu war ein geeintes Volk notwendig, das ihn – zumindest in seiner Mehrheit – unterstützte.

Darum pochte er sofort, nachdem er 1933 an die Macht gekommen war, auf eine beschleunigte Beseitigung der Massenarbeitslosigkeit. Er ging hierzu eine enge Verbindung mit der Wirtschaft ein, sodass die ökonomischen Eigenkräfte zum Wiederaufbau optimal eingesetzt werden konnten. Darum war es nicht nur für seine zukünftigen Pläne wichtig, dass die Arbeitslosigkeit so schnell wie möglich beseitigt wurde, sondern die Lösung dieses Problems war gleichzeitig auch eine Frage seines politischen Überlebens.

Der große Kopf hinter der Wirtschaftspolitik war Dr. Hjalmar Schacht, von 1924 bis 1929 Präsident der Reichsbank. In jenen Jahren hatte er es verstanden, der enormen Inflation Einhalt zu gebieten, und galt seitdem als einer der besten finanziellen Köpfe Deutschlands. 1933 holte Hitler ihn zurück und ernannte Schacht zum Reichsbankspräsidenten. 1934 folgte er Hugenberg als Wirtschaftsminister nach. Es war Schacht, der aus seinem Büro an der Behrenstraße 43–45 die gigantische Arbeitslosigkeit (gut

Hitler bei der Eröffnung des Autobahnstücks von Frankfurt am Main nach Darmstadt. Hinter ihm sitzt Chefadjutant Bruckner.

6,2 Millionen Arbeitslose bei Amtsantritt der Regierung Hitler) in den Griff bekam durch zahlreiche spektakuläre und unorthodoxe finanzielle Maßnahmen. Bis in die Mitte der Dreißigerjahre galt Schacht sicher als der ökonomische Herrscher des Dritten Reiches, wurde aber ab 1936 von Göring verdrängt, der ebenfalls Ambitionen auf diesem Gebiet hatte.

Am 1. Februar 1933 verkündete Hitler den ersten so genannten Vierjahresplan zur Bekämpfung der Arbeitslosigkeit. Die Autobahnen, auch „Straßen des Führers" genannt, waren der hervorstechendste Teil dieses ersten Vierjahresplans und brachten Hunderttausende in Arbeit.

Am 1. Juni 1933 veröffentlichte die Regierung den Reinhardt-Plan, benannt nach seinem großen Initiator, dem Staatssekretär der Finanzen. Gemäß diesem Plan pumpte der Staat einen Betrag von einer Milliarde Reichsmark in ein Arbeitsbeschaffungsprogramm und schaffte auch zahlreiche Steuererleichterungen zur Aktivierung von Privatinvestitionen. Der Reinhardt-Plan wurde das Kernstück der nationalsozialistischen Arbeitsbeschaffungspolitik und sollte

rund einer Million Arbeitslosen wieder einen Arbeitsplatz verschaffen. Im September 1933 wurden noch einmal 500 Millionen Reichsmark ausgegeben, dieses Mal in Form von Steuererleichterungen und Subventionen. Das Ergebnis dieser Pläne war ein spektakulärer Abfall der Arbeitslosenzahl, nämlich von 6 Millionen bei Amtsantritt der Regierung Hitler auf kaum noch 200.000 im Jahr 1938. Dieser enorme wirtschaftliche Erfolg stabilisierte die NS-Herrschaft in hohem Maße und sollte als eine Art erstes deutsches Wirtschaftswunder in die Geschichte eingehen. Immerhin waren Millionen von Menschen, die vor noch nicht allzu langer Zeit unter dem Existenzminimum dahinvegetiert und für die Hunger und Not zum Alltag gehört hatten, ab jetzt von ihren Nöten und Ängsten befreit und hatten wieder Hoffnung auf ein normales Leben.

Der Dank, den die Bevölkerung Hitler hierfür zurückgab, war eine bedingungslose Treue bis zum bitteren Ende und trug in hohem Maße zum Entstehen des Führer-Mythos bei. Unter Ausnutzung seiner zunehmenden Popularität gelang es Hitler schon bald, das so genannte Ermächtigungsgesetz durch das

Foto links: Da der Reichstag seit dem Brand unbrauchbar geworden war, versammelte sich das Parlament in der gegenüber gelegenen Kroll-Oper. Hitler sollte hier seine wichtigsten Maßnahmen und Vorhaben verkünden, etwa den Einmarsch in Polen am 1. September 1939, der den Zweiten Weltkrieg in Gang setzte.

Hitler 1934 zu Besuch bei Reichspräsident von Hindenburg, der kurze Zeit später versterben würde. Dadurch wurde der Weg frei für Hitlers Alleinherrschaft in Deutschland.

Parlament zu bekommen, das ihm für vier Jahre beinahe eine Blankovollmacht gab. Dieses Gesetz brachte auf legale Weise die „nationale Revolution" der Nationalsozialisten voran und läutete eine neue beängstigende Epoche ein. In den folgenden Monaten hagelte es geradezu neue Gesetze und Verordnungen, die Hitlers Herrschaft immer stärker verfestigten.

So wurden beispielsweise die deutschen Länder ihrer Selbstständigkeit beraubt und gleichzeitig auch politische Parteien und Gewerkschaften ins Visier genommen. Sie wurden allesamt „gleichgeschaltet" und dem Willen Hitlers und der NSDAP unterworfen.

Innerhalb von nur einem Jahr hatte Hitler es geschafft: Am 1. Dezember wurde der Prozess der Gleichschaltung aller politischen und gesellschaftlichen Kräfte in Deutschland gekrönt und festgelegt im Gesetz „zum Schutz der Einheit von Partei und Staat". In allen Ländern des Reiches wurden loyale Parteigenossen als Reichsstatthalter eingesetzt – mit der Aufgabe, darauf zu achten, dass in den einzelnen Ländern bis ins Kleinste der Wille des Reichskanzlers Hitler ausgeführt wurde. Im wichtigsten Land Preußen wurde Hermann Göring, unter Beibehaltung seiner Funktion als preußischer Innenminister, zum Ministerpräsidenten und Reichsstatthalter dieses bedeutsamen Teilstaats des Reiches ernannt. Göring war damit plötzlich zum mächtigsten Mann in Deutschland geworden.

Um die Zusammenarbeit von Partei und Staat so optimal wie möglich zu gestalten, wurden der Leiter der Organisation der NSDAP, Rudolf Hess, und der Führer der SA, Ernst Röhm, zu Reichsministern ohne Ressort ernannt. Beide hatten ihre Hauptquartiere und ihre Machtbasen in München. Der Kampf um die Macht war nun beendet, und alle politischen und gesellschaftlichen Institutionen in Deutschland waren dem Willen Hitlers und der NSDAP unterworfen.

Nur eine gesellschaftliche Gruppe hatte sich dem bisher entziehen und ihre Selbstständigkeit bewahren können: die Reichswehr. Hitler hatte den Generälen versprochen, dass sich Deutschland wieder bewaffnen und dass er das Heer wieder zu Ruhm und Ehre bringen würde. Darum war die Heeresführung mit ihren starken adeligen und preußisch-nationalistischen Traditionen ihm gegenüber nicht abgeneigt. In Hitlers uniformierten SA-Kolonnen sahen einige Generäle zudem ein gutes Reservoir für eine zukünftige neue und ruhmreiche Wehrmacht – unter ihrer Führung natürlich. Und genau darin lag das Problem.

Hitler als Führer und Kanzler

Hitler schien nun auf dem Höhepunkt seiner Macht zu sein. Er hatte Deutschland in eisernem Griff, seine politischen Gegner waren gefangen oder tot, und alle politischen Parteien außer seiner NSDAP waren verboten. Außerdem standen das Heer, die Großgrundbesitzer und die Industriellen hinter ihm. Aber es fehlte noch ein Element: das Amt des Reichspräsidenten und damit der Oberbefehl über die Wehrmacht. So lange Reichspräsident von Hindenburg noch lebte, konnte Hitler sich diesen tiefsten Wunsch nicht erfüllen.

Am 31. Juli 1934 empfing der 87-jährige Greis den Reichskanzler Hitler zum letzten Mal auf seinem Landgut Neudeck. Als er von Hindenburg wieder verließ, wurde Hitler klar, dass der alte Reichspräsident nur noch kurz zu leben hatte. Darum gab er gleich nach seiner Rückkehr nach Berlin den Auftrag, ein Gesetz vorzubereiten, das es ihm ermöglichte, das Amt des Reichskanzlers und das des Reichspräsidenten in seiner Person zu vereinigen. Am 2. August 1934 starb von Hindenburg, und kurze Zeit später gab Goebbels über alle deutschen Radiosender die traurige Nachricht bekannt. Eine Stunde später wurde das schon vorbereitete Gesetz verkündet, durch das Hitler die Funktionen von Reichskanzler und Reichspräsident in sich vereinigte.

Noch am gleichen Tag ließ der Reichsminister der Verteidigung, von Blomberg, die Reichswehr (die spätere Wehrmacht) auf Hitlers Person schwören und nicht mehr wie früher auf Verfassung und Vaterland. Hitler durfte sich künftig offiziell „Reichskanzler und Reichspräsident" nennen, bevorzugte aber den Titel „Führer und Kanzler der deutschen Nation". Die Hinzufügung des Führertitels stand als Symbol für seine Funktion als Vorsitzender der NSDAP. Durch das Nennen beider Funktionen wurde die Verschmelzung von Partei und Staat symbolisiert.

Hitler während einer der zahlreichen Paraden auf der Wilhelmstraße. Hier inspiziert er eine Ehrenkompanie der Wehrmacht. Links dahinter sind die Gitter der Einfahrt in die alte Reichskanzlei zu sehen, in der Hitler seine Wohnung hatte.

3 MACHTZENTRALE WILHELMSTRASSE

Zentrum des Dritten Reiches

Die Wilhelmstraße in Berlin war zwischen 1871 und 1945 das Machtzentrum sowohl des Kaiserreiches und der Weimarer Republik als auch des Dritten Reiches. Von hier gingen alle weit reichenden politischen, militärischen und ökonomischen Entscheidungen aus. Es geht dabei um den nördlichen Teil der ca. 1,5 Kilometer langen Wilhelmstraße, zwischen Prinz-Albrecht-Straße (der heutigen Niederkirchner-straße) und der Straße Unter den Linden. Der Ausdruck „Wilhelmstraße" stand damals für die Macht des Deutschen Reiches, so wie man heute über das Weiße Haus spricht, über die Downing Street oder über den Kreml. Man meint damit nicht so sehr die tatsächliche Adresse, sondern eher den Komplex an politischen Funktionen. Bei wichtigen politischen und militärischen Ereignissen fragte sich die Welt: „Was sagt die Wilhelmstraße dazu?", und man meinte damit: „Welchen Standpunkt hat die deutsche Regierung?" Hier und am angrenzenden Pariser Platz sowie Unter den Linden lagen die wichtigsten Ministerien und Parteieinrichtungen des Dritten Reiches. Adolf Hitler, Joseph Goebbels, Hermann Göring, Heinrich Himmler, Reinhard Heydrich, Ernst Kaltenbrunner, Heinrich Müller, Albert Speer, Rudolf Hess und Martin Bormann hatten alle hier ihre Büros. Der autoritäre Charakter des Regimes stellte sich während des Dritten Reiches in der Wilhelmstraße als Machtzentrale dar. Hitler ließ hier die neue Reichskanzlei mit ihren gigantischen Ausmaßen errichten. Hier und in der angrenzenden alten Reichs-kanzlei, in der sich seine Privatwohnung befand, traf er die wichtigsten Entschei-dungen, die Deutschland und später den Rest der Welt in ihren Grundfesten erschüttern sollten. Hier fasste er auch die Beschlüsse zur Ausrottung ganzer Bevöl-

kerungsgruppen. Hier empfing er Könige, Staatsoberhäupter, Regierungschefs und Botschafter der wichtigsten Länder. Ab-hängig von Hitlers momentanen politischen Zielsetzungen, trafen sie einen freundlichen, aufmerksamen Gastgeber oder einen bösartigen politischen Intriganten an. Hitler war ein äußerst raffinierter Schauspieler, der jede gewünschte Rolle spielen konnte. In der Reichskanzlei hielt er auch zahlreiche militärische Konferenzen mit seinem Generälen ab und führte intensive Besprechungen mit seinen engsten Mitarbeitern. So war Heinrich Himmler, Leiter der gefürchteten SS und der Gestapo, mit seinen wichtigsten Lakaien oft zu Gast in der Reichskanzlei, um während des Krieges die Vernichtungslager auf Touren zu bringen und Berichte über den Fortgang

Das Berliner Hauptquartier der NSDAP in der Wilhelmstraße, in dem u. a. der Stab des Stellvertreters des Führers (Rudolf Hess) saß. Die Wilhelmstraße war das Regierungs-zentrum des Dritten Reiches.

anzuhören. Auch hatte Hitler (und später Eva Braun) in der Wilhelmstraße eine eigene Privatwohnung. Oft machte Hitler im Park der Reichskanzlei seinen täglichen Spaziergang, bei dem er seinem Schäferhund Blondie allerlei Kunststücke beibrachte und seinen Besuchern begeistert erzählte, wie schlau Blondie wäre. Auch spazierte er – nur von einem Adjutanten begleitet – oft in tiefer Nacht durch den kaum beleuchteten Park und die angrenzenden Gärten der Reichskanzlei zu den Büros von Albert Speer, seinem Architekten und Baumeister für die Erneuerung Berlins, am Pariser Platz beim Brandenburger Tor. Dort stand, in einem speziell dafür eingerichteten Saal, ein riesiges Modell von Germania, wie Berlin zukünftig heißen sollte. Stundenlang konnte Hitler, auf einem Hocker sitzend, auf das bewegliche Modell mit den riesigen Bauwerken starren, welche die ägyptischen Pyramiden und die Paläste des alten Babylons verblassen lassen sollten.

An den Wochenenden, an denen er in Berlin war, wurde Hitler immer wieder auf Feste und Feiern bei seinen engsten Mitarbeitern Goebbels, Göring und von Ribbentrop eingeladen. Diese hatten neben ihren Wohnungen in Berlin auch Landgüter am Rand der Hauptstadt, und an den Sonntagen unternahm Hitler oft allerlei Autotouren, bei denen er diese Landgüter hin und wieder besuchte. Eine seiner beliebtesten Adressen war aber auch weiterhin die Wohnung der Goebbels am Reichskanzlerplatz. Heutzutage ist kaum noch etwas von den prachtvollen Gebäuden übrig, die damals die Wilhelmstraße zierten.

In einer Seitenstraße der Wilhelmstraße, der Prinz-Albrecht-Straße (der heutigen Niederkirchnerstraße), befand sich die Zentrale des Terrors. Hier war das Gestapo-Hauptquartier, dessen Chef der gefürchtete SS-Gruppenführer Heinrich Müller war. An der Gartenseite des Komplexes lag auch das Hausgefängnis der Gestapo mit seinen zahlreichen Folterkellern. Neben dem Komplex der Gestapo stand das Hotel Prinz Albrecht, in dem sich das Hauptquartier des Reichsführers SS und Leiters der Polizei, Heinrich Himmler, befand. Und auf der Ecke zur Wilhelmstraße lag das Reichssicherheitshauptamt, dessen Leiter der SS-Obergruppenführer Reinhard Heydrich war (bis 1942, danach war es SS-Obergruppenführer Dr. Ernst Kaltenbrunner). Der dreieckige Gebäudekomplex war durch die Hinterhöfe miteinander verbunden.

In den freigelegten Kellern der nach dem Krieg abgerissenen Gestapozentrale ist nun eine beeindruckende Ausstellung zu sehen, „Die Topografie des Terrors". Auf dem Gelände soll in naher Zukunft ein Museum über die Jahre 1933–1945 errichtet werden.

Etwas weiter in der Wilhelmstraße in Richtung Reichskanzlei steht auch heute noch das imposante, in typischer NS-Manier

Die alte Reichskanzlei sollte während des Dritten Reiches eine wichtige Rolle spielen und war bis zum Bau der neuen Reichskanzlei durch Speer Hitlers eigentliche Machtzentrale.

Foto links: Hitler, der die alte Reichskanzlei mit dem Hauptsitz eines Seifenkonzerns verglichen hatte, beschloss bald, diese an der Südseite von Speer umbauen zu lassen und mit einem von ihm selbst entworfenen Führerbalkon zu versehen.

Hitler mit Parteifunktionären im durch Speer zum neuen Arbeitszimmer umge-bauten „roten Saal" an der Rückseite der alten Reichskanzlei. Hitler saß nicht gern hinter seinem Schreibtisch und hasste den Papierkrieg, den er immer mehr an seinen Hauptsekretär Bormann delegierte.

errichtete Reichsluftwaffenministerium, dessen Leiter Her-mann Göring war. Da dieses Gebäude aus armiertem Beton gebaut ist, hat es während des Krieges relativ wenige Schäden davongetragen. Schräg gegenüber seines Haupteingangs lag die Privatkanzlei des Führers, wo SS-Gruppenführer Bouhler das Zepter schwang und wo allerhand private Angelegen-heiten Hitlers, aber auch Gnadenersuche an den Führer und Ähnliches bearbeitet wurden. Von hier aus ergingen auch die Euthanasie-Befehle, aufgrund derer Tausende geistig und körperlich Behinderte, Kinder wie Erwachsene, ihr Leben lassen mussten. Und ebenso wie bei Himmler, der mit seiner SS, Gestapo, SD und Sicherheitspolizei (Sipo) einen zusam-menhängenden Gebäudekomplex in Beschlag nahm, hatte auch Göring mit seinen zahlreichen Funktionen sein eigenes „Königreich", das ein viel größeres Gebiet umfasste als Himmlers SS. Görings Reich bedeckte ein großes viereckiges Areal, das am „Haus der Flieger" in der Prinz-Albrecht-Straße (gegenüber der Gestapo) anfing, gefolgt durch das Luftfahrt-ministerium an der Wilhelmstraße über die Leipziger Straße mit dem anschließenden Gebäudekomplex bis an den Leip-ziger Platz, wo sich Görings Büros als preußischer Minister-präsident, Reichsforst-und -jägermeister, Bevollmächtigter für

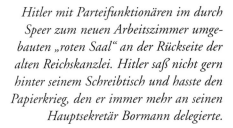

Besonders in den Dreißigerjahren erschien Hitler mit seinen Lakaien und Gästen regelmäßig auf dem Führerbalkon, um sich durch seine begeisterten Anhänger bejubeln zu lassen.

den Vierjahresplan usw. befanden In diesem Viereck, umge-ben durch die genannten Gebäude, lag ein großer, parkartiger Garten, in dem sich Görings prächtiges Stadtpalais befand. Durch seine Abgeschlossenheit war es den Augen der Öffent-lichkeit entzogen und zudem hervorragend zu sichern. Etwas weiter die Wilhelmstraße hinauf lag der Wilhelmplatz mit dem Reichsministerium für Volksaufklärung und Pro-paganda sowie der Reichskulturkammer von Joseph Goebbels. Radio, Presse, Film, Kinozeitschriften, Musik, bildende Künste und Malerei – kurzum alles, was mit Kunst und Kultur zu tun hatte – stand unter der strikten Zensur von Goebbels.

In der Mohrenstraße 65, auf der Ecke des ehemaligen Wilhelmplatzes und anschließend an diesen Komplex, lag das „Thüringen-Haus", von dem aus Fritz Sauckel als „Bevollmächtigter für den Arbeitseinsatz" während des Krieges Millionen von Zwangsarbeitern aus den besetzten Gebieten nach Deutschland verschleppte.

Gegenüber dem Thüringen-Haus befand sich das Hotel Kaiserhof, in dem Hitler in den Jahren vor seiner Macht-übernahme eine Wohnung hatte und von dem aus er seinen Sprung an die Macht organisiert hatte. Der südliche Teil des Wilhelmplatzes wurde schließlich abgeschlossen durch die Ministerien für Finanzen sowie für Verkehr und Transport.

Westlich vom Wilhelmplatz, auf der Ecke zur Wilhelmstraße und der Vossstraße, lag Hitlers Reichskanzlei. Diese erstreckte sich sowohl entlang der 400 Meter langen Vossstraße als auch längs der Wilhelmstraße bis zum Palais des Reichskanzlers. Hier hatte Hitler seine Privatwohnung.

Anschließend an die Reichskanzlei und das Palais des Reichs-kanzlers in der Wilhelmstraße in Richtung Brandenburger Tor zog sich über drei Gebäude der Komplex des Außen-ministeriums hin, in den in den Dreißigerjahren auch das Palais des Reichspräsidenten aufgenommen worden war,

das dann als Arbeits- und Wohnsitz des Außenministers Joachim von Ribbentrop diente. Neben diesem Haus befand sich das Ministerium für Ernährung und Landwirtschaft. An der anderen Seite der Wilhelmstraße, anschließend an das Propagandaministerium und gegenüber dem Außenministerium, waren eine Anzahl anderer Einrichtungen angesiedelt, z. B. das Hauptquartier der NSDAP in Berlin, die Reichsleitung mit Hitlers Stellvertreter Rudolf Hess, aber auch der Preußische Staatsrat, der Reichspressechef, das Auslandsbüro der NSDAP, das Justizministerium usw. Dort, wo die Wilhelmstraße die Straße Unter den Linden kreuzt, lagen noch die Britische Botschaft und das Innenministerium. Die britische Botschaft ist nun am gleichen Ort wieder errichtet worden. Am Pariser Platz, der durch das Brandenburger Tor abgeschlossen wird, lag an der Ecke Wilhelmstraße/Unter den Linden das schon damals bekannte und inzwischen wieder aufgebaute Luxushotel Adlon. Daran

schlossen sich die Büros von Albert Speer – als Bevollmächtigter für die Neugestaltung Berlins – und von Fritz Todt – als Generalinspekteur für den Straßenbau und später für Speer in seiner Funktion als Verantwortlicher für die Kriegswirtschaft und Rüstungsminister – an. Daneben, direkt am Brandenburger Tor, lag die amerikanische Botschaft, die an der gleichen Stelle wieder errichtet wird. Schräg gegenüber lag die französische Botschaft, die auch heute dort ihren Platz wieder eingenommen hat.

Hitlers eigentliche Machtzentrale

Die so genannte alte Reichskanzlei in der Wilhelmstraße 77 war neben der später durch Speer gebauten neuen Reichskanzlei die eigentliche Machtzentrale des Dritten Reiches. Hier befanden sich unter anderem Hitlers private Wohnung, seine Adjutantur, das Sekretariat und allerhand unterstützende Dienste. In diesem Bau hielt Hitler, bevor die neue Reichskanzlei 1939 fertig gestellt war, zahlreiche Empfänge und Galaveranstaltungen ab. Hier fand auch sein Privatleben statt – Eva Braun besaß ein eigenes Zimmer. Das Gebäude stammte aus dem 18. Jahrhundert und war damals als Palast des vermögenden Fürsten und Bonvivants Radziwill erbaut worden.

DAS REGIERUNGSZENTRUM DES DRITTEN REICHES

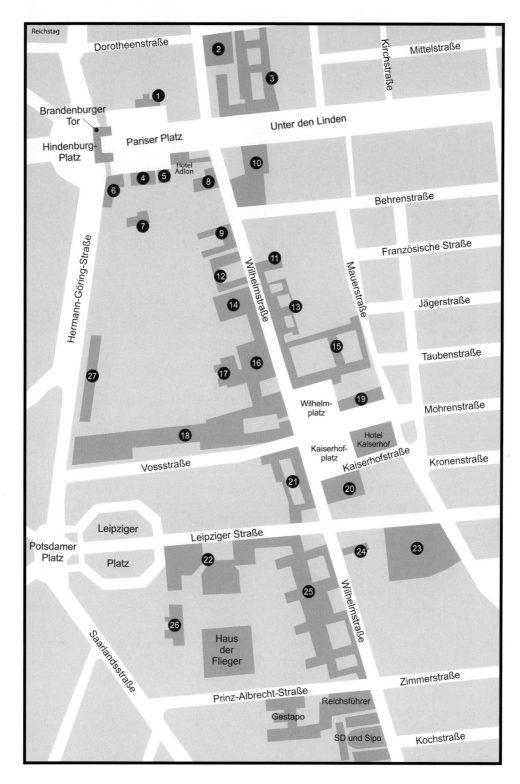

1. Französische Botschaft
2. Heeresdokumentationszentrum
3. Innenministerium
4. Ministerium für Rüstung und Kriegsproduktion
5. Generalbauinspektor
6. Amerikanische Botschaft
7. Stadtvilla Goebbels
8. Britische Botschaft
9. Ministerium für Landwirtschaft
10. Ministerium für Erziehung und Wissenschaften
11. Justizministerium
12. Reichspräsidentenpalais
13. Hauptquartier NSDAP
14. Außenministerium
15. Ministerium für Propaganda und Kultur
16. Alte Reichskanzlei und Privatwohnung Hitlers
17. Führerbunker
18. Neue Reichskanzlei
19. Chef des Arbeitsdienstes
20. Finanzministerium
21. Ministerium für Transport und Verkehr
22. Sitz des preußischen Ministerpräsidenten
23. Ministerium für Post, Telefon und Telegrafie
24. Privatkanzlei des Führers
25. Ministerium für Luftfahrt
26. Stadtvilla Göring
27. Wohnungen von Hitlers Sekretärinnen, Adjutanten, Ordonanzen, Chauffeuren, darunter Garagen und Bunker

Dieser hielt dort große Empfänge und Feste ab. So spielte Frédéric Chopin im Festsaal seine Etüden und Walzer, und es war dort ein Kommen und Gehen von in- und ausländischen Gästen des gastfreundlichen Fürsten. Später ließ Reichskanzler von Bismarck das Gebäude durch den Staat ankaufen und gründlich zu seiner Reichskanzlei mit Dienstwohnung umbauen. Im so genannten Kongress- oder Empfangssaal im ersten Stock fand 1878 der bekannte Berliner Kongress statt. Während dieser internationalen Zusammenkunft der Vertreter der europäischen Mächte wurde unter dem Vorsitz von Bismarcks über die Lösung der Probleme auf dem Balkan gesprochen. Durch diesen internationalen Gipfel erhielt die Wilhelmstraße definitiv ihren Platz auf der politischen Weltkarte und wurde zum Symbol der Machtpolitik des Deutschen Reiches.

Die Reichskanzlei an der Wilhelmstraße 77 diente als eine Art Hauptsekretariat des Reichskanzlers. Aber im Lauf der Zwanzigerjahre kamen immer mehr Aufgaben dazu, und die Zahl der Beamten stieg kräftig an.

Als Folge wurden die Privaträume des Reichskanzlers und die Repräsentationsräume immer weiter verkleinert. Schließlich wurde das gesamte Gebäude nur noch für die Verwaltung verwendet. Um dem Reichskanzler mehr Platz zu verschaffen, wurde Ende der Zwanzigerjahre beschlossen, die alte Reichskanzlei an der Südseite auf dem Grundstück der Wilhelmstraße 78 auszubauen. Hitler, dem das Gebäude nicht sehr gut gefiel, verglich es einmal mit dem Hauptsitz einer Seifenfabrik.

Direkt nach Hitlers Machtübernahme versammelten sich nahezu täglich große Gruppen von begeisterten Anhängern unter den Fenstern des Arbeitszimmers des Reichskanzlers, die vom ersten Stock auf den Wilhelmplatz und auf die Wilhelmstraße zeigten. In Sprechchören verlangten sie, den

Führer zu sehen, und das machte es Hitler nahezu unmöglich, in Ruhe zu arbeiten und Besprechungen durchzuführen. Außerdem fand er das Zimmer, das sechzig Quadratmeter umfasste, viel zu klein und zu wenig repräsentativ. Darum gab er Speer den Auftrag, den so genannten roten Saal, der sich an der Rückseite des Gebäudes befand und auf den Park schaute, zum neuen Arbeitszimmer auszubauen.

Im Jahr 1935 ließ Hitler dann von Speer an seinem alten Arbeitszimmer zur Seite des Wilhelmplatzes und der Wilhelmstraße den berühmten „Führerbalkon" anbauen, den er selbst entworfen hatte. Der Balkon diente besonders in den Dreißigerjahren als Podium für zahlreiche Auftritte des Führers und seiner wichtigsten Paladine vor Gruppen begeisterter und manchmal auch übermütiger Anhänger.

Wirrwarr der verschiedenen Kanzleien

Seit dem Tod des Reichspräsidenten von Hindenburg vereinte Hitler verschiedene politische Funktionen in seiner Person: die des Reichspräsidenten, die des Reichskanzlers und die des Führers der NSDAP. Dadurch erhielt er unbegrenzte Macht, aber für die gleichzeitige Ausübung all dieser Funktionen benötigte Hitler einen riesigen Verwaltungsapparat. So verfügte er immerhin über drei Kanzleien für seine verschiedenen Ressorts: die Reichskanzlei (als Reichskanzler), die Präsidentenkanzlei (als Reichspräsident) und die Parteikanzlei (als Führer der NSDAP). Darüber hinaus hatte er auch noch eine Privatkanzlei.

Die Reichskanzlei war dabei die zentrale Instanz, über die alle täglichen Geschäfte liefen. Sie wurde von Dr. Hans Heinrich Lammers geleitet, der zugleich die Funktion eines Reichsministers hatte. Die Präsidentenkanzlei, die umbenannt wurde in „Präsidialkanzlei des Führers und Reichskanzlers", befand sich anfänglich im Palais des Reichspräsidenten in der

Gebäuden Wilhelmstraße 63 und 64
und ersetzte den Stab des Stellvertreters des Führers, Rudolf Heß,
der unerwartet nach England
geflüchtet war. Die offizielle Zentrale
der NSDAP hatte noch immer ihren
Sitz im „Braunen Haus" in München,
aber mit der Ernennung Martin
Bormanns zum Leiter der Parteikanzlei
verschob sich das politische Machtzentrum nach Berlin.

In der Wilhelmstraße 78, angrenzend
an die alte Reichskanzlei, in der Hitlers
Privatgemächer lagen, war die Partei-
Adjutantur des Führers untergebracht,

Wilhelmstraße 73. Diese Kanzlei wurde von Minister Dr.
Hans Meißner geleitet. Die Parteikanzlei, also die Kanzlei des
Führers der NSDAP, war verantwortlich für die Bearbeitung
aller Parteiangelegenheiten und wurde durch die zahlreichen
Verzweigungen der Partei in so gut wie allen Bereichen der
Gesellschaft zunehmend umfangreicher. Ihr Leiter war
Reichsleiter Philipp Bouhler. Hitler übertrug Bouhler auch
die Organisation der geplanten Euthanasiemaßnahmen.
Dazu mietete Bouhler eine Villa in der Tiergartenstraße 4,
von wo aus das Euthanasieprogramm organisiert wurde.
Die Nationalsozialisten gebrauchten die Abkürzung „T-4"
(Tiergartenstraße 4) für diesen Dienst.
Die Parteikanzlei unter Bouhlers Leitung darf nicht verwech-
selt werden mit der 1941 eingerichteten Parteikanzlei der
NSDAP, deren Chef der intrigante und machtbewusste
Reichsleiter Martin Bormann war. Diese Kanzlei saß in den

deren Leiter ebenfalls Bormann war, der dazu den Titel eines
Privatsekretärs des Führers erhalten sollte. Bormann wollte
sich permanent im Fahrwasser des Führers aufhalten und
verstand es, im Lauf des Krieges Hitler größtenteils von der
Außenwelt abzuschirmen. Nicht zuletzt durch diese Maß-
nahme wurde Bormann einer der mächtigsten Männer des
Dritten Reiches. Er war es, der während des Krieges Bouhler
und dessen Kanzlei völlig zu entmachten verstand, indem er
alle Aufgaben Bouhlers zu sich hinüberzog.
Schließlich verfügte Hitler auch noch über eine persönliche
Adjutantur („persönliche Adjutantur des Führers und
Reichskanzlers"), die anfangs von SA-Obergruppenführer
Wilhelm Bruckner geführt und nach dessen Umzug von
Hitlers Faktotum, SS-Obergruppenführer Julius Schaub,
übernommen wurde. Hier wurden allerhand strikt private
Angelegenheiten Hitlers bearbeitet, beispielsweise seine
Finanzen, das Aussuchen von Jubiläums- und Geburtstags-
geschenken für Staats- und Parteifunktionäre, das Über-
reichen von monatlichen Donationen an seine Familien-
mitglieder und etliche alte Anhänger, das Verschicken von
Einladungen für Feste, Empfänge und Abendessen usw.

4 HITLER AUS DER NÄHE

Hitlers Privatwohnung

Hitler bezog erst im Mai 1934 seine Dienstwohnung im
ersten Stock der alten Reichskanzlei in der Wilhelmstraße 77.
Dass er diese nicht direkt nach dem 30. Januar beziehen
konnte, lag daran, dass die Gemächer völlig abgewohnt
waren. Zusammen mit Albert Speer und einem Vertreter des
Architekten Paul Ludwig Troost (Hitlers Lieblingsarchitekten
aus München, der 1934 starb, wodurch Speer zu seinem
favorisierten Architekten wurde) unternahm Hitler kurz nach
seinem Amtsantritt als Reichskanzler 1933 eine stundenlange
Rundführung durch die alte Reichskanzlei. Das Gebäude war
verschmutzt, die Farbe blätterte von den Türen und Decken,
und es hing ein moderiger Geruch in der Luft. Die Küche
hatte kaum Tageslicht, und die Herde waren technisch
vollkommen veraltet. Darüber hinaus verfügte das gesamte
Gebäude über nur ein einziges Badezimmer, das auch noch
aus der Zeit der Jahrhundertwende stammte. Hitler, der
während der Besichtigung immer aufgeregter wurde, sagte
zu Speer: „Ich würde mich schämen, hier auch nur einen
ausländischen Besucher zu empfangen."

Die Räume von Hitlers Privatwohnung lagen im ersten Stock,
rechts vom großen Empfangssaal, der auch Kongresssaal
genannt wurde. Dort hatte Reichskanzler Otto von Bismarck
1878 den berühmten Berliner Kongress abgehalten. Hitlers
Sekretärin Traudl Junge zufolge erzählte Hitler ihr, dass er
diesen prächtigen Saal vor dem Untergang gerettet habe,
indem er einen neuen Fußboden und eine neue Decke anbringen ließ. Der „alte Herr" – so nannte Hitler Reichspräsident von Hindenburg – hatte ihn in diesem Saal empfangen,
als er ihn am 30. Januar 1933 zum Reichskanzler ernannte.
Von Hindenburg sagte zu Hitler, er solle möglichst nah an
der Wand entlanglaufen, da der Boden so verrottet sei, dass
er jeden Moment einstürzen könne. Traudl Junge befand die
alte Reichskanzlei, in der sich Hitlers Wohnung befand, als
einen merkwürdigen alten Komplex, der auch nach dem
Umbau nie so recht brauchbar geworden war.

Traudl: „Es gab so viele Treppen, Hintertreppen, Flure, Tore
und Vorzimmer, dass es ein echter Wirrwarr war, und es
dauerte seine Zeit, bis ich mich nicht mehr verlief." Hitlers
Räume lagen zum Park hin an der Rückseite des Hauses. Die
Wohnung mit ihren hohen Flügeltüren bestand aus einem

*Die alte Reichskanzlei, gesehen von der Wilhelmstraße. Auf der
ersten Etage an der rechten Seite des Hauptgebäudes lagen Hitlers
private Gemächer. Rechts der so genannte Adjutantenflügel.*

privaten Arbeitszimmer, einem Wohnzimmer inklusive
Bibliothek, einem Schlafzimmer mit daran anschließendem
Badezimmer und einem Ankleideraum, der später durch Eva
Braun als Wohn-/Schlafzimmer gebraucht werden sollte. Die
zwei Fenster von Hitlers Schlafzimmer schauten auf den Park

*Hitler auf dem Vorplatz der alten Reichskanzlei auf dem Weg
zu einer Parade in der Wilhelmstraße. Von links nach rechts:
General Keitel, Göring und rechts von Hitler der Oberbefehlshaber des Heeres, von Blomberg.
Das Gebäude hinten links ist der Adjutantenflügel mit dem so
genannten Treppenzimmer.*

*Eine der seltenen Aufnahmen, auf denen Hitler die Andeutung
eines Lachens zeigt. Als guter Schauspieler wusste er seine Rolle
als Führer perfekt zu spielen. Und der Führer des Großdeutschen
Reiches durfte nach seiner Ansicht keine Gefühle zeigen.*

Der Vorraum der alten Reichskanzlei mit Blick in Richtung Gang zur 1939 durch Speer gebauten neuen Reichskanzlei.

Foto links: In Hitlers Wohnzimmer 1936. Der Sohn des Chefadjutanten Bruckner heiratet. V.l.n.r.: die Eltern der Braut, Hitler, Braut und Bräutigam, Ehepaar Bruckner. Rechts in der Ecke die kostbare Vase, die Hitler vom japanischen Botschafter Oshima bekommen hatte.

Das elegante so genannte Damenzimmer wurde sowohl für kleinere Empfänge genutzt als auch zum Vorführen von Spielfilmen, auf die Hitler versessen war.

Der Flügel in Hitlers Wohnzimmer. Hier spielte der Führer oft Melodien von Wagner und Beethoven.

Der elegante Speisesaal im Anbau der alten Reichskanzlei. Links hinter dem Vorhang befindet sich der Durchgang zum Rauchsalon.

Kraftbrühe
-.-
Sprotten oder Eierplatte
oder
Gemüseplatte
Salat
-.-
Apfel
Speisekarte des Führers

Hitlers Menükarte. Gäste konnten wählen zwischen zwei verschiedenen Menüs: einem Fleisch- bzw. Fisch- und einem vegetarischen Gericht. Hitler war überzeugter Vegetarier und äußerte oft, dass die vegetarischen Elefanten dennoch die stärksten Tiere der Welt seien.

Foto unten: Hitler mit Gästen zu Tisch im Speisesaal. In der Nische befindet sich die Statue einer griechischen Göttin.

Im Anschluss an den Speisesaal kam der Wintergarten. Dieser wurde in der zweiten Hälfte der Dreißigerjahre ausgebaut und diente als Besprechungsraum. Die Türen öffneten sich zur Terrasse, auf der Hitler oft stundenlang auf- und ablief.

Der Rauchsalon, in den sich Hitler und seine Gäste nach einem Film zurückzogen, um vor dem offenen Kamin bis in die frühen Morgenstunden zusammenzusitzen. Dieser Raum war das Arbeitszimmer von Reichskanzler Bismarck gewesen und wurde im Gegensatz zu anderen Zimmern nie umgebaut.

der Reichskanzlei, und eine Tür gab Zugang zu einer privaten Dachterrasse die teilweise in einen Dachgarten umgewandelt worden war. Unter der Dachterrasse lag der Speisesaal mit anschließendem Wintergarten. Das Wohnzimmer bzw. die Bibliothek hatte einen offenen Kamin, der aber viel seltener benutzt wurde als der im Rauchsalon, der direkt unter diesem Raum lag. Das Wohnzimmer wurde während der Weihnachtszeit dazu verwendet, die zahlreichen Geschenke auszustellen, die Hitler an Personen verschenken wollte, mit denen er befreundet oder denen er sonstwie verbunden war. Dazu gehörten nicht nur die engsten Mitarbeiter und deren Ehegatten, sondern auch von ihm verehrte Künstler, Schauspieler und Schauspielerinnen, ebenso wie alte Bekannte aus der Anfangszeit der NSDAP. Christa Schröder zufolge fand Hitler es schade, dass er nicht mehr selbst in die Geschäfte gehen konnte, um die Geschenke auszusuchen. Aber da er das zu gern wollte, gelang es dem kleinen, kugelrunden, lustigen und Ziehharmonika spielenden Hausintendanten Kannenberg, aus den exklusivsten Geschäften des Kurfürstendamms eine Auswahl an Artikeln in die Reichskanzlei bringen zu lassen. Diese wurden dann allesamt im Wohnzimmer und im privaten Arbeitszimmer auf Tischen, Stühlen und auf dem Boden ausgebreitet. Anhand einer langen Liste mit Namen bestimmte Hitler dann, was er wem in diesem Jahr schenken würde. Diese Liste wurde sorgfältig durch den Chefadjutanten Julius Schaub geführt, der auch festhielt, was die betreffenden Personen in den vergangenen Jahren an Geschenken von Hitler empfangen hatten. Kannenberg

herrschte über Hitlers Haushalt wie ein Pascha, und wer sich gut mit Kannenberg stellte – auch während des Krieges –, konnte darauf hoffen, immer an Kaffee, Schokolade und andere rationierte Produkte heranzukommen. Kannenbergs Ehefrau Frieda war eine ruhige, bescheidene und freundliche Frau. Mit ihrer stets gleich bleibenden guten Laune entsprach sie in Hitlers Augen dem Idealbild einer deutschen Hausfrau. Sie kannte seinen Geschmack genau, wenn es um Blumen und Tischdekorationen ging, die vom besten Blumengeschäft Berlins geliefert wurden, von der Firma Rothe, die im Hotel Adlon am Pariser Platz saß. Frau Kannenberg verstand es, durch viele Blumen und Tischdekorationen die oft etwas museumsartige Atmosphäre insbesondere der größeren Räume gut auszugleichen. Es gelang ihr immer, die Farben der Blumen in Übereinstimmung mit den Farben der Bilder zu bringen, die in der Nähe hingen.

Hitlers Privaträume in der ersten Etage waren über eine breite Treppe zu erreichen, die in einem mit rotem Veloursteppichboden ausgekleideten Raum endete. In dieser Halle gewährte eine hohe zweiflügelige Tür Zugang zu Hitlers Privatwohnzimmer mit Bibliothek und von dort aus zu seinen übrigen Räumen. Ebenso konnte das Wohn-/Schlafzimmer von Eva Braun über diesen Flur erreicht werden. In der Vorhalle und gegenüber Hitlers Wohnzimmer befand sich eine Tür zum langen Flur zum Adjutantenflügel von Hitlers persönlicher

Vor dem ausgebauten Wintergarten. Hitler im Gespräch mit v.l.n.r. Goebbels, Bouhler (dem Leiter der Privatkanzlei des Führers) und Ley, dem Leiter der Deutschen Arbeitsfront (DAF).

Adjutantur, gelegen im rechten Flügel der alten Reichskanzlei. Im Adjutantenflügel arbeiteten neben den persönlichen Adjutanten auch noch Reichspressechef Dr. Otto Dietrich, SS-General Sepp Dietrich, Leiter der SS-Leibstandarte und verantwortlich für die Bewachung des Führers, diverse Sekretärinnen und die Ärzte Brandt, von Hasselbach, Haase und Morell. Auch der Hoffotograf Hoffmann hatte ein Zimmer im Adjutantenflügel. Am Anfang des Flurs zum Adjutantenflügel lag ein kleines Zimmer von Hitlers Kammerdienern (Linge, Krause und Junge), das zum Innenhof der alten Reichskanzlei und des Außenministeriums schaute. An der anderen Seite, direkt nach einigen Stufen, die zu einem tiefer gelegenen Teil des Ganges führten, und kurz hinter dem

Treppenhaus lag das so genannte Treppenzimmer, das verschiedentlich durch Hitlers Privatsekretärinnen und auch durch Hitler selbst gebraucht wurde, wenn er einmal Dampf ablassen wollte. Dieses einfach ausgestattete Zimmer hatte eine sehr hohe Decke und nur ein Fenster, das auf den Vorhof der alten Reichskanzlei hinausschaute und als eine Art Notgästezimmer gedacht war. Es verfügte über kein Badezimmer, nur über ein einfaches Waschbecken mit einem Spiegel darüber. Auch nachdem die neue Reichskanzlei 1939 fertig war, pflegte Hitler die meiste Zeit in seinen Privaträumen in der ersten Etage zu verbringen. Um so dicht wie möglich bei ihm zu sein, diente das Treppenzimmer den Sekretärinnen als eine Art Zentrale. In diesem Raum aßen sie auch meistens zu Mittag und Abend, und nachmittags wurde dort Tee getrunken. Hausintendant Kannenberg sorgte dafür, dass im Zimmer

Der große Kongresssaal in der ersten Etage des Hauptflügels der alten Reichskanzlei diente nicht nur als Saal für Kabinettssitzungen (die fast nie stattfanden), sondern auch um die zahllosen Geschenke für Hitler zu dessen Geburtstagen auszustellen, wie diese Torte mit Hakenkreuz.

Hitlers Privatwohnzimmer in der ersten Etage der alten Reichskanzlei. Ebenso wie der Rauchsalon darunter besaß es einen offenen Kamin.

immer eine Schale mit frisch belegten Brötchen sowie Kaffee, Tee und Erfrischungsgetränke und eine große Schale mit diversen Sorten frischem Obst standen. Nach Aussage der Sekretärin Christa Schröder kam Hitler an einem Nachmittag unerwartet in das Treppenzimmer und fragte die Damen, ob er sich setzen könne. Er plauderte ungefähr eine Stunde lang und war sichtlich entspannt. Offenbar hatte ihm das so gut gefallen, dass er immer häufiger zur Teezeit in das Treppenzimmer kam, um etwas Dampf abzulassen. Links von der Vorhalle zu Hitlers Privatgemächern im ersten Stock und direkt anschließend an das zentrale Treppenhaus lag das Frühstückszimmer, das so gut wie nie von Hitler benutzt wurde. Dieses Zimmer führte zu Hitlers privatem Arbeitszimmer auf der einen und zum großen Empfangssaal auf der anderen Seite. Während des Krieges sollte Hitler immer durch das Frühstückszimmer den großen Empfangs-/Kongresssaal betreten, wenn er diesen für die Besprechungen mit seinem militärischen Stab, die so genannten Lagebesprechungen, benutzte. Vor dem Krieg wurde der Empfangssaal nur sporadisch gebraucht. Anfänglich fanden hier die seltenen Kabinettssitzungen statt, und zu Geburtstagen des Führers wurden hier die zahlreichen Geschenke auf den Tischen ausgestellt. Links vom großen Empfangssaal befanden sich verschiedene Salons, deren äußerst linker an Hitlers offizielles Arbeitszimmer grenzte, der so genannte rote Saal. Dieser

wurde von Hitlers Privatsekretärinnen Christa Schröder, Johanna Wolf (von Hitler „Wolferl" genannt) und (später) auch von Gerda Daranowski und Traudl Junge benutzt. Sie standen alle im Dienst der persönlichen Adjutantur Hitlers. Auf dem Weg zu seinem offiziellen Arbeitszimmer passierte Hitler morgens, von seinen Privatgemächern kommend, immer den großen Empfangssaal und den daran anschließenden kleinen Salon sowie das Zimmer der Sekretärinnen. Meistens hatte er es eilig, da er ein notorischer Langschläfer war und morgens Zeit brauchte, um in Gang zu kommen. Die Räume im Erdgeschoss von Hitlers Wohnung dienten teils der Repräsentation und teils der häuslichen Geselligkeit. Bis zum Krieg veränderte sich kaum etwas an diesen täglichen Gewohnheiten. Wenn Hitler in Berlin war, wehte die Führerstandarte auf dem Dach der alten Reichskanzlei, und es war ein Kommen und Gehen an Besuchern. Sie betraten das Gebäude durch eine riesige Vorhalle. Direkt gegenüber dem Eingang befanden sich zwei hohe Flügeltüren, durch die man die so genannte große Halle betrat. Hier empfing Hitler Besucher, z. B. Reichsminister, Botschafter, Generäle, Künstler, Schauspieler, Wissenschaftler, befreundete Familien usw.

ALTE REICHSKANZLEI
Erdgeschoss

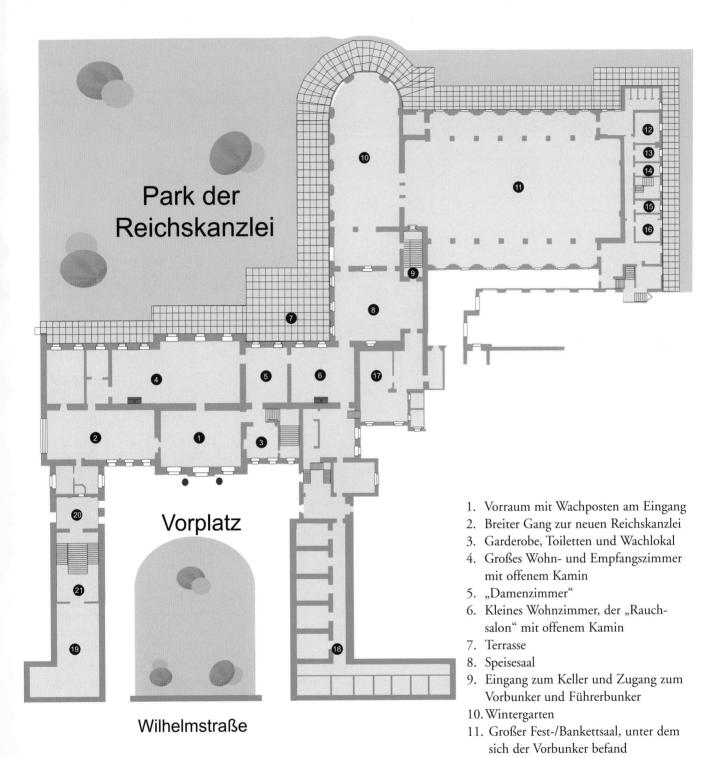

Park der
Reichskanzlei

Vorplatz

Wilhelmstraße

1. Vorraum mit Wachposten am Eingang
2. Breiter Gang zur neuen Reichskanzlei
3. Garderobe, Toiletten und Wachlokal
4. Großes Wohn- und Empfangszimmer mit offenem Kamin
5. „Damenzimmer"
6. Kleines Wohnzimmer, der „Rauchsalon" mit offenem Kamin
7. Terrasse
8. Speisesaal
9. Eingang zum Keller und Zugang zum Vorbunker und Führerbunker
10. Wintergarten
11. Großer Fest-/Bankettsaal, unter dem sich der Vorbunker befand
12.–16. Wohnungen von u. a. Hitlers Diener Linge und Chauffeur Kempka
17. Küchen, Vorratskammern usw.
18.–19. Untergeschoss (halbhohe Keller unter beiden Flügeln)
20. Durchfahrt für Automobile
21. Prachttreppe zum ersten Stock

Diese Besuche fanden meistens um die
Teezeit statt und dauerten selten länger als
eine Stunde. Rechts von der großen Halle
lagen im Anschluss der Musiksalon, der
Rauchsalon und das Esszimmer mit dem
Wintergarten dahinter. Der Musiksalon
wurde abends oft für die häufigen Filmvorstellungen benutzt. Im dahinter
liegenden Rauchsalon versammelten sich
Hitlers Tafelgäste vor dem Mittag- und
Abendessen. Nach der Filmvorstellung zog
Hitler sich gern mit seinen Gästen in
dieses Zimmer zurück, wo er den Tag am
offenen Kamin beschließen konnte.
Aus dem Rauchsalon kam man in den
Speisesaal und in den Wintergarten, der
im Lauf des Jahres 1935 angebaut worden
war und eigentlich mehr ein weitläufiger,
luxuriös eingerichteter Empfangssaal war.
Daneben, an der rechten Seite, waren
gläserne Türen zum ebenfalls später
angebauten großen Speise- und Festsaal,
die ausschließlich für Staatsbankette und
Empfänge gebraucht wurden. Unter
diesem mit Marmorsäulen versehenen
prachtvollen Saal, auch „Diplomatensaal"
genannt, lagen Keller, die später als
Vorbunker Teil des Führerbunkers werden
sollten. Der Saal wurde zur Gartenseite
über die gesamte Breite durch einen
prachtvollen, halbrunden Bogen mit hohen gläsernen Türen
abgeschlossen, die Zugang zur großen Terrasse gewährten.
Der Wintergarten war tagsüber Hitlers Lieblingsraum, in dem
er seine Besprechungen abzuhalten pflegte. Bei gutem Wetter
nutzte er die Terrasse, um auf- und ablaufend mit seinen
Besuchern stundenlange Gespräche zu führen. Vor dem Krieg
waren dies insbesondere Göring, Goebbels und Hess. Während des Krieges kamen wichtige Generäle hinzu, aber auch
das Oberhaupt der SS und der Gestapo, Heinrich Himmler.
Der Wintergarten wurde auch als Frühstücksraum benutzt.
Links von der großen Halle lagen noch weitere kleinere
Räume, die von Hitlers Stab belegt waren.

Sekretärin bei Hitler

Wenn Hitler eine Sekretärin benötigte, um eine Rede, einen
Aufruf an das Volk oder einen Brief zu diktieren, wurde der
momentan diensthabenden Sekretärin durch einen Adjutanten signalisiert, dass der „Chef", wie Hitler von den engsten

Mitarbeiter genannt wurde, sie für ein Diktat benötigte. Die
vier Privatsekretärinnen hatten rund um die Uhr jeweils zu
zweit Dienst, wobei die eine das Diktat aufnehmen musste,
während die andere auf Abruf bereit stand. Die betreffende
Sekretärin wartete dann meistens im Treppenzimmer, bis
einer von Hitlers Bediensteten die hohe Flügeltür mit der
Mitteilung öffnete, dass der Chef nun so weit wäre. Das
konnte buchstäblich zu jeder Zeit geschehen, meistens jedoch
zwischen 12.00 und 24.00 Uhr. Die Sekretärin folgte dem
Bediensteten dann vom Treppenzimmer durch den Flur und
die Vorhalle zu Hitlers Privatbibliothek. Der Diener schloss
die Tür von außen und hängte ein Schildchen mit dem Text
„Nicht stören" an die Klinke.
Hitler stand meistens in seinem daneben gelegenen Arbeitszimmer über seinen Schreibtisch gebeugt und legte letzte
Hand an die Stichworte seiner Rede, die er diktieren wollte.
Er war oft in Trance, sodass er zunächst keine Notiz von der
hereingekommenen Sekretärin nahm, die sich inzwischen an

ALTE REICHSKANZLEI
Erster Stock

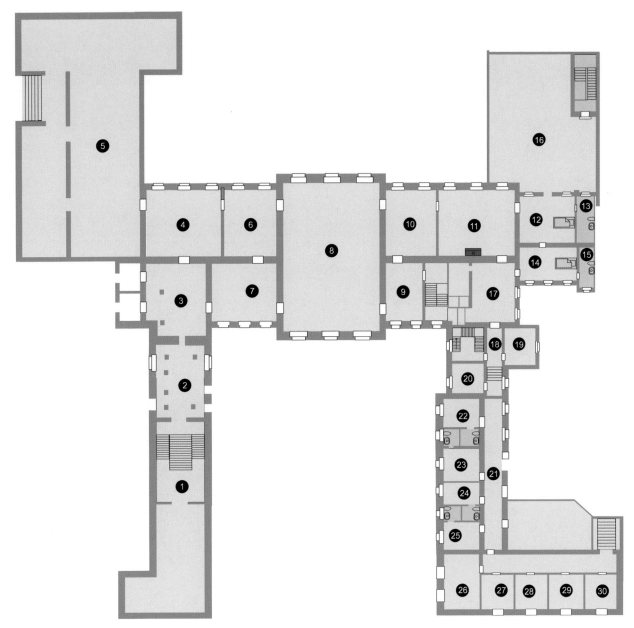

1. Große Prunktreppe, der „Diplomatenaufgang"
2. Säulenhalle zu Hitlers Arbeitszimmer
3. Warteraum für Besucher
4. Adjutant vom Dienst
5. Hitlers offizielles Arbeitszimmer im roten Saal
6. Sekretariat
7. Adjutanten
8. Kongress-/Empfangssaal
9. Frühstückszimmer
10. Hitlers privates Büro
11. Hitlers privates Wohnzimmer/Bibliothek mit offenem Kamin
12. Hitlers Schlafzimmer
13. Hitlers Bad und Toilette
14. Wohn-/Schlafzimmer von Eva Braun
15. Bad und Toilette von Eva Braun
16. Hitlers Dachterrasse über dem Speisesaal
17. Vorhalle zu Hitlers Privatgemächern
18. Beginn des Flurs zum Adjutantenflügel
19. Aufenthaltsraum für Hitlers Kammerdiener
20. „Treppenzimmer"
21. Langer Flur im Adjutantenflügel
22. Wohn-/ Schlafzimmer mit eigenem Bad/Toilette des Chefadjutanten Schaub
23. Gleiches für Pressechef Dr. Dietrich
24. Gleiches für SS-General Sepp Dietrich
25. Gleiches für Adjutant Bruckner
26.–29. Wohn-/Schlafzimmer u. a. für Hitlers Leibärzte Brandt, Morell und Fotograf Hoffmann
30. Zentrales Badezimmer und Toiletten

einem Extratisch mit einer großen, schwarzen und wenig
Lärm verursachenden Silenta-Schreibmaschine gesetzt hatte.
So passierte eine Weile nichts, bis Hitler sich neben die
Schreibmaschine stellte und mit ruhiger Stimme zu diktieren
begann. Je nachdem, wie er in Form war, wurde er dabei
immer schneller und lauter. Wie ein Maschinengewehrfeuer
kamen nach einer Weile die Wörter aus seinem Mund, wobei
er im Zimmer auf- und ablief. Gelegentlich unterbrach er für
einen Moment, um auf das Bismarck-Bild des Malers von
Lenbach zu starren. Danach nahm er den Faden und sein Auf
und Ab wieder auf. Dann unterbrach er seinen Redefluss
wieder, um an einer Kommode anzuhalten und eine der
darauf befindlichen Bronzefiguren in die Hand zu nehmen.
Auch diese starrte er ein Weilchen an, bis er sie wieder
zurückstellte. Ging es in seiner Rede um den Bolschewismus
oder das Judentum, kam er in Erregung, und seine Stimme
überschlug sich öfter. Das was auch der Fall, wenn er über
Churchill oder Roosevelt sprach. Dann war er oft bewusst

Hitler lauscht „inkognito"
einer Rede von Goebbels im
Berliner Sportpalast.

nicht zartfühlend in seiner Ausdrucksweise und verfiel in Wiederholungen. Seine Sekretärinnen wussten das und ließen die Wiederholungen und zu häufig verwendete Ausdrücke wie „Whiskysäufer" (Churchill) oder „Bluthund" (Stalin) weg. Den Sekretärinnen zufolge hatte er bei seinen Korrekturen nie bemängelt, dass etwas fehlte, was nach der Meinung der Damen deutlich machte, dass diese Erregung nur gespielt war. Wenn er tatsächlich aufgeregt war, konnte sich seine Stimme überschlagen und zu höchster Lautstärke anschwellen, wobei er heftig mit den Händen gestikulierte. Sein Gesicht rötete sich dann, und seine Augen schienen Funken zu sprühen. Diese Haltung verursachte bei einigen Sekretärinnen Herzklopfen, so echt klang Hitlers Erregung. Aber im Lauf der Zeit wurde ihnen klar, dass alles nur Theater war. Hitler war ein geborener Schauspieler und besaß die Gabe, sich in sein „Stück" fast lebensecht einzufühlen. Das wurde deutlich, wenn er mitten in einer gespielten Raserei auf einmal unterbrach und die Sekretärin mit ruhiger Stimme fragte, ob sie noch folgen könne und dass es nun Zeit für eine Erfrischung und einen kleinen Imbiss wäre. Selbst trank er dann meistens Tee und verspeiste dazu sein Lieblingsgebäck, Windbeutel. Oft ermahnte er die Sekretärin in väterlichem Ton, doch auch einmal so einen herrlichen Windbeutel zu probieren, sie wäre doch schlank genug usw. Auch passierte es gelegentlich, dass er seine Tirade unterbrach, um – mit seinen Händen in der Tasche und aus dem Fenster schauend – eine Melodie aus „Die lustige Witwe", seiner Lieblingsoperette von Lehár, zu flöten. Diese Intermezzi dauerten meist nicht lang, und sobald Hitler weitermachen wollte, hatte er seinen wütenden Ton wieder gefunden. Es wäre für die Sekretärinnen einfacher gewesen, die Diktate zu stenografieren, anstatt sie direkt in Maschine zu tippen. Aber offensichtlich stimulierte Hitler das rhythmische Geratter. Und obendrein fand er es erfreulich, sofort das Resultat seines Diktats vor sich zu haben. In den kurzen Pausen danach gab es kein persönliches Gespräch mit der Sekretärin.

Dieses direkte Diktieren in die Maschine verlangte eine außergewöhnliche Konzentration. Mitdenken und Intuition spielten hierbei eine große Rolle. Hitlers Stimme war nicht immer deutlich, und durch das Auf- und Ablaufen in den oft großen Räumen ging der eine oder andere Satz verloren. Im Lauf der Dreißigerjahre wurden Schreibmaschinen mit 12 mm großen Buchstaben verwendet, damit Hitler das Geschriebene ohne Brille lesen konnte. Wenn das Diktat zu Ende war, setzte sich Hitler damit hinter seinen Schreibtisch und begann zu korrigieren. Hie und da strich er Worte und gelegentlich Sätze, um sie durch andere in seiner winzigen Handschrift zu ersetzen. Dann fragte er seine Sekretärin: „Schau mal her, Kind, ob du das lesen kannst." Das war fast immer der Fall, woraufhin Hitler verwundert antwortete: „Ja, ja, ihr könnt meine Handschrift besser lesen als ich selbst." Das korrigierte Diktat musste als Ganzes neu getippt werden, worauf Hitler oft wieder begann, neue Korrekturen anzubringen. Also musste alles noch einmal neu getippt werden, bis es dann aus Zeitgründen nicht mehr ging. Nicht selten musste die letzte korrigierte und geschriebene Version in fliegender Fahrt mit dem Auto dorthin gebracht werden, wo Hitler schon Platz genommen hatte. Eine schlechte Eigenschaft Hitlers war, dass er erst im letzten Moment zu diktieren begann, wodurch er sich und seine Umgebung unter großen Druck setzte. Gelegentlich passierte es, dass er erst in der Nacht, bevor er die Rede halte sollte, mit dem Diktieren begann. Wenn er guter Stimmung war und voller Lob über seine „Schreibköniginnen" gesprochen hatte, führte er seiner Gesellschaft auch seine eigenen Schreibkünste vor. Er tat dann so, als ob er hinter einer Schreibmaschine säße. Er drehte ein Blatt ein und begann unter dem fröhlichen Beifall der Gäste, mit dem linken und rechten Finger zu tippen. Dabei vergaß er nicht, in Abständen den Transporthebel zu bedienen. Er führte die Bewegungen so lebensecht aus, dass kein Pantomimenspieler es besser gemacht hätte. Hier kam wieder sein Imitations- und Schauspieltalent zum Vorschein.

Ein seltenes Foto des Führers, der in der Prager Burg seiner Sekretärin Gerda Daranowski eine Rede auf der „Führer-Schreibmaschine" mit extragroßen Buchstaben diktiert. So konnte er den Text auch ohne Brille lesen.

ist vielleicht für Psychologen interessant. ‚Die roten Stifte', sagte er, ‚benutze ich für Anmerkungen über den Feind; die grünen, wenn es um jemanden geht, dem ich freundschaftlich gesonnen bin, und die blauen, wenn ich das Gefühl habe, dass ich vorsichtig sein sollte.'" Wo auch immer Hitler sich aufhielt, mussten seine Bedarfsgegenstände in Reichweite sein. Dazu gehörten – neben den genannten Farbstiften – vor allem seine Brille und sein Vergrößerungsglas. Hitler brauchte zum Lesen seine Brille, aber das durfte das deutsche Volk nicht wissen. Für seine Berichte und Ansprachen wurde eine besonders große Schrift verwendet. Im intimen Kreis gebrauchte er seine Brille häufig, ebenso wie bei Besprechungen mit seinem Stab. Linge hatte dafür zu sorgen, dass stets zusätzliche Brillen vorhanden waren, da der Führer während seiner Wutausbrüche öfter einmal eine Brille entzweibrach. Nach dem Lesen der Post rasierte er sich, nahm immer ein Bad und zog die für den Tag bestimmte Kleidung an. Wenn

Der Führer wird wach

Hitler, ein echter Abendmensch oder besser gesagt ein Nachtmensch, ging meistens erst in der Morgendämmerung zu Bett und schlief dann bis in den späten Morgen. Es war daher auch morgens totenstill im Hause. Lärm zu machen war strengstens verboten in der Wilhelmstraße 77. Hitler schlief aus alter Gewohnheit bei verriegelten Türen. Gab es dringende Angelegenheiten, ließ er sich von seinem Kammerdiener Linge gegen elf Uhr wecken. Die Morgenpost, bestehend aus den wichtigsten Morgenzeitungen und Telegrammen, wurde durch Linge sortiert und auf einem rollbaren Teewagen vor Hitlers Schlafzimmer gelegt. Linge: „Um elf Uhr weckte ich Hitler mit den Worten: ‚Guten Morgen, mein Führer, es ist elf Uhr. Die Morgenpost liegt vor der Tür.' Er kam dann aus dem Bett, öffnete die Tür einen Spalt breit und nahm sich die Zeitungen und Telegramme von dem Wägelchen. Gelegentlich passierte es, dass er, gekleidet in ein weißes Nachthemd mit weißen oder blauen Bordüren und in Pantoffeln, die Tür bereits öffnete, bevor ich die Post auf das Tischchen gelegt hatte. Zu Beginn fand ich solche Begegnungen etwas peinlich, aber Hitler meinte, das mache doch nichts. Die Post las er danach im Bett durch. Neben seinem Einpersonenbett stand an der linken Seite ein kleines Nachtschränkchen mit einer Lampe darauf und rechts ein Teewagen, auf dem Bücher, Zeitungen, seine Brille und die unvermeidlichen Farbstifte lagen. Was Hitler mir einmal über die Farbstifte sagte,

Regelmäßig hielt Hitler Künstlerempfänge ab, zu denen bekannte Künstler, Filmstars, Sänger und Berühmtheiten aus dem deutschen Kulturleben in die alte Reichskanzlei eingeladen wurden. Auf dem Foto ist er im Gespräch mit einem Filmstar der Ufa zu sehen.

Künstlerempfang im Wintergarten, September 1937. Hitler links zwischen zwei Damen. Rechts Max Schmeling, der bekannte deutsche Boxmeister, neben ihm (mit Brille) Reichsleiter Bouhler, Leiter der Privatkanzlei des Führers und verantwortlich für die Euthanasiemaßnahmen gegen körperlich und geistig Behinderte.

der Führer in guter Laune war, spielte er das „Ankleidespiel". Sein Diener Linge stand dann mit einer Stoppuhr vor der Schlafzimmertür und rief: „Los!" Sobald Hitler mit dem Anziehen fertig war, rief dieser: „Schluss!" und rannte aus dem Schlafzimmer, um zu sehen, ob er seinen Rekord gebrochen hatte. Danach folgte das Frühstück, das er eine knappe Stunde nach dem Aufstehen gegen 11.45 Uhr in seinem Wohnzimmer einnahm oder auch im Speisesaal im Erdgeschoss. Sein Frühstück war eher bescheiden: meistens Tee oder warme Milch, Zwieback oder Knäckebrot und fast immer ein Apfel. Während des Frühstücks schaute er sich die Menükarte für das Mittagessen an. Er wählte eines von zwei für ihn bestimmte vegetarische Menüs aus, wozu ebenfalls immer ein Apfel zählte. Kamen ausländische oder andere hohe Besucher, bekam Hitler eine Mahlzeit, die auf den ersten Blick nicht vegetarisch aussah. Danach lief er durch sein Wohnzimmer, das private Arbeitszimmer, den großen Empfangssaal und durch zwei kleine Salons, von denen einer durch seine Sekretärinnen benutzt wurde, zu seinem Arbeitszimmer im so genannten roten Saal. Er begrüßte die diensthabenden Adjutanten, die während des Morgenrapports wichtige Angelegenheiten für den Tag mit ihm besprachen. Oft passierte es auch, dass Hitler Fragen stellte über Dinge, die er in der Nacht davor oder während des Aufstehens gelesen hatte. Das Arbeitszimmer benutzte er bis 1939, um danach in sein riesiges Büro in der neuen Reichskanzlei umzuziehen. Während des Morgenrapports und der darauf folgenden Besprechungen schaute Hitler flüchtig Berichte und Notizen durch, hörte sich einige Mitteilungen von Bormann und sein Adjutanten an und traf seine ersten Entscheidungen. Kurz nach zwei Uhr mittags, wenn die Sonne hoch über der Reichskanzlei stand, kam mehr Leben in das Haus. Mercedesse führen an und ab, und Stiefel

stampften über die Granitplatten des Ehrenhofs. Die Besucher waren – vor allem während des Krieges – meistens hohe Offiziere. Bei schönem Wetter warteten sie oft draußen auf der Terrasse vor dem Wintergarten und rauchten dort in Erwartung eines Gesprächs mit dem Führer schnell noch eine Zigarette, denn im Haus war das Rauchen streng untersagt. Gelegentlich wurde Linge von einem Besucher um Rat gefragt, wie er sich Hitler nähern solle. Linge: „Ich riet ihm für gewöhnlich, dem Führer gerade in de Augen zu sehen ... Dass Hitler großen Wert auf einen festen Händedruck legte, habe ich nie jemandem gesagt." Linge beschrieb einen Vorfall, bei dem Prinz Bernhard der Niederlande kurz vor seiner Hochzeit mit der niederländischen Kronprinzessin Abschied von Hitler nahm. Das Gespräch fand in Hitlers Arbeitszimmer im ersten Stock der alten Reichskanzlei statt. Linge: „Ein Besucher, der sicher von diesem Tipp hätte profitieren können, war Prinz Bernhard von Lippe-Biesterfeld, der 1937 Kronprinzessin Juliana der Niederlande heiratete. Voller Verachtung erzählte Hitler, dass Bernhard als ehemaliger Parteigenosse und von nun an Prinz Bernhard der Niederlande während des Gesprächs immer wieder betont hatte, wie sehr er sich mit seinem deutschen Vaterland verbunden fühle und immer verbunden bleiben würde. Beim Abschied sei es ihm (Hitler) deutlich geworden, dass er es hier mit einem Schwätzer zu tun hatte. ‚Denn als ich ihm beim Abschied die Hand gab', so Hitler, ‚griff ich eine schlappe weiche Hand.'"

Hitler hatte mehrere Arbeitszimmer. Hier sein privater Arbeitsraum mit Bibliothek. Da er Schreibtischarbeit hasste, hielt er sich nur selten in einem seiner Arbeitszimmer auf.

Die politischen oder militärischen Besprechungen fanden durchgängig im Konferenzsaal statt, und niemand durfte stören. Es war für Hitler beinahe ein körperliches Bedürfnis, in einem Saal mit gewaltigen Ausmaßen zu konferieren. Während der Besprechungen lief er meistens unruhig hin und her, während er fast ständig das Wort führte. Ab und zu fiel sein Blick auf den Garten, auf die weiter hinten gelegene Orangerie oder auf die zwei bronzenen Pferde, welche die von Säulen umgebene Terrasse abschlossen.

Hitler privat

Hitler war 175 cm groß und wog 70 bis 74 kg. Er hatte ziemlich dickes, dunkelbraunes Haar, das er nach links über seine hohe Stirn kämmte. Seine Augen waren graublau, er hatte eine blasse, weiße Haut und verfügte über eine lebendige und ausdrucksstarke Mimik. Er kombinierte sein fabelhaftes Schauspieltalent mit einer enormen Rhetorik und besaß die Gabe eines klassischen Politikers: Er war ein begabter Taktiker, sehr befähigt im Erkennen von Situationen und Problemen, im haarscharfen Aufspüren von Schwächen bei anderen und im Eingehen von Koalitionen, so lange diese ihm nützten. Er war kaltblütig, raffiniert und ging bis zum Äußersten, zumindest so lange er die Situation beherrschen konnte. Kam es zu unerwarteten Wendungen oder wurde ihm die Initiative entrissen, versagte er oft kläglich und war dann nicht mehr im Stande zu handeln, sodass andere – in den ersten Jahren seines Regimes insbesondere Hermann Göring – die Regie übernehmen mussten. Darüber hinaus war er intelligent und verfügte über eine unglaublich suggestive Kraft.

Dazu war er ein glühender politischer und militanter Nationalist und Rassenfanatiker, der die Einstellung hatte, dass genau wie in der Tierwelt der Stärkere immer über den Schwächeren siegte. Sein Gedächtnis war phänomenal, mit einer umfangreichen Detailkenntnis auf zahlreichen Gebieten, wie Malerei, Architektur, Geschichte, Oper, Technik und Waffenwesen. Außerdem konnte er sich sehr gut konzentrieren. Er verschlang Bücher und Zeitschriften über die unterschiedlichsten Sachgebiete und war im Stande, nicht nur sehr schnell zu lesen, sondern das Gelesene auch zu behalten. Und doch wurde sein Leben überschattet von einer chronischen Kontaktschwäche und einer unzureichenden Libido. Er blieb immer ein Sonderling, der kaum zu engeren sozialen Kontakten fähig war. Es wurde viel über sein Sexualleben geschrieben, aber man kann aufgrund fehlender Fakten kaum etwas davon beweisen. Selbst in den Anfangsjahren der NSDAP, als Hitler gerade einmal in München Bekanntheit erworben hatte, tat er alles, um sein Privatleben im Nebel zu verstecken. Man kann ihn getrost einen „Kontrollfreak" nennen, wenn es um seine Vergangenheit und alles, was damit zu tun hatte, ging. Und er ließ ganz gewiss, nachdem er die Macht in Deutschland übernommen hatte, alle Dokumente aufspüren, die etwas mit seinem Privatleben zu tun hatten. Diese Dokumente bewahrte er in einem seiner zahlreichen Tresore auf. Hitler war ein wahrer Großmeister in

Hitler besaß eine große Sammlung von Büchern, fast alles Sachbücher. Ausnahmen waren die Bücher von Karl May, die er immer wieder las, auch als er schon Führer und Kanzler von Deutschland war. Hier sein Exlibris.

der Geheimhaltung seines Privatleben, und er war genial im Verdrehen und Manipulieren seiner Vergangenheit. Selbst in Gesprächen mit seinen engsten Mitarbeitern war er stets darauf bedacht, alles, was mit seiner Vergangenheit und seinem Privatleben zu tun hatte, sorgfältig zu verbergen oder zu verdrehen. Man kann daher sicher von einer „Verhüllungsneurose" sprechen. Menschen aus Hitlers direkter Umgebung zufolge achtete er sehr auf seine Sauberkeit. Oft nahm er zweimal pro Tag ein Bad, kleidete sich extra um und zog sich stets ein frisches Oberhemd an. Da er während des Sprechens viel gestikulierte, musste seine Kleidung immer locker sitzen. Obgleich er immer etwas hängende Schultern hatte und mit seinen weiten Anzügen nicht wirklich eine elegante Erscheinung war, verschaffte er sich dennoch auf die eine oder andere Weise Respekt. Wenn er einen Raum betrat, schauten alle Anwesenden auf. Nach Traudl Junge wurde das vor allem durch seine Art zu gehen verursacht. Hitler lief nie wirklich schnell, sein Laufstil war eigentlich eher langsam, abgemessen und würdig. Dadurch beeindruckte er denjenigen, auf den er zulief, und das war genau das, was er erreichen wollte. So sprach er oft über die Tatsache, dass es seine Besucher verunsicherte, wenn diese erst die sehr lange, verspiegelte Halle entlanglaufen und dann sein riesiges Arbeitszimmer von den Ausmaßen eines Fußballfeldes zu durchqueren hatten, um endlich an seinen Schreibtisch zu gelangen. Hitlers Augen waren lebhaft und meistens interessiert und untersuchend. Sie belebten sich, wenn er erst einmal zu sprechen begann. Aber sie konnten auch

Verachtung und Hass ausstrahlen. Auch seine Stimme hatte viele Facetten. Er sprach logisch und zusammenhängend, und meistens hatte er allein das Wort. Seine momentane Stimmung war genau an seiner Stimme zu hören. Diese konnte außergewöhnlich ruhig, hell und sehr überzeugend sein, aber auch aufgeregt, dabei stets schneller werdend und sich oft überschlagend vor Aggression. Er verfügte über eine außerordentliche rhetorische Gabe: Selbst komplizierte Zusammenhänge konnte er einfach darstellen. Diese trug er dann mit so viel charismatischer Überzeugung vor, dass seine Zuhörer durch ihn fasziniert wurden. Zu den Menschen in seiner direkten Umgebung war er meist aufmerksam, freundlich und reagierte oft spontan, fröhlich und temperamentvoll. In kleinem Kreis sprach er meistens ruhig und ohne die Stimme zu erheben, prägnant und mit Überzeugung, wobei immer ganz leicht sein österreichischer Akzent zu hören war. Wenn er sich jedoch aufregte – oder es zumindest vorgab –, wurde

Nachdem seine Gäste in den frühen Morgenstunden aufgebrochen waren, zog Hitler sich in seine privaten Gemächer im ersten Stock der alten Reichskanzlei zurück. Dort las oder zeichnete er oft noch. Neben gigantischen Bauwerken skizzierte er oft Prototypen von Waffen, Modelle von Schlachtschiffen und Bunker.

seine Stimme zunehmend erregter und ging schließlich in einen wütenden, aggressiven Ton über. Gelegentlich konnte seine Stimme auch eiskalt sein. „Eiskalt" oder „Dann bin ich eiskalt" waren oft gebrauchte Redewendungen von ihm. Oft sagte er zu seinen Zuhörern: „Es lässt mich völlig kalt, wie die Außenwelt später über meine Maßnahmen denkt, die ich nunmal ergreifen muss." Auch das Wort „rücksichtslos" war ein viel gebrauchten Begriff von ihm, etwa der Ausdruck: „Rücksichtslos durchgreifen, koste es, was es wolle." „Einfach idiotisch!" war ebenfalls oft aus seinem Mund zu hören, wie auch das typisch österreichische Wort: „nimmer", wobei er das „r" tief aus seiner Kehle rollen ließ. Nach Dr. Dollmann, Hitlers Übersetzer bei Mussolini, vergessen die meisten Historiker, dass Hitler Österreicher war. Dollmann: „Ich habe jahrelang als Übersetzer für Hitler und andere deutsche und italienische Machthaber gearbeitet, aber ich muss sagen, dass Hitler der korrekteste und zuvorkommendste von allen war. Ich brauchte nur meine Hand zu heben, und er unterbrach kurz. Oft fragte er während des Übersetzens, ob ich noch folgen könne. Übrigens kann ich nicht genug unterstreichen, wie typisch österreichisch Hitler war. (...) Er war kein Bayer, kein Preuße und auch kein Deutscher. Nein, er war ein typischer Österreicher mit allen dazugehörenden Eigenarten, z. B. die Höflichkeit gegenüber Frauen, der ‚Schmäh', die Liebe für das Zeremonielle, für Titel, die Vorliebe für das Tuscheln und Austauschen von Gerüchten und Neuigkeiten hinter den Gardinen von Caféhäusern usw."

Hitler befasste sich oft ad hoc mit zahlreichen Angelegenheiten, je nachdem, was er las oder was ihm zu Ohren kam. War er dann nicht mit dem Verlauf der Dinge einverstanden, griff er ein – so auch beim Strafrecht. Er las an einem Tag einen kleinen Zeitungsbericht, in dem stand, dass sich ein angeblich verliebtes Paar mit einem Taxi von Nürnberg zu einem einsamen Parkplatz an der Autobahn hatte fahren lassen und dort dann den Fahrer beraubt und getötet hatte. Wütend zitierte er Justizminister Gürtner zu sich und sagte: „Wenn ich Autobahnen baue, muss man diese auch sicher befahren können. Ich will Ordnung in meinem Land haben. Diese beiden müssen zur Verantwortung gezogen werden. Anders kann ich nicht für Sicherheit in diesem Land sorgen. Und diese Sicherheit brauchen wir. Bei dieser Sorte Leuten darf man keine Gnade zeigen." Der Mann und die Frau wurden 48 Stunden später enthauptet.

Hitler lebte auf bescheidenem Fuß. So war er überzeugter Vegetarier, und Alkohol und Nikotin betrachtete er als zerstörerische Substanzen. Er war ein Mann mit einem ausgesprochen starken Willen, unbeugsam und halsstarrig, dem sich andere zu unterwerfen hatten. Er lebte mit der Vorstellung, dass mit eisernem Willen und dem dazugehörenden Durchsetzungsvermögen alles auf der Welt möglich werden könnte.

Schmuck trug er nie, und selbst seine goldene Armbanduhr trug er lose in seiner Jackentasche. Sie ging immer einige Minuten vor, da er genau pünktlich zu seinen Verabredungen sein wollte. Er schaute nicht oft darauf, aber er fragte meistens mehrmals täglich seine Adjutanten, wie spät es wäre. Er war ein äußerst raffinierter Schauspieler, der über viele Gesichter verfügte. Die Menschen kannten nur die Fassade, die er ihnen im Moment zeigen wollte. Hitler war weiterhin ein wahrer Meister im Geheimhalten. Er hatte die Gewohnheit, nur das zu sagen, was die betreffende Person unbedingt wissen musste. Oft sagte er: „Ein Geheimnis, das zwei Personen kennen, ist kein Geheimnis mehr." Vor dem Krieg besuchte Hitler in Berlin gern die Aufführungen der Deutschen Oper, Operetten im Metropoltheater, Konzerte in der Berliner Philharmonie,

Hitler lauscht an einem „Volksempfänger" einer Rede von Goebbels im Sportpalast in Berlin. Dieses preiswerte Radio machte es möglich, dass große Teile der deutschen Bevölkerung Radio hören konnten und so leicht durch die Propaganda zu erreichen und zu beeinflussen waren.

Hitler mit einem zahmen Eichhörnchen während eines Spaziergangs im Park der alten Reichskanzlei. Diese Fotos waren absolut tabu für Publikationen, denn der Führer wollte nicht als menschlich und tierlieb, wie im Fall des Eichhörnchens, abgebildet werden.

liche alliierte Invasion. Durch diese Fotos war er ausgezeichnet und detailliert informiert über den Fortgang der Bauarbeiten, welche Bunker wo standen usw. Hitler war verrückt nach allem, das mit Technik zu tun hatte. So auch nach Autos, über die er gut Bescheid wusste. Er verschlang Fachzeitschriften über dieses Gebiet und kannte die technischen Details aller neuer Modelle. Selbst hatte er keinen Führerschein, aber ließ sich gern fahren, wobei er neben dem Chauffeur saß und, falls nötig, die Karte las. Übrigens ließ er aus Sicherheitsüberlegungen sein Auto nie schneller als 80 km pro Stunde fahren. Erst 1939 ließ er sich durch seinen Chauffeur Kempka überreden, nur noch in einer schwer gepanzerten Limousine (Mercedes) zu fahren. Davor fuhr er nur in normalen, nicht gepanzerten Mercedessen, die oft auch noch ein offenes Dach hatten. Bis zum Ausbruch des Krieges gefiel es Hitler, ohne große Bewachung und völlig anonym mit einem Volkswagen durch das nächtliche Berlin zu fahren. Kempka: „Der Chef war verrückt nach solchen Nachtfahrten, da er so nach seinen Wünschen und durch niemanden gestört, auch nicht durch den Verkehr, den Fortschritt all der

ab und zu eine Theatervorstellung im Schillertheater und auch regelmäßig (wenigstens einmal im Monat) Varietévorstellungen im „Wintergarten" und im „Scala". Seinem Chefadjutanten Schaub zufolge, der ein ausgewiesener Theater-, Musik- und Kunstkenner war, fragte Hitler ihn (meistens während des Frühstücks) oft nach den letzten Neuigkeiten aus der Kunst-, Musik- und Theaterwelt, ob er neue Aufführungen gesehen hätte und was er davon hielte. Und als er während der Kriegsjahre keine Vorstellungen mehr besuchte, ließ er sich mittels Farbfotos detailliert durch Schaub über alle Oper- und Operettenpremieren in ganz Deutschland auf dem Laufenden halten. Dabei interessierte er sich vor allem für die Inszenierung und das Bühnenbild. Er verwendete häufiger Film und Farbfotos, um sich von denjenigen Orten ein Bild zu machen, die er nicht besuchte. So ließ er seinen Privatkameramann Frentz (der übrigens auch ein guter Fotograf war) Farbfotos vom gesamten Atlantikwall machen, der 5.300 km langen, westlichen Verteidigungslinie vom Nordkap bis an die spanische Grenze gegen eine mög-

neuen Gebäude in Berlin besichtigen konnte." Auch machte Hitler vor dem Krieg an den Wochenenden gern Ausflüge an die Ostsee und bevorzugte den ältesten und mondänsten Badeort Heiligendamm. Goebbels machte dort oft während des Sommers mit seiner Familie Ferien. Zusammen mit Goebbels und seiner Frau sowie den ausgelassenen Kindern flanierte Onkel Hitler dann über den langen, eleganten Pier.

An Hitlers Tafel

Hitler verglich seine Reichskanzlei einmal mit einem Gasthof und sprach dann lachend über den „Gasthof zum lustigen Reichskanzler", in Anspielung auf seine Lieblingsoperette, „Die lustige Witwe" von Franz Lehár. Nach Albert Speer hatten etwa 40 bis 50 Menschen immer Zugang zu Hitlers Mittagessen in der alten Reichskanzlei. Sie mussten nur einen der diensthabenden Adjutanten anrufen, um Bescheid zu geben, dass sie kämen. Diese Gesellschaft veränderte sich im Lauf der Jahre kaum. Sie bestand größtenteils aus hohen Parteifunktionären wie Reichs- und Gauleiter, Ministern und

Mitarbeitern aus Hitlers engster Umgebung. Seinem Heeres-adjutanten zufolge waren selten Militärs zugegen. Hitler vermied dies immer aus dem einen oder anderen Grund. Auch Speer hatte direkten Zugang zu Hitler, und er beschreibt ein Mittagessen. Speer: „Die Wachtposten an der Vorderseite der alten Reichskanzlei kannten mich schon und öffneten ohne weitere Formalitäten die Tore des Vorhofs, wo ich mein Auto parkte und dann über mehrere Treppen die Vorhalle des Gebäudes betrat. Die weite Halle war mit zwei gemütlichen Sitzecken ausgestattet, die glatten, weißen Wände mit prächtigen Gobelins behangen. Die Fußböden bestanden aus Hitlers bevorzugtem roten Untersberger Marmor und schweren Teppichen darauf. Meistens saßen dort weitere Gäste und genossen ein Tässchen Kaffee oder ein Glas Mineralwasser und unterhielten sich, während andere telefonierten. Dieser Raum war übrigens der Einzige, in dem geraucht werden durfte." Nach Speer herrschte dort eine recht ungezwungene Atmosphäre. Man begrüßte sich auch nicht mit dem gebräuchlichen „Heil Hitler", sondern einfach mit „Guten Morgen" oder „Guten Tag". Durch stets geschlossene, hohe Doppelflügeltüren betrat man eine große, viereckige Empfangshalle, die wegen der unbequemen Möbel nicht so oft benutzt wurde, außer für bestimmte Empfänge. An der Gartenseite dieser Halle waren drei hohe, gläserne Türen, die auf eine Terrasse und in den Park der Reichskanzlei führten. Rechts von der großen Empfangshalle begann die eigentliche Führerwohnung. Durch hohe Türen kam man zuerst ins Musikzimmer, das hauptsächlich für Filmvorführungen am Abend verwendet wurde. Durch diesen Raum betrat man den Rauchsalon, auch Bismarckzimmer genannt, da Kanzler Bismarck hier früher sein Arbeitszimmer hatte. Dieser Raum von ca. 100 Quadratmetern war als Einziger im Haus gemütlich eingerichtet. Aus Respekt vor Bismarck wurde das Zimmer 1933/34 nicht mit umgebaut, sondern so belassen, wie es war. Die Decke bestand, im Gegensatz zu den geraden Decken in den andere Räumen, aus Holz mit rustikalen Balken, während die Wände bis zur halben Höhe mit einer Holztäfelung versehen waren. In diesem Raum befand sich auch der einzige offene Kamin des Erdgeschosses. Der zweite offene Kamin stand im direkt darüber gelegenen privaten Wohnzimmer Hitlers. Um den Kamin herum standen gemütliche, dunkle Ledersofas mit einem großen, langen Tisch mit massiver Marmorplatte, auf dem immer Zeitschriften und Magazine lagen. An den Wänden hingen ein Gobelin und zwei Bilder von Schinkel.

Hitler kam meistens aus seinen Privatgemächern im ersten Stock, wo er oft noch seiner Sekretärin einige Seiten diktiert hatte, gelegentlich kam er auch aus Besprechungen in der Reichskanzlei zurück. Er betrat den Raum immer ganz entspannt, wie eine normale Privatperson, wobei er seinen Gästen kurz die Hand gab und ab und zu auch fragte, wie es „der Frau Gemahlin und den Kindern" gehe. Die Gäste standen in einem Kreis um ihn herum, während er meistens das Wort führte. Oft gab sein Pressechef Dr. Dietrich ihm eine Mappe mit Zeitungsausschnitten, worauf er sich in einen Sessel in einer Ecke setzte, in einigem Abstand von seinen Besuchern seine Lesebrille aufsetzte und zu lesen begann. Danach stand er auf und lief mit einem oder mehreren Zeitungsausschnitten, die er interessant fand, zu einem seiner Gäste, dem er den betreffenden Ausschnitt gab und den er dann kommentierte. Dies alles dauerte keine halbe Stunde, bis die Gardine vor der gläsernen, zweiflügeligen Tür, die zum Speisesaal führte, durch den Hausintendanten Kannenberg zur Seite geschoben wurde mit der Mitteilung, dass das Essen zum Servieren bereit wäre. Hitler ging als Erster in den Speisesaal, gefolgt von den anderen Anwesenden.

Speer: „Von allen durch Professor Troost neu eingerichteten Räumen in Hitlers Wohnung war dieser große, quadratische Raum (12 x 12 Meter) der ausgewogenste." Links vom Speisesaal gewährten drei hohe, gläserne Türen Zugang zum Park der Reichskanzlei. Den Türen gegenüber stand in einer lang gezogenen Nische ein großes Buffet aus Palisanderfurnier, von dem die Gerichte durch die in Weiß gekleideten SS-Bediensteten serviert wurden. Rechts war der Zugang zu den Küchen, die teils im Souterrain lagen, und links ging eine Tür zur Treppe auf die darüber gelegene Dachterrasse, die übrigens nie benutzt wurde. Hitler wollte dies nicht, da sie direkt an sein Schlafzimmer grenzte. Durch die drei hohen, gläsernen Türen an der Gartenseite strömte viel Tageslicht herein, was dem Raum eine angenehme Atmosphäre gab. In der Mitte des Saals stand ein großer, runder Tisch, der Platz für etwa 15 Personen bot. Wie auf dem Berghof waren die Stühle aus dunklem Holz und bespannt mit safranrotem Leder. Alle Stühle waren gleich, auch der von Hitler. In der Mitte des Tisches stand immer eine große Schale mit Obst, und auf jedem Tisch im Raum stand ein einfacher Blumenstrauß. Das schlichte, weiße Service trug einen goldenen Adler mit Hakenkreuz, das Tafelsilber trug Hitlers Monogramm. Hitler war peinlichst genau, was die Bedienung und die Tischdekoration betraf. Oft inspizierte er vorab, ob alles gut gedeckt war, und wehe dem Diener, der einen Löffel schief hingelegt hatte! Hitler entsandte sogar einen „Spion" in den Kreml, um herauszufinden, wie es um die Tischdeko-

Hitler liebte das Kegeln. Sowohl in seinem Haus auf dem Obersalzberg als auch in der neuen Reichskanzlei verfügte er über eine Kegelbahn. Aber dieses Hobby wurde streng geheim gehalten, da er Angst hatte, zum Ehrenvorsitzenden Hunderter deutscher Kegelclubs ernannt zu werden.

ration und Bedienung bei dem von ihm bewunderten Diktator Stalin bestellt war. Über den Blumenschmuck sprach der Führer – zumindest wenn er gut gelaunt war – oft Lob aus. Hitler saß immer mitten am Tisch mit dem Rücken zum Fenster, während sein wichtigster Gast links von ihm saß. Alkoholische Getränke, Erfrischungsgetränke und Wasser waren unbegrenzt verfügbar und wurden durch die in Livrée gekleideten SS-Bediensteten serviert, wobei Hitler ausschließlich Mineralwasser der Marke Fachinger trank.

Die Mahlzeiten begannen meistens mit einer Suppe. Diese wurde glühend heiß auf den Tisch gebracht, und die Diener durften die Teller erst wegnehmen, wenn sie leer waren; dies geschah auf ausdrücklichen Befehl Hitlers. Danach wurden die Gäste gefragt, was sie zu trinken wünschten. Wenn Hitler auch alkoholische Getränke ablehnte, gestand er doch zu, dass Bier oder deutscher Wein eingeschenkt wurden. Die Gäste konnten wählen zwischen Mineralwasser, einer normalen Flasche Berliner Bier oder einem preiswerten Wein. Die meisten Gäste, so wie Goebbels, tranken Bier. Selbst Hitler trank gelegentlich Bier, das speziell für ihn in Holzkirch gebraut wurde und nur zwei Prozent Alkohol enthielt. Aber

meistens hielt er sich an das Fachinger Mineralwasser, das durch ein von der SS betriebenes Unternehmen hergestellt wurde. Die Mahlzeiten waren gut zubereitet und reichlich, aber schlicht. Hitler bevorzugte einfache Gerichte, wobei Schnittbohnen, Erbsen und Linsen seine Lieblingsgemüse waren. Sie wurden serviert mit Kartoffeln und manchmal Nudeln. Als Nachtisch gab es meistens Obst oder auch Gebäck, etwa Windbeutel, wovon Hitler mehrere verspeiste. Nach Ablauf der Mahlzeit, die meistens etwa zwei Stunden dauerte, wurde im Rauchsalon der Kaffee serviert. Die Mahlzeiten des Führers waren vegetarisch und daher frei von Fleisch und Fett. Er lehnte es ab, selbst eine Bouillon zu essen. Fleisch wäre letztendlich ein toter, verrottender Stoff. Nach seiner Meinung waren Menschen, die Fleisch aßen, grausam, mitleidslos und völlig der Natur entfremdet. Eine beliebte Erzählung von Hitler während der Mahlzeit handelte von seinem Besuch in einem polnischen Schlachthaus, wo ihm das Blut bis zu den Knöcheln gestanden hatte. Merkte er, dass die unappetitliche Beschreibung vor allem bei den Damen der Gesellschaft den nötigen Eindruck machte, dann legte er noch nach. Waren aber Gäste von außerhalb des inneren Kreises dabei, enthielt er sich solcher Kommentare. Göring nahm an diesen Mahlzeiten selten teil, da er das Essen zu schlecht fand. Er zog das Berliner Spitzenrestaurant Horcher an der Leipziger Straße vor, in dem er Stammgast war. Goebbels war der prominenteste und beliebteste Gast der Tafelrunde. SS-Chef Himmler erschien selten, während Bormann als Mitglied des intimen Hofstaates keine Mahlzeit ausließ. Nach dem Mittagessen folgten weitere Termine, die meistens im Wintergarten stattfanden. Am späten Nach-

mittag oder zu Beginn des Abends zog sich Hitler zurück in seine Privatgemächer, um noch etwas zu lesen, auszuruhen und oft noch ein Bad zu nehmen. Bevor er sich zurückzog, plauderte er auch oftmals bei einer Tasse Tee mit seinen Sekretärinnen im Treppenzimmer. Und wenn das Wetter es zuließ, machte er noch einen Spaziergang mit seinem Schäferhund Blondie durch den Park der Reichskanzlei.

Hitlers „Humor"

Hitler verfügte über keinen guten eigenen Sinn für Humor. Er überließ es anderen, Scherze zu machen, lachte laut und unbeherrscht und konnte sich oft vor Lachen nicht mehr einkriegen. Oftmals wischte er sich bei solchen Ausbrüchen der Fröhlichkeit die Tränen aus den Augen. Er lachte gern, aber eigentlich immer auf Kosten anderer. Bestimmte Witze konnte er ständig wiederholen. Wenn er lachte, machte er oft eine Art bellendes, krähendes Geräusch. Dabei hatte er die Gewohnheit, seine Hände vor das Gesicht zu halten. Goebbels wusste wie kein anderer, wie man ihn mit Scherzen unterhalten und zugleich persönliche Gegner im internen Kampf um mehr Macht in ein schlechtes Licht stellen konnte. Auch in dieser Gesellschaft erzählte Hitler gern wieder über seine Jugend, wobei er speziell seine strenge Erziehung erwähnte: „Ich habe oft ordentliche Schläge von meinem Vater bekommen, aber meiner Meinung nach hat mir das nur genutzt." Wilhelm Frick, der Innenminister, rief danach einmal aus: „Wie man an Ihnen sehen kann, ist Ihnen das, mein Führer, in der Tat gut bekommen." Beklemmende Stille in der Runde. Frick versuchte, die Situation zu retten: „Ich meine, dass Sie es darum, mein Führer, so weit gebracht haben." Goebbels, der Frick für einen ausgemachten Idioten hielt, kommentierte das sarkastisch: „Ich denke, mein bester Frick, dass Sie in Ihrer Jugend keine Schläge bekommen haben."

Walter Funk, Wirtschaftsminister und gleichzeitig Präsident der Reichsbank, erzählte über die verrückten Sachen, die sein Vizepräsident Brinkmann monatelang ungehindert vom Stapel gelassen hatte, bis er endlich für geisteskrank erklärt wurde. Funk wollte Hitler damit nicht nur amüsieren, sondern ihn auf unverfängliche Weise auf Dinge aufmerksam machen, von denen er ja doch erfahren würde: Brinkmann hatte nämlich die Putzfrauen und die Laufburschen der Reichsbank zu einem großen Diner im Festsaal eines der besten Berliner Hotels, dem Bristol, eingeladen und dabei selbst Geige gespielt. Das passte noch ganz gut in das Streben des Regimes, eine Volksgemeinschaft zu demonstrieren. Bedenklicher wurde es dann, als Funk unter dem Gelächter der Gesellschaft fortfuhr: „Kürzlich stellte er sich vor das Wirtschaftsministerium Unter den Linden, holte aus seiner Aktentasche ein großes Paket gerade gedruckter Banknoten – die Scheine sind von mir unterzeichnet, wie Sie wissen – und teilte sie an die Passanten aus: ‚Wer will ein paar neue Funken haben?'" „Schon kurz darauf", Funk weiter, „war seine Geisteskrankheit unübersehbar geworden. Er hatte alle Beamten der Reichsbank zusammengerufen: ‚Wer älter als 50 ist, nach links, die jüngeren nach rechts!' Und zu jemandem, der an der rechten Seite stand: ‚Wie alt sind Sie?' ‚Neunundvierzig, Herr Vizepräsident!' ‚Dann ab nach links!'

In Nullkommanichts wurde jeder auf der linken Seite mit doppelter Pension entlassen." Hitler liefen vor Lachen die Tränen über die Wangen. Als er sich wieder beruhigt hatte, führte er einen Monolog darüber, wie schwierig es oft sei, Geisteskranke zu erkennen.

Die Stimmung des Führers spiegelte sich sehr deutlich in all seinen Worten und Gebärden wider. An einem Tag konnte er eine Atmosphäre eisiger Gleichgültigkeit verbreiten, während an anderen Tagen ein jovialer und fröhlicher Hitler Scherze machte und Imitationen von bekannten Staatsführern und Königen vorführte, wie König Victor Emanuel von Italien, dessen Verhalten und hohe Stimme er perfekt nachzumachen verstand. Aber meistens führte er mit dozierendem Ton das Wort, wobei er die Themen gut an die anwesende Gesellschaft anpassen konnte. Er hatte ein fotografisches Gedächtnis und wollte als jemand erscheinen, der über ein breites Wissen über viele Gebiete verfügte – ob es nun um die Kirche ging, Geschichte, Architektur, Bildhauerei, Malerei, Film, Theater, Oper, Musik, Künstler, Schauspieler usw.

Ein Abend beim Führer

Abends wurden meistens etwa zehn Personen zum Essen eingeladen: ein persönlicher und ein militärischer Adjutant, der Leibarzt Morell, Architekt Speer, Fotograf Hoffmann, der „Staatsbühnenbauer" Benno von Arendt, einer der anderen Ärzte, gelegentlich ein oder zwei Bekannte aus München, Pilot Bauer und natürlich der stets anwesende Martin Bormann. Oft passierte es, dass alle Plätze an der großen, runden Tafel besetzt waren. Die Gesellschaft beschränkte sich auf den intimsten Kreis. Politische Mitarbeiter wie Goebbels und andere Minister waren abends meistens nicht willkommen. Der Inhalt der Gespräche war noch weniger festgelegt als mittags; sie gingen zumeist über unwichtige Dinge. Hitler ließ sich gern von Bühnenaufführungen berichten und genoss die neuesten Gerüchte und Skandale sowohl aus Berlin als auch aus München. Selbst erzählte er oft endlose

Regelmäßig wurden in der alten Reichskanzlei Delegationen von allerlei Vereinigungen und Clubs eingeladen, die auf die eine oder andere Weise in die Nachrichten gekommen waren. Hitler spielte dann den charmanten Gastgeber mit einem guten Auge für weibliche Schönheit.

Ein niesender Führer, der nun gerade nicht für die Kamera posiert.

Foto rechts: Kurz nach Mitternacht am 20. April 1939 gratulieren die Sekretärinnen Gerda Daranowski (l) und Christa Schröder (r) Hitler zu seinem 50. Geburtstag. Ganz rechts die allgegenwärtige „braune Eminenz", Reichsleiter Bormann.

Geschichten aus dem Ersten Weltkrieg, von der Anfangszeit der NSDAP, seiner Zeit im Gefängnis, Inszenierungen von Wagner-Opern usw.

Das Essen bestand wieder aus einfachen Gerichten. Die Abende in der alten Reichskanzlei waren, wie auf dem Berghof, ziemlich locker, aber auch ausgesprochen langweilig und ohne Abwechslung. Speer: „Auf die Dauer hatten wir einander nicht mehr so viel zu sagen. Die meisten in der Gesellschaft waren geistig eher einfach gestrickt und gingen selten oder nie mit Hitler in Diskussionen. Sie mussten aber seine Monologe immer wieder anhören und durften sich auch nicht daran stören, dass er etwas bereits zum zehnten oder zwölften Mal erzählte. Ich nehme das Hitler auch nicht übel, denn der Mann hatte, angesichts der vielen Probleme, einfach das Bedürfnis nach Menschen, die als blinde Verehrer an seinen Lippen hingen." Nach Beendigung der Mahlzeit ging die Gesellschaft in den Musiksalon, der neben dem Rauchsalon lag, um dort öfter zwei ganze Spielfilme anzusehen. Die

Foto unten: Hitler in Berlin. V.l.n.r. Eva Brauns Schwester Gretl, Chirurg Dr. Brandt, „Hoffotograf" Hoffmann, Hitler, Eva Braun, Frau Speer, Leibarzt Dr. Morell, Chefadjutant Bruckner und Sekretärin Christa Schröder.

Auswahl der Filme besprach Hitler meistens mit Goebbels, und oft waren es Filme, die zur gleichen Zeit in den Berliner Kinos liefen. Man setzte sich auf die bequemen Stühle, Hitler knöpfte seine Jacke auf und streckte seine Beine aus. Das Licht ging langsam aus, und der Spielfilm begann. Hitler schaute gern Musicals, Cowboy-, Abenteuer- und Liebesfilme. Er wollte auch immer so schnell wie möglich die neuesten Filme sehen, in denen Stars wie Heinz Rühmann, Ernst Jannings, Olga Tschechowa, Zarah Leander oder Jenny Jugo spielten. Hitler mochte vor allem Revuefilme mit vielen bloßen Beinen. Dagegen wurden nie komische Filme, Dokumentationen, Tier- und Landschaftsfilme oder Filme über Sport und Bergsteigen gezeigt. Bei den Filmvorstellungen war jeder willkommen, auch das Haus- und Küchenpersonal. Linge: „Anders als in den öffentlichen Kinos herrschte während der Vorstellung keine kirchliche Stille. Die Filme wurden während der Aufführung insbesondere durch Hitler temperamentvoll kommentiert, und oft erklang munteres Lachen durch den Saal."

Nach der Filmvorstellung begab sich die Gesellschaft gegen 01.00 Uhr wieder zum angrenzenden Rauchsalon, wo man sich rund um den Kamin scharte. Hitler saß gewöhnlich rechts vom Kamin in einem gemütlichen Sessel. Jeder sprach mit gedämpfter Stimme mit seinem Nachbarn. Hitler führte leise ein Gespräch mit den zwei Gästen neben ihm. Oft schwieg er auch und starrte grübelnd in das Kaminfeuer. Obwohl der Führer an solchen Abenden oft in Gedanken versunken schien, entging ihm nur wenig. Begannen einige Gäste in einer Ecke zu flüstern oder fing jemand plötzlich an zu lachen, dann wollte er immer den Grund dafür wissen. Hitler war u. a dadurch gekennzeichnet, dass er beinahe krankhaft

neugierig war. Oft verfiel er auch während der Abendstunden in seine berüchtigte Monologe. Beliebte Themen waren seine Jugenderinnerungen, seine armen Jahre in Wien, die ersten Jahre in München, der missglückte Putsch (November 1923) und die Machtübername in Berlin. Daneben kamen Themen wie sein Eisenbahnprojekt, seine geliebten Bauprojekte und seine Pläne für die Reorganisation der eroberten Gebiete regelmäßig auf die Tagesordnung. Ein ebenso beliebtes Gesprächsthema war die Schlauheit seines Hundes Blondie. Eine andere geschätzte Beschäftigung der Gesellschaft war das Abspielen von Grammophonplatten nach der Filmvorstellung. Die nummerierten Platten wurden in einer großen, schwarzen Kiste aufbewahrt. Bormann hatte die Aufgabe, eine Platte auszuwählen und das Gerät zu bedienen. Hitlers Favoriten waren Franz Lehár mit seiner Operette „Die lustige Witwe" und „Die Fledermaus" von Johann Strauß. Oft ließ er Abend für Abend Grammophonplatten von Lehár spielen. Selbst in seinem Arbeitszimmer geschah es, dass er die Arbeit unterbrach, um – mit seinen Händen in seinen Taschen und durch das Fenster in den blauen Himmel starrend – Melodien von Lehár zu pfeifen. Sein eintöniges Repertoire umfasste neben Lehár auch Strauß, Wagner, Beethoven, Hugo Wolf und gelegentlich Mozart. Speer erzählte, dass er einige Male vorgeschlagen hatte, einen berühmten Pianisten oder einen Gelehrten einzuladen, um die Monotonie der Abende zu durchbrechen. Aber zu seiner Überraschung ging Hitler nicht darauf ein. Speer vermutete, Hitler wollte nicht, dass die ziemlich banalen Abende, an denen er so hing, durch Eindringlinge gestört würden. Es fiel Speer auch auf, dass Hitler oft gegenüber Menschen, die ihn als Sachkundigen ausstachen, eine gewisse Scheu zeigte.

Hitler mit dem jungen Architekten Speer während des Umbaus der alten Reichskanzlei und von Hitlers Privatwohnung. Speer war erst kürzlich in Hitlers engsten Kreis vorgedrungen und sollte später zum wichtigsten Architekten Deutschlands sowie zum Herrscher über die deutsche Kriegswirtschaft aufsteigen.

Außer Operetten besuchte Hitler in Berlin aber selten ein Theater. Neue Inszenierungen von damals schon klassischen Operetten, wie „Die Fledermaus" und insbesondere „Die lustige Witwe", ließ er sich aber nicht entgehen. Beide hatte er schon häufiger gesehen und konnte davon nicht genug bekommen. Auch ging er einige Male in den „Wintergarten", ein bis auf den heutigen Tag bekanntes Berliner Varieté.

Hitler hatte kein echtes Interesse an Literatur. Am liebsten las er Biografien und Bücher über militärische Themen. Besonders versessen war er auf die jährlichen Flottenkalender, in denen bis ins Detail alle neuen Typen von Marineschiffen der Großmächte dargestellt wurden. Aber auch Werke über Architektur verschlang er und studierte diese in den Nachtstunden immer wieder mit großem Interesse. Er besaß wohl auch alle Werke von Karl May und tat sein Bestes, um diese Jahr für Jahr wieder durchzulesen.

Es war inzwischen weit nach Mitternacht. Im großen Saal verbreiteten die Flammen des Kamins, verstärkt durch einige Kerzen, ein geisterhaftes Licht, das seltsame, bewegte Schatten auf den Wänden hervorrief. Hitler trank die ganze Zeit Tee, einige Gäste bestellten Sekt, und für die Liebhaber gab es auch Cognac oder Genever. SS-Bedienstete servierten neben allerlei Getränken auch belegte Brötchen, Gebäck und andere kleine Nascherеien. „Niemand bemühte sich, das Gespräch über das geistlose Niveau zu bringen, indem er z. B. einmal etwas über die neuen Ausdrucksformen der Regie sagte", so Speer. Nach einigen Stunden konnte der eine oder andere Gast ein Gähnen kaum noch unterdrücken. Aber es dauerte sicher noch eine Stunde, bis Hitler aufstand und nach oben in seine Privatgemächer ging. Eines nach dem anderen erloschen dann die Lichter in der alten Reichskanzlei. Die Schlafzimmerfenster des Führers waren meistens die letzten, die sich verdunkelten. Es geschah gelegentlich, dass Hitler eines seiner Fenster weit öffnete, sich einen Stuhl nahm und in den dunklen Park starrte. Das Verkehrsgeräusch der großen Stadt drang oft durch den großen Park. Wenn es schon hell wurde und die ersten Sonnenstrahlen den Park in ein goldenes Licht tauchten, ging Hitler erst ins Bett, um ein paar Stunden zu schlafen, bevor ein neuer Tag für ihn begann.

Hitlers „enzyklopädisches Wissen"

Hitler verfügte – den Menschen zufolge, die ihn gut gekannt hatten – über eine Reihe auffälliger Eigenschaften: einen unglaublich starken Willen, ein eisernes Gedächtnis, ein felsenfestes Selbstvertrauen, einen völligen Mangel an Selbstkritik, eine nichts verzeihende Rachsucht und eine große Portion Schlauheit. Außerdem war er ein wahrer Meister im Theaterspielen. Daneben hatte er ein sehr feines Gespür für Stimmungen und ein scharfes Wahrnehmungsvermögen für Menschen, wodurch er sich rasend schnell auf die zahlreichen Personen einstellen konnte, mit denen er in Berührung kam. Der Nimbus, der Hitler umgab, wurde durch den Titel „Mein Führer" noch verstärkt und machte den Abstand zu den „Volksgenossen" noch viel größer. Weiterhin beherrschte er auf meisterliche Weise die Kunst, bei seinen Zuhörern den Eindruck zu erwecken, dass seine Ausführungen die Frucht einer großen Belesenheit und kritischen Nachdenkens waren. Dies in Kombination mit seiner recht gewalttätigen Intonation und der Sprechweise wirkte auf die meisten so einschüchternd, dass der Bluff fast immer gelang. Militärexperten, Politikern, Technikern, Architekten – kurzum jedem, mit dem er in Kontakt kam, spielte er Kenntnisse vor, die er gar

Ein entspannter Hitler in seinem privaten Wohnzimmer mit Ernst Schmidt, seinem alten Dienstkameraden aus dem Ersten Weltkrieg. Stehend sein Auslandspressechef und Lieblingsklavierspieler Putzi Hanfstaengl.

nicht besaß. Eine seiner Sekretärinnen: „Immer wieder erstaunte er uns z. B. durch eine furchtbar detaillierte Darstellung eines höchst spezialisierten technischen Themas." Eines Tages führte ein Marinefachmann einen lebhaften Disput mit ihm über ein technisches Detail von Dampfturbinen, die auf einem modernen Kreuzer installiert waren. In einem Moment rief er Hitler irritiert zu: „Wie können Sie so etwas behaupten, wo Sie doch gar nicht auf dem neuesten technischen Stand sein können?" Hitler, sehr ruhig, bat den Experten, Platz zu nehmen. Danach setzte er ihm die ganze Frage mit einem Überfluss an Einzelheiten auseinander, die selbst einen Professor an einer Marineschule hätten verstummen lassen. Hitlers Erinnerungsvermögen kannte kaum Grenzen. Er sprach über den Bau von Kirchen, Klöstern und Burgen wie über die Geschichte Österreichs, komplette Betrachtungen über die Intrigen der Habsburger inbegriffen. Wenn er in aufgeräumter Laune war, schöpfte er Behagen daraus, seinen regelmäßigen Gästen große Empfänge, die im Lauf der Jahre in der Reichskanzlei abgehalten worden waren, genau zu beschreiben. Er konnte nicht nur die vollständigen Namen aller Anwesenden nennen, oft beschrieb er auch noch die Kleidung der bedeutendsten weiblichen Gäste. Er war im Stande, seine Zuhörer mit einer für sie unbegreiflichen Menge an Einzelheiten zu überfluten. Sein Geheimnis war, dass er sein Gedächtnis permanent trainierte. So hielt ein Stab von Fachleuten seine militärischen Handbücher auf dem neuesten Stand. Diese Lose-Blatt-Sammlungen umfassten alle militärischen Bereiche. Hitler las diese Handbücher noch vor dem Einschlafen, eine feste Gewohnheit.

Beim Ausbau des Wintergartens wurde an den Speisesaal der Diplomatensaal oder auch Fest-/Bankettsaal angebaut, der für Staatsbankette und -empfänge verwendet wurde. In den Kellern darunter wurde der Vorbunker als Zugang für den später tief in der Erde errichteten Führerbunker gebaut. Auf dem Foto eine Zusammenkunft hoher Militärs und Minister mit ihren Frauen.

Christa Schröder, Hitlers Sekretärin, war jedoch nicht sehr überzeugt von seinem unfehlbarem Wissen: „Hitler hatte uns mit einer kompletten philosophischen Abhandlung über eines seiner Lieblingsthemen überrascht. Zu meinem Erstaunen stellte ich fest, dass sein Vortrag nichts anderes war als die Wiedergabe einer Seite aus dem Werk Schopenhauers, die ich zufällig gerade gelesen hatte. Ich nahm all meinen Mut zusammen und richtete seine Aufmerksamkeit auf dieses Zusammentreffen. Hitler warf mir, ein wenig überrascht, einen seiner unergründlichen Blicke zu und antwortete daraufhin in einem abwehrenden Ton: ‚Vergiss nicht, mein Kind, dass das Wissen eines Menschen immer seinen Ursprung bei einem anderen findet. Der einzelne Mensch trägt nur einen kleinen Teil zur Gesamtheit allen Wissens bei.'
An einem anderen Tag trug er uns eine harsche Kritik einer Theateraufführung vor, wovon ich wusste, dass er ihr gar nicht beigewohnt hatte. Ich sprach mein Erstaunen über seine unbarmherzige Kritik gegen den Regisseur und die Schauspieler aus, obwohl er das Stück nicht gesehen hatte. Er sprang wie von der Tarantel gestochen auf und schnauzte mich an: ‚Sie haben Recht, aber Fräulein Braun war dort und hat mir ihre Eindrücke mitgeteilt.'"

Ein Blick vom Haupteingang des Ministeriums für Propaganda und Volksaufklärung auf die festlich geschmückten Bauten in der Wilhelmstraße. In der Mitte des Fotos die Einmündung der Vossstraße, rechts davon das Borsig-Palais, das in den Komplex der neuen Reichskanzlei an der Vossstraße integriert war, und links das Ministerium für Verkehr und Transport.

5 TEUFLISCHE PROPAGANDA

Ein Propaganda-Genie

Am Wilhelmplatz 8–9, schräg gegenüber der alten Reichs-
kanzlei, lag das von 1737 datierende hübsche, weiß bestuckte
Leopold-Palais, das einst durch den berühmten Architekten
Schinkel gründlich umgebaut worden war. Dieses Palais
sollte ab 1933 bis zum Zusammenbruch des Dritten Reiches
im Mai 1945 der Sitz des ersten offiziellen Ministers für
Propaganda und Volksaufklärung werden, geleitet durch
Dr. Joseph Goebbels. Unter der nationalsozialistischen
Führung wuchs sich die Propaganda zu einer sehr mächtigen
und effektiven Waffe in der Erhaltung und Verteidigung des
Regimes aus. Propaganda hatte schon beim Aufkommen des
NS-Regimes eine entscheidende Rolle gespielt. Die Nationalsozialisten gehörten zu den Ersten, die verstanden hatten,
welche Möglichkeiten die modernen Propagandamethoden
und insbesondere das Radio und der Film boten. Propaganda
war nicht so sehr ein Machtinstrument; sie war ein Bestandteil des Nationalsozialismus. Auf raffinierte Weise verstand es
diese Maschinerie, die Menschen zu beeinflussen. Dabei
wurde in großem Stil Gebrauch gemacht von Radio, Zeitungen, Zeitschriften, Filmen und Kinojournalen. Die NSDAP
organisierte zahlreiche Massenversammlungen, Flaggen-
paraden, Aufmärsche und Wahlkarawanen, bei denen mit
Uniformen und donnerndem „Sieg Heil!" bei Millionen
Deutschen ein Gefühl der Ekstase hervorgerufen wurde – für
ihr Land, dessen politische Führung und vor allem für den
neuen „Messias", Adolf Hitler. Durch öffentliche Lautsprecher auf allen großen Plätzen und längs der großen Straßen in
den deutschen Städten ertönten die Ansprachen. Das gab der
Bevölkerung das Gefühl, in einer anderen Welt zu leben, und
nach einer Weile schienen sie nichts
anderes mehr zu kennen. So eindringlich
und so allgegenwärtig war das Regime.
Das Gehirn hinter der Propaganda war
Joseph Goebbels, einer der intelligentesten
Führer des Dritten Reiches. Es war Goebbels, der das Bild von Adolf Hitler als
unantastbarem Führer schuf, einem
Abgott, einem Messias in den Augen der
großen Masse. Es war Goebbels, der in
großem Stil erst in Deutschland und
später in den eroberten Gebieten die
Technik der Massenpropaganda mit

*Goebbels hielt als Minister für Propaganda
und Volksaufklärung Einzug in ein durch
den berühmten Architekten Schinkel
umgebautes Palais am Wilhelmplatz.*

seiner Verherrlichung des germanischen Volkes sowie alter
Mythen und Sagen verfeinerte. Goebbels schien ein wahres
Genie im Ausdenken und Verbreiten von Propaganda ohne
jede moralische Grenze. Der Zweck heiligte alle Mittel. Er
verherrlichte den deutschen Nationalismus, auch wenn er
manchmal seine Freunde und Bekannten durch seine kalte
Verachtung schockierte, die er im Grunde seines Herzens für
die Massen empfand. Sein Abgott war nicht Deutschland
oder das deutsche Volk, sondern Adolf Hitler, für den er die
Wahrheit, seine Ehre, seine Ziele und schließlich auch sein
Leben opferte.

Mittelpunkt des Ministeriums war Goebbels' Arbeitszimmer,
das nach dem Umbau durch Speer etwa dreimal so groß war
wie ein normales Zimmer im Ministerium. Es lag im ersten
Stock rechts vom Balkon mit Blick auf den Wilhelmplatz.
Goebbels hatte sich die Arbeitszimmer Hitlers und Mussolinis
zum Vorbild genommen. Da saß er dann, der früher arbeitslose junge Doktor aus dem Rheinland, hinter einem großen,
stets aufgeräumten Schreibtisch, jeden Winkel seines Imperiums stets scharf im Blick. An einer der Wände hing eine
große Ölmalerei des durch Hitler so verehrten preußischen
Königs Friedrich des Großen. In einer der Ecken stand –
genau wie beim Führer – ein großer, drehbarer Globus.
Anschließend an sein Arbeitszimmer verfügte Goebbels über
ein Apartment, das aus einem Salon, einem Schlafzimmer
und einem Badezimmer bestand, in das er sich täglich
zurückzog, um Atem zu schöpfen. Gelegentlich hielt er auch
ein kurzes Mittagsschläfchen, insbesondere wenn er vom
Mittagessen bei Hitler in dessen Wohnung gegenüber zurück-
kam. Er benötigte täglich eine Checkliste und strich diese ab,

Im enormen Arbeitszimmer von Goebbels im ersten Stock hing ein großes Ölgemälde des durch Hitler so verehrten preußischen Königs Friedrich des Großen. Wie bei Hitler stand auch hier ein großer, drehbarer Globus. Das Arbeitszimmer, das mit einem großen Balkon mit schmiedeeisernen Balustraden versehen war, befand sich über dem monumentalen Eingang des Ministeriums und schaute auf den prächtigen Wilhelmplatz hinaus.

Wilhelmplatz, in der Wilhelmstraße und in der Mauerstraße verfügte das Ministerium im Krieg über ganz Berlin verbreitet über etwa 22 Gebäude, in denen die diversen Abteilungen untergebracht waren.

Das Schinkel-Palais am Wilhelmplatz brannte im März 1945 nach einem Bombardement völlig aus. Der Neubau an der Mauerstraße blieb intakt und beherbergt auch heute noch Regierungsstellen. Die steinernen Pylonen stehen immer noch dort, nur die großen Adler mit den Hakenkreuzen wurden natürlich entfernt.

Engste Mitarbeiter

Als Herold des Sieges war Goebbels nun um die Schaffung einer neuen Geisteshaltung für das neue Regime bemüht. Er wählte seine Mitarbeiter sorgfältig aus. Seine Abteilungsleiter bekamen freie Hand, er verlangte von ihnen aber dann auch ein ansehnliches Maß an Eigeninitiative. Schon am 6. März 1933 hatte Goebbels mit Hitler die Struktur seines zukünftigen Ministeriums besprochen. Es sollte fünf Hauptabteilungen bekommen, nämlich jeweils für Presse, Radio, Film, Theater und Propaganda, die alle in eine stromlinienförmige Organisation passen sollten. Goebbels war stolz darauf, das kleinste, aber effizienteste Ministerium zu leiten. Er hatte einen modernen, schnell und zielgerichtet arbeitenden Apparat vor Augen. Mitte 1933 zählte er 350 Beamte. Goebbels

wenn etwas davon ausgeführt war. Goebbels arbeitete sehr konzentriert, und seine Stenotypistinnen kamen und gingen wie am Schnürchen, da sie das hektische Tempo ihres Chefs nicht so lange durchhalten konnten. Er war der Einzige im Ministerium, der mit grüner Tinte schreiben durfte. Jeder wusste dann, dass es vom Chef selbst kam und direkt ausgeführt werden musste. Im Gegensatz zum bohemienartigen Arbeitsstil Hitlers war der von Goebbels zutiefst preußisch. Große Regelmäßigkeit, frühes Anfangen, spätes Aufhören, lange Arbeitszeiten und oberste Konzentration waren sein Kennzeichen. Er war ein strenger Chef, der alles bis ins Letzte unter Kontrolle hielt. Andererseits war er nicht geizig mit Lobesbekundungen und nicht nachtragend, wenn ein Mitarbeiter etwas falsch gemacht hatte. Er wies seine Mitarbeiter stets darauf hin, welche Revolution im Gange war und dass so wenig Zeit wie möglich mit unsinniger Bürokratie vertan werden sollte. So verbot er es, Briefe von der einen zur anderen Abteilung zu senden. Schreiben an ihn, die länger als fünf getippte Seiten waren, verbot er ebenso wie diverse Floskeln am Ende, etwa „Ihr Allergehorsamster". Alles musste möglichst effizient, kurz und knapp sein. Durch den ständigen Ausbau des Dritten Reiches und das zunehmend tiefere Durchdringen aller Bereiche des kulturellen und gesellschaftlichen Lebens sollten die Anzahl der Abteilungen und somit die Anzahl der Mitarbeiter des Ministeriums weiter steigen. In allen 41 Gauen (Provinzen der Teilstaaten) Deutschlands und in allen besetzten Gebieten wurden Niederlassungen seines Ministeriums eingerichtet. So war die Zahl der Mitarbeiter 1941 schon auf gut 1.900 gestiegen. Die Hauptabteilungen hatten von fünf im Jahr 1933 auf 17 zugenommen. Auch im Platzbedarf kam dieses Wachstum zum Ausdruck. Neben dem umfangreichen Neubau des Ministeriums am

Karl Hanke, Goebbels' persönlicher Referent und damit einer seiner einflussreichsten Mitarbeiter, sollte später eine Beziehung mit Magda Goebbels eingehen.

Für Goebbels war das Radio das wichtigste Medium seiner Propaganda. Durch die „Volksempfänger", für jeden Geldbeutel erschwingliche Radiogeräte, erreichte er große Teile der deutschen Bevölkerung.

gelang es, junge und gut ausgebildete Mitarbeiter um sich zu scharen. Über die Hälfte hatte einen Universitätsabschluss, und viele von ihnen waren promoviert. Sie waren ohne Ausnahme glühende Anhänger der NSDAP, der übergroße Teil waren schon vor 1933 Mitglied. Fast 100 der 350 Mitarbeiter, mit denen Goebbels anfing, besaßen das Goldene Parteiabzeichen, das Abzeichen für die allerersten Mitglieder der NSDAP. Die Zentrale des neuen Ministeriums wurde durch das ministerielle Büro gebildet, zu dem die Abteilungsleiter, der persönliche Referent (Karl Hanke), der Pressereferent (Kurt Jahncke) und der Adjutant des Ministers (Friedrich Christian Prinz zu Schaumburg-Lippe) gehörten. Es war das Nervenzentrum und die Schaltzentrale der Abteilungen, aber auch anderer Ministerien und Parteiinstanzen.

Das Propagandaministerium hatte anfänglich zwei Staatssekretäre. Der eine war der permanente Stellvertreter des Ministers (Walther Funk) und außerdem Pressechef und Vizepräsident der Reichskulturkammer, während der andere Leiter des Amtes für den deutschen Fremdenverkehr (Hermann Esser) war. Persönlicher Referent und Leiter des ministeriellen Büros war Karl Hanke, der 1937 Walther Funk als Staatssekretär nachfolgte. Er war Goebbels' wichtigster Mitarbeiter und bestimmte zusammen mit seinem Chef die politische Linie.

Für Goebbels war das Radio das wichtigste Medium für sein Ministerium. Er sollte von Anfang an der absolute Allein-

herrscher darüber werden. Er wusste, dass er mit dem Radio – in jenen Tagen noch ein ziemlich junges Phänomen – über das wichtigste Propaganda-Instrument verfügte. Goebbels: „Das Radio ist das Mittel, das das Volk am tiefsten beeinflusst …" Das Radio konnte einheitlicher und schlagkräftiger angeleitet werden als die Presse. Goebbels ließ die Radioprogramme mit viel Musik auflockern. Aber zwischen den Zeilen wurde die Botschaft verkündet, dass alle Deutschen nun Teil der Volksgemeinschaft und durch Rasse, Geschichte und Schicksal unverbrüchlich miteinander verbunden wären. Nach Goebbels war der Auftrag des Radios, „Programme zu machen, welche die Anspruchvollsten noch begeistern, aber auch für die Anspruchlosesten noch anziehend und begreiflich sind. Es muss in einer psychologisch gut durchdachten Mischung Belehrung, Aufmunterung, Entspannung und Unterhaltung bieten …" Vor allem durch das Radio gelang es Goebbels, das deutsche Volk in seinen Griff zu bekommen. Angesichts des großen Erfolges, mit dem das Regime das Radio für seine Propagandadziele einzusetzen verstand, kann die Welt noch von Glück reden, dass die Entwicklung des Fernsehens keine hohe Priorität bekommen hatte. Denn

bereits am 22. März 1935 wurde in Berlin probeweise das erste reguläre Fernsehprogramm der Welt ausgestrahlt. Neben dem Radio wurde die Propagandaabteilung im Ministerium als ebenso wichtig eingestuft. Darunter fielen Angelegenheiten wie Massenversammlungen, Ausstellungen, Kongresse, Messen, Winterhilfswerk, Rassenpolitik, Judenfragen, Volksgesundheit, große Sportveranstaltungen, offizielle Feiertage, Staatsbegräbnisse, Stapelläufe von Schiffen, aber auch „spontane Aktionen", wie die Bücherverbrennung und der Boykott jüdischer Geschäfte.

Deutschlands Gleichschaltung

Alle Facetten der Kultur in Deutschland fielen unter die Gleichschaltung vom 22. September 1933 unter Führung der Reichskulturkammer. Das Ziel dieser Einrichtung war, eine „Politik der deutschen Kultur" durchzusetzen und dazu Künstler aus allen Genres in einer Organisation unter der Führung der Partei zusammenzubringen. Alle Künstler mussten Mitglied der Kulturkammer werden, die für alle Fachbereiche ihre Anweisungen hatte. Die Vorschriften und Richtlinien dieser Kammer hatten die gleiche Macht wie die normale Gesetzgebung. Alle Abteilungen, etwa diejenigen für bildende Kunst, Musik, Literatur,

Theater und Film, hatten das Recht, Mitglieder aus politischen Gründen abzulehnen oder zu maßregeln. Jedem, der als Gegner des Regimes galt oder ihm zumindest kritisch gegenüberstand, wurde das Ausüben seiner Tätigkeit untersagt. Die gleichen Vorschriften galten bei Presse und Radio. Diese Maßnahmen hatten einen großen Effekt auf das kulturelle Leben im Dritten Reich. Die Kunst wurde der NS-Ideologie untertan gemacht. Joseph Goebbels und sein Ministerium bestimmten, was in den Theatern aufgeführt wurde, welche Bücher herausgegeben wurden, welche Filme gezeigt wurden, welche Ausstellungen von welchen Künstlern erlaubt waren. Die einzige Kunstform, die sich die Propaganda nicht völlig unterwerfen konnte, war die Musik mit ihrer reichen und jahrhundertealten Tradition. Es galt aber ein Aufführungsverbot für Werke jüdischer Komponisten, z. B. Mahler oder Mendelson.

Goebbels hatte, genau wie Hitler, ein gutes Auge für Details. Bei Feierlichkeiten, an denen Hitler teilnahm, wurden jeder Moment, jede Handlung und jede zeremonielle Geste von Goebbels festgelegt – ein Drehbuch, das Hitler gefiel. Die Massenversammlungen bestanden immer aus bestimmten Bestandteilen: stramm marschierende Kolonnen, ein Kind, das dem Führer einen Blumenstrauß anbot, Salutschüsse, Kriegsveteranen und aufpeitschende Marschmusik. Das alles mündete in die gut inszenierte und dramatisierte Ankunft des

Erziehungsanstalten), wobei wiederum die Besten auf Elite-Institute wie die Ordensburgen der SS und die Parteihochschule weiterkamen. Der Großteil der Jugendlichen wählte zwar einen normalen Beruf, aber auch dort entkamen sie nicht der totalen Kontrolle der Partei.

Alle Deutschen, die einen Beruf ausübten – ob jung oder alt, Arbeitgeber oder Arbeitnehmer –, waren verpflichtet, Mitglied sowohl der Deutschen Arbeitsfront (DAF) als auch einer der vielen spezifischen Berufsorganisationen zu werden. Selbst die freien Berufe, wie Schriftsteller, Maler, Zeichner, Bildhauer usw., wurden von einer der vielen Abteilungen der Reichskulturkammer vereinnahmt. Aber auch in der Freizeit und beim Ausüben eines Hobbys war der nationalsozialistische „Big Brother" allgegenwärtig. So waren alle Sportvereine der Kontrolle des Reichssportführers unterworfen, und es gab nationalsozialistische Spezialabteilungen für alle möglichen Hobbys. Ob es nun um das Sammeln von Briefmarken, Münzen oder Medaillen, das Halten von Brieftauben, das Züchten von Hunden, das Pflegen eines Schrebergartens oder um die Ausübung der Hobby-Archäologie ging – all diese Beschäftigungen waren in der einen oder anderen Vereinigung mit dem Ziel untergebracht, die Mitglieder zu beeinflussen, zu schulen und zu beobachten.

Das effektivste und wirkungsvollste Instrument zur Überwachung des Volkes war der Blockwart, der innerhalb eines Wohnhauses oder Gebäudeblocks nur damit beschäftigt war, die Anwohner auszuspionieren. Anfangs waren diese eingestellt worden, um Beiträge für diverse Parteiorganisationen einzusammeln, wie die Winterhilfe, das Büro zum Schutz der Bevölkerung und die Volkswohlfahrt, die Organisation, welche die so genannten Eintopfsonntage organisierte. Der Startschuss für die Sammelaktion „Winterhilfe" wurde durch die höchsten Staats- und Parteiführer, wie Göring, Goebbels, Himmler, die Minister, die Spitze der Wehrmacht usw. gegeben, die – bewaffnet mit einer Sammeldose – demonstrativ auf die Straße gingen, um Geld zu sammeln. Die Winterhilfe brachte große Beträge zusammen, die wieder zum großen Teil an die Volkswohlfahrt weitergeleitet wurden. Während des Krieges waren die Blockwarte zudem die Ausgeber der Nahrungsmittel- und Kleiderrationen. Kurzum, die Blockwarte hatten wie keine andere Instanz einen detaillierten Einblick in das Privatleben der Menschen, die sie unter ihrer Aufsicht hatten. Sie kannten die Zusammensetzung der Familien

Führers, bei der in den großen Stadien kurz zuvor alle Lichter gelöscht wurden – außer an der Stelle, an der Hitler erscheinen würde. Diese Mischung aus sentimentalen Vorstellungen und militaristischem Bombast wurde mit der Präzision eines Uhrwerks vorgeführt. Die mitreißenden Ereignisse waren das Ergebnis eines nüchternen und auf Wirkung bedachten Plans. Goebbels sagte hierzu: „Bei dergleichen großen, offiziellen Feierlichkeiten kommt es auf das kleinste Detail an."

Totale Kontrolle

In den Jahren 1933–1939 gelang es Hitler und seinen Handlangern, einen totalitären nationalsozialistischen Staat aufzubauen, in dem die Art zu leben und jede Handlung genau festgelegt und genauestens beobachtet wurden. So geriet das ganze deutsche Volk in den Griff des Nationalsozialismus, aus dem es kaum noch ein Entkommen gab. Schon im Kindergarten machten die Kleinen Bekanntschaft mit dem Gedankengut der NSDAP. Mit zehn Jahren wurden sie dann in die Hitlerjugend (HJ) oder in den Bund Deutscher Mädel (BDM) aufgenommen, wo sie – wie auch in der Schule – ideologisch geschult wurden. Mit 19 mussten alle Jungen ein halbes Jahr zum Reichsarbeitsdienst (RAD). Danach leisteten sie noch ihren Militärdienst ab, um anschließend in den uniformierten Formationen von NSDAP, SS, SA usw. zu dienen. Die Mädchen wurden mit 19 aufgenommen in die Organisation „Glaube und Schönheit", wo sie wie die Jungen zum Arbeitsdienst antreten mussten. Mit 20 gingen sie über in die Nationalsozialistische Frauenschaft. Im Lauf der Jahre wurden die vielversprechendsten Jugendlichen für zukünftige Führungspositionen in Staat und Partei ausgewählt und auf auf spezielle, stark ideologisch gefärbte Schulen geschickt, wie die Hitler-Schulen und die „Napolas" (nationalpolitische

Das Propagandaministerium organisierte Massenversammlungen mit der Präzision eines Uhrwerks. Für Hitler war immer ein dramatischer Auftritt geplant. Diese Versammlungen waren vor allem darauf ausgerichtet, die Massen zu beeindrucken.

genau, die Anzahl der Räume, in denen die Menschen wohnten und ihre Beziehungen miteinander – nicht nur zwischen Ehepaaren und deren Kindern, sondern auch die zwischen den verschiedenen Familien im Haus usw. Und im Allgemeinen blieb dann auch nicht verborgen, wer ein überzeugter Anhänger der Nationalsozialisten war und wer nicht. Denn wer nicht oder kaum an den Massenversammlungen teilnahm, nur wenig Geld an die verschiedenen NS-Organisationen spendete oder sich gar immer wieder kritisch über bestimmte Zustände äußerte, geriet schnell in Verdacht und wurde dann auch gemeldet. Es war viel schwieriger, etwas vor dem Blockwart geheim zu halten als etwa vor der Gestapo, bei der die Blockwarte übrigens zum regelmäßigen Abliefern ihrer Berichte verpflichtet waren. Auf der anderen Seite wäre es ohne die Blockwarte wohl kaum möglich gewesen, während des Krieges Millionen Menschen, die durch die Bombardierungen obdachlos geworden waren, schnellstmöglich anderweitig unterzubringen und sie mit Nahrung und Kleidung zu versorgen.

Stadtpalais beim Brandenburger Tor

Als er Minister wurde, wohnte Goebbels bei seiner Frau, die eine geräumige Wohnung an der Ecke des Adolf-Hitler-Platzes hatte. Aber Goebbels wollte – wie jeder Reichsminister – nun auch eine eigene Dienstwohnung haben. Der Vorteil einer solchen Wohnung war, dass diese vollständig vom Staat finanziert wurde. Sein Auge fiel auf das herrlich gelegene, ehemalige Stadtpalais der königlich-preußischen Hofmarschalle in der Hermann-Göring-Straße 20 (der heutigen Friedrich-Ebert-Straße). Die Einrichtung des Hauses und der Anbau eines Extra-Wohnflügels wurden durch Albert Speer ausgeführt. Das Haus sollte später auch völlig abgerissen und durch ein neues Palais ersetzt werden, das im August 1938 fertig wurde. Die Kosten betrugen etwa 3,2 Millionen Reichsmark, ein für jene Zeit enormer Betrag. Das Palais verfügte über einen gigantischen, marmornen Bankettsaal. Es gab zahlreiche Marmorbäder, und alle Räume waren ausgestattet mit kostbaren, hölzernen Paneelen und Decken. Der Garten, der das ganze Haus umgab, wurde völlig neu angelegt und

Schwanenwerder, Insel der Parteibonzen

1 **Joseph Goebbels,** *Eigentümer 1936–1945 (Villa und Boots-*
haus sowie Gästehaus). Das daneben gelegene Grundstück, auf
dem Goebbels einen Filmsaal und ein luxuriöses Gästehaus bauen
ließ, wurde von ihm 1938 aus „arisiertem" Besitz gekauft und 1940
mit großem Gewinn weiter-
verkauft. Ursprünglich jüdischer
Besitz.

2 **Ufa-Filmstar Gustav**
Fröhlich, *Eigentümer 1936 –*
1940. Wohnte hier einige Zeit mit der
tschechischen Schauspielerin Lida Baarová,
mit der Goebbels eine stürmische Liebesaffäre haben sollte,
die ihn beinahe den Kopf kosten würde. Später gemietet durch
Albert Speer, der hier mit seiner Familie ab 1941 wohnte.
Anfang 1945 schickte Speer – mit Blick auf die anrückenden
Russen – seine Familie ins sichere Heidelberg.

3 **Adolf Hitler,** *Eigentümer 1939–1945.*
Die Villa wurde 1939 von Dr. Lammers, dem
Leiter der Reichskanzlei, für das Reich angekauft und als
Geschenk zu Hitlers 50. Geburtstag übergeben. Nach dem
Krieg wollte Hitler das Haus abreißen und durch einen von
ihm selbst entworfenen, großen Landhauskomplex ersetzen.
Hitler besuchte die Villa regelmäßig, um hier die herrliche Aussicht
über den Wannsee zu genießen.

4 **Dr. Theodor Morell** *(Hitlers Leibarzt), Eigentümer*
1939–1945. Morell war ein homöopathischer Arzt und
verabreichte Hitler jahrelang täglich Injektionen mit diversen
Naturheilmitteln, inklusive gemahlener Stierhoden. Ursprünglich
jüdischer Besitz. In den
Jahren 1961– 1985 bewohnt
durch den westdeutschen
Verleger Axel Springer.

5 *In der* **Reichsbräuteschule**
wurden die zukünftigen Ehe-
frauen höherer SS- und NSDAP-Funktionäre ideologisch
geschult. Die Bräute mussten zuvor einen sehr strengen
Selektionsprozess überstehen, bei dem bis zum Jahr 1800
zurückverfolgt wurde, ob es jüdisches Blut in ihren Familien
gab. Die Schule wurde von Frau Scholz-Klink, der so
genannten Reichsfrauenführerin, geleitet.

6 **Albert Speer,** *Eigentümer 1938– 1943.*
Ursprünglich jüdischer Besitz. Der Umbau der
Villa durch Speer fand nicht mehr statt. Das Anwesen
hatte ein großes Bootshaus und einen Anlegesteg. 1943
verkaufte Speer das Grundstück mit großem Gewinn weiter.
Das Finanzamt, dem Speer die Steuern auf den Gewinn schuldete,
wurde wahrscheinlich von Hitler zurückgepfiffen.

Familie Goebbels während einer Weih-
nachtsfeier im Propagandaministerium.
Auffallend ist die Distanz zwischen Goebbels
und seiner Frau Magda. In jener Zeit hatte
Goebbels eine Affäre mit der Schauspielerin
Lida Baarová.

Gästehaus und einem großzügigen, mehr-
stöckigen Gartenhaus mit Garagen, Ställen
für die Ponys, Vorratskammern und einem
eigenen Bootshaus mit direktem Zugang zur
Havel von einem jüdischen Bankier zu
übernehmen. Einen Teil des Kaufpreises
bezahlte er aus eigener Tasche, aber den
größten Teil bekam er von Reichsleiter Max
Amann als Vorschuss auf seine 20 Jahre nach
seinem Tod durch den Eher-Verlag zu publi-
zierenden Tagebücher.

grenzte an die Gärten des Ministeriums an der Wilhelmstraße
und den Park der Reichskanzlei. Mit seinem uralten Baumbestand bildete er eine wahre Oase der Ruhe in der lebhaften
Metropole. Gegenüber dem Palais lag der Tiergarten, der
große Stadtpark Berlins, und die herrliche Villa grenzte an
die Nordseite der amerikanischen Botschaft, die sich neben
dem Brandenburger Tor befand. Im Garten wurde auch der
geräumige Schutzkeller gebaut, der beim Bau des Holocaust-
Denkmals in den Jahren 2003–2005 an der Friedrich-Ebert-
Straße noch eine Rolle spielen sollte. Goebbels' Stadtpalais ist
mittlerweile verschwunden, aber der Bunker hat den Sturm
der Zeiten überstanden. Der Architekt des Denkmals wollte
den Schutzkeller in den nordöstlichen Teil des Monuments
einbeziehen, aber die Berliner Stadtverwaltung wollte dies
nicht. Der Bunker wurde darum wieder verschlossen, und das
beeindruckende, etwa 19.000 Quadratmeter große Denkmal
mit seinen 2.711 aufrecht stehenden Betonblöcken verschiedener Abmessungen wurde darüber errichtet.

In ihrem Paradies auf Schwanenwerder lebte die Familie
Goebbels ein Luxusleben. Mit ihren etwa 30 Bediensteten
fehlte es ihnen an nichts. Die Kinder wurden behandelt, als
wären sie von königlicher Abstammung. So konnten sie nach
Herzenslust im großen, parkartigen Garten herumtoben, der
schräg zur langen Kaimauer am Havelufer auslief. Bei schönem Wetter konnten sie mit einer selbst gebauten, hölzernen
Flotte auf den See fahren oder am von Schilf gesäumten Ufer

Idylle auf Schwanenwerder

Aber Goebbels wollte nicht nur eine Dienstwohnung, sondern auch ein Privatgut besitzen. Nach intensiver Suche fand
er ein Landgut im Westen Berlins. Es lag auf der Insel
Schwanenwerder im Wannsee und gehörte auch damals zu
den exklusivsten (und teuersten) Wohngegenden in Berlin.
Die Insel ist durch eine Brücke mit dem Festland verbunden
und liegt nahe beim bekannten Freibad Wannsee. Zur Insel
führt eine schmale Straße, die an beiden Seiten durch dichte
Wälder verläuft. Die fast kreisförmige Insel hat nur eine
Rundstraße, die Inselstraße, die an beiden Seiten durch großzügige Anwesen mit luxuriösen Villen gesäumt wird. 1936
gelang es Goebbels, das Grundstück Inselstraße 8–10 mit
der darauf befindlichen geräumigen Backsteinvilla samt

Ein Propagandaplakat, auf dem die Volksgenossen
dazu aufgerufen wurden, sich durch Rat und Tat von
der NSDAP helfen zu lassen.

planschen, wo ein eigens angelegter Steg mit Treppen das Schwimmen erleichterte. Ihr Vater schenkte ihnen Ponys und eine Kutsche, und Mutter Magda ließ – unterstützt von der Schauspielerin Jenny Jugo oder dem Schauspieler Heinz Rühmann – Familienfilmchen drehen, die Goebbels dann zu seinem Geburtstag bekam. In diesen Jahren konnte Goebbels seinen Wagenpark um einen kostbaren, zweisitzigen 5,4-Liter-Mercedes-Sportwagen erweitern, mit dem er gern Ausflüge in die Umgebung machte. Und im geräumigen Bootshaus lag neben seiner Luxus-Motorjacht, der „Baldur", auch eine große Segeljacht, deren Kaufpreis doch ziemlich über seinem Budget lag, wie er in später in sein Tagebuch schreiben sollte. Bei schönem Wetter war Goebbels oft mit jungen, hübschen Filmschauspielerinnen auf seiner Motorjacht auf dem Wannsee, der Havel und den übrigen sich anschließenden Seen rund um Berlin zu finden. In seinem makellos weißen Anzug und mit modischer, runder Sonnenbrille genoss er sein Ansehen. Ein- bis zweimal war auch Hitler an Bord zu Gast. In den Dreißigerjahren kamen regelmäßig ausländische Besucher nach Schwanenwerder, so auch der britische Lord Robert Vansittard, der antideutsche Unterstaatssekretär im Außenministerium. Zusammen mit seiner Frau genoss er den Park, die weite Aussicht über die Havel und die entspannte Atmosphäre. Auch König Boris von Bulgarien mit Gefolge war einmal zu Gast und genoss den schönen Spaziergang durch den Park und den anschließenden Bootstrip. Zum Tee kamen auch der Herzog und die Herzogin von Windsor, der frühere britische König Edward VII., der wegen seiner Heirat mit der geschiedenen Amerikanerin Wallis Simpson zum Rücktritt gezwungen worden war. Auf der großen Terrasse mit Aussicht durch die Bäume auf das Wasser genossen sie die ungezwungene Konversation mit dem Gastgeber, der sich von seiner allercharmantesten Seite zeigte und so rein gar nichts von einem gefährlichen Demagogen hatte.

Dass auch Hitler begeistert von Schwanenwerder war, lässt sich aus der Tatsache erkennen, dass er einige Jahre später das Grundstück an der Inselstraße 19–22 kaufte. Nach dem Krieg wollte er die alte Villa darauf durch ein neues, von ihm selbst entworfenes Landhaus ersetzen. Dieses Grundstück grenzte an das kapitale Landhaus auf der Parzelle Inselstraße 23–26, das Eigentum von Theodor Morell war, dem Leibarzt des Führers. Vor dem Krieg kam Hitler an den Wochenenden oft zum Tee hierher und genoss immer wieder die herrliche Weitsicht über die Havel.

Auch Albert Speer kaufte ein großes Grundstück mit Bootshaus, und zwar an der Inselstraße 7. Auf diesem Anwesen war 1930 schon eine große Villa geplant. Speer wollte dort später ein großes Landhaus bauen lassen, aber dazu kam es nicht mehr. Das Einzige, was er realisierte, waren der Ausbau und die Vergrößerung des bestehenden Bootshauses und des kleinen Hafens. 1943 verkaufte Speer die Parzelle wieder und konnte noch einen ansehnlichen Gewinn einkassieren. Wohl mietete Speer 1941 die Villa an der Inselstraße 18, die früher dem Filmschauspieler Fröhlich gehört hatte. Damit wurde er Hitlers Nachbar.

Auf der Parzelle Inselstraße 38 war die „Reichsbräuteschule" angesiedelt, wo die Verlobten und zukünftigen Ehefrauen der höheren SS- und NSDAP-Führer an einem sechswöchigen Vorbereitungskurs für ihre Hochzeit teilnahmen.

Liebesnest in der Blockhütte

Am 30. Oktober 1936, dem zehnten Jahrestag seiner Ernennung zum Gauleiter von Berlin, bekam Goebbels von der Stadt Berlin ein Chalet aus Holz geschenkt. Das Häuschen lag an einem kleinen, idyllischen See, dem Bogensee, beim Örtchen Lanke etwa 40 km nordöstlich Berlins. Am Tag zuvor hatte Goebbels mit vielen Empfängen und Geschenken seinen 39. Geburtstag gefeiert. Aber das allerschönste Geschenk war das vier Zimmer zählende, nagelneue Blockhaus am Bogensee. Goebbels bekam im Haus lebenslanges Wohnrecht, die Stadt Berlin blieb aber Eigentümer von Haus und Grund. Mit dem Auto war der Bogensee von Berlin aus in einer knappen Stunde zu erreichen, da die neue Autobahn Berlin-Stettin bereits für den Verkehr freigegeben war und an Lanke vorbeiführte. Goebbels war im siebten Himmel und führte sogar ein eigenes Tagebuch für das „Haus am Bogensee", wie er sein Refugium nennen sollte. So schrieb er am 3. November 1936 dort auf: „Im Regen nach Bogensee. Ganz allein. Ich bin so glücklich. Es ist hier sehr still und ruhig. Ich arbeite, lese, schreibe und bin glücklich. Rund um mich ist Wald, weiche Blätter, Nebel, Regen. Eine Idylle in der Einsamkeit. Es ist hier so still und verlassen. Man kann hier

nachdenken, arbeiten, in aller Ruhe lesen, kein Telefon und keine Briefe, ganz auf sich selbst angewiesen." Aber allein sollte Goebbels hier nicht bleiben. Es war bekannt, das der hinkende kleine Doktor viel Sinn für weibliche Schönheit hatte, und es war ein offenes Geheimnis, das er im Lauf der Jahre zahllose Affären mit einigen hübschen, jungen Filmschauspielerinnen hatte. Er war sicher nicht gut aussehend, aber konnte charmant, gescheit und außergewöhnlich galant sein. Dazu war er auch noch Alleinherrscher über alles, was mit Film in Deutschland zu tun hatte, und ein Wort von ihm konnte für eine junge Schauspielerin der Anfang einer glänzenden Filmkarriere oder das Ende einer erfolgreichen Laufbahn sein. Eine solche Kombination zog zu allen Zeiten bestimmte Frauen an, so auch die junge, hübsche tschechische Filmschauspielerin Lida Baarová. Sein Verhältnis mit ihr sollte sowohl für seine Ehe als auch für seine Karriere beinahe fatal werden, denn es blieb nicht bei einer flüchtigen Affäre. Eine Zeit lang war sogar die Rede von einer Art „Ménage à

Vom 10. bis zum 21. Lebensjahr waren alle deutschen Mädchen Mitglied im Bund Deutscher Mädel (BDM). Neben der Ideologie, Geschichte, Kultur, Volkstänzen, Hauswirtschaft und der Säuglingspflege war auch Sport ein wichtiger Teil der Ausbildung .

trois", aber auf Dauer hielt Magda es nicht durch – vor allem als sie sah, dass die Liebesaffäre nicht vorübergehend war wie in der Vergangenheit, sondern stets intensiver und ernster wurde. Nach einiger Zeit suchte Magda immer öfter Zuflucht bei Karl Hanke, Goebbels engstem Mitarbeiter im Ministerium. Hanke ließ Magda eine lange Liste der Frauen sehen, mit denen Goebbels in den vergangenen Jahren Affären gehabt hatte. Magda wollte sich nun von Goebbels scheiden lassen. Mit den neuesten Liebesbriefen in der Hand fragte sie ihn, ob er Lida Baarová versprochen hatte, sie zu heiraten. Goebbels bestritt alles und sagte, dass das Verhältnis vorbei wäre. „Ich weiß, dass du wieder lügst", sagte Magda zu ihm,

Auf seinem Landgut auf Schwanenwerder empfing Goebbels regelmäßig wichtige Gäste. Am Tisch sitzen links neben dem leeren Stuhl im Uhrzeigersinn: Goebbels, seine Frau Magda, Prinz Paul von Jugoslawien, Speer, Prinzessin Olga von Jugoslawien und (im weißen Anzug) der jugoslawische Botschafter in Berlin. Ganz links einige Goebbels-Kinder.

worauf Goebbels verzweifelt ausrief: „Was muss ich denn tun, damit du mir wieder glaubst? Ich gebe dir mein Ehrenwort!" Aber das genügte Magda nicht. Dann lief er auf einen Tisch zu, auf dem Bilder der Kinder standen, nahm diese in die Hand und sagte: „Ich schwöre beim Leben unserer Kinder, dass ich keine Beziehung mehr mit Frau Baarová habe." Magda hörte dies mit Entsetzen, da sie in ihrer Tasche einen Brief hatte, in dem Goebbels seiner Geliebten mitteilte, dass er sie noch am Abend in ihrer Villa im Grunewald besuchen wollte. Magda wandte sich an Hitler, schüttete ihm ihr Herz aus und bat ihn, in eine Scheidung einzuwilligen. Hitler lud Goebbels vor und fragte ihn, wie es um das Verhältnis mit Lida Baarová bestellt sei. Goebbels antwortete Hitler, dass er in sie verliebt wäre und sie heiraten wolle. Hitler wurde daraufhin sehr erregt. Wie konnte der deutsche Propagandaminister sich scheiden lassen? „Das ist unmöglich", sagte Hitler. Goebbels antwortete, dass er gründlich über die Frage nachgedacht hätte. Er begreife, dass er unter diesen Umständen nicht länger Propagandaminister bleiben könne und deshalb zurücktreten müsse. Er bat um die Entlassung und Zustimmung zur Scheidung, da er Lida Baarová heiraten wolle. Er würde gern als deutscher Botschafter nach Japan gehen. Hitler erlaubte dies nicht. Er bekam einen seiner

Vom 10. bis zum 18. Lebensjahr mussten alle deutschen Jungen Mitglied in der uniformierten Hitlerjugend (HJ) sein. Neben Sport und Spiel sowie militärischem Training spielte auch die NS-Ideologie eine wichtige Rolle im Programm. Hier eine Parade mit den Fahnenträgern der Berliner Abteilung der HJ an der Spitze.

Bei dem Örtchen Lanke am Bogensee im Nordosten Berlins erwarb Goebbels ein 210 Hektar großes Anwesen, auf dem er ein herrliches Landgut errichten ließ, das in seiner Pracht seine Villa auf Schwanenwerder noch übertreffen sollte.

berüchtigten Wutanfälle und sagte zum Schluss, dass Goebbels sich von Magda scheiden lassen und wieder heiraten dürfe, wenn er in einem Jahr noch genauso darüber denke. Aber in diesem Jahr dürfe er seine geliebte Baarová weder sehen noch sprechen. Und Goebbels musste sein Ehrenwort geben. Das Haus der Baarová stand unter ständiger Bewachung durch die Gestapo, denn Himmler dachte, Goebbels würde sein Wort brechen. Goebbels' Thron geriet ins Wanken, und viele hohe Parteibonzen, wie Himmler, Göring und von Ribbentrop, waren begierig auf seine Position. Aber Goebbels hielt durch und sah Lida Baarová nie wieder.

Eine von Goebbels' Mätressen war die tschechische Filmschauspielerin Lida Baarová. Goebbels war sogar bereit, sein Ministeramt für sie aufzugeben und als deutscher Botschafter nach Japan zu gehen. Hitler wollte sein Propaganda-Genie nicht ziehen lassen und bereitete dem Verhältnis ein Ende.

In einem der teuersten Wohngebietes Berlins, auf der Insel Schwanenwerder im Wannsee, kaufte Goebbels für seine Familie eine luxuriöse Villa mit Gästehaus.

eine schrille, aufhetzende, antisemitische Ansprache, in der er den Tod des Botschaftssekretärs bekanntgab und mitteilte, dass an verschiedenen Orten Deutschlands „spontane Vergeltungsaktionen" gegen Juden vonstatten gingen. Es waren SA-Überfallkommandos in Zivil, welche die gewalttätigen Aktionen ausführten. Völlig frustriert nach der „Nacht der langen Messer", in der ihre Spitzenleute wie Ernst Röhm liquidiert worden waren, wartete die SA nur darauf, wie früher losschlagen zu können. Die SS und die Polizei hielten sich auf Befehl von SD-Chef Reinhard Heydrich fern, aber sorgten dafür, dass die Brände und Zerstörungen nicht auf nichtjüdische Besitztümer übergingen. Am Morgen des 10. Novembers strömten aus dem ganzen Land Berichte herein, was für Schäden angerichtet worden waren. Die traurige Bilanz: 90 bis 100 Tote, über 1.000 abgebrannte Synagogen sowie gut 8.000 verwüstete und großenteils geplünderte Geschäfte und Wohnungen von Juden. Dazu kamen noch viele Millionen Reichsmark an zerstörten Einrichtungen und Schaufensterscheiben. Waren waren gestohlen und das Übrige auf die Straße geworfen worden, Möbel waren zerstört, Spiegel und Bilder zerbrochen und ebenso auf die Straße geworfen worden, und überall lagen beschmierte Kleidungsstücke, Gardinen, Tücher usw. Aber noch größer als der materielle Schaden war der immaterielle: Überall wurden Männer, Frauen, Alte und selbst Kinder geschlagen und misshandelt. Im Auftrag der Gestapo wurden etwa 35.000 meist wohlhabende jüdische Männer verhaftet und in Konzentrationslager gebracht. Das Regime wollte mit diesen Festnahmen den Druck auf die Juden erhöhen, Deutschland zu verlassen. Auch in Berlin kam es zu Gewalttätigkeiten. Es brannten 15 Synagogen aus, darunter die zwei größten in der Oranienburger Straße und der Fasanenstraße, während zahlreiche Läden, insbesondere am eleganten Kurfürstendamm, geplündert und verwüstet wurden. Der übergroße Teil der deutschen Bevölkerung war durch die Ereignisse schockiert, auch wenn sich der Unmut vor allem gegen den riesigen materiellen Schaden richtete. Zwischen Hitler, Goebbels und Göring wurde die Idee geboren, den Juden eine riesige Buße aufzuerlegen. Damit wurden die Opfer für schuldig an ihrer eigenen Verfolgung erklärt. Wahrscheinlich kam die Idee von Hitler selbst, und Göring bestimmte die Höhe: 1.000 Millionen Reichsmark.

Die Reichskristallnacht

Während des jährlichen Treffens in München am 9. November 1938 – dem Tag, an dem die alten Kämpfer Hitlers missglückten Putsches von 1923 gedachten – kam aus Paris ein Bericht, dass der deutsche Botschaftssekretär, der am Tag zuvor durch einen jungen, jüdischen Emigranten niedergeschossen worden war, nun seinen Verletzungen erlegen war. Für Hitler und Goebbels kam dieses Ereignis mehr oder minder wie ein Geschenk des Himmels, da das Tempo, in dem die Juden Deutschland verließen, in ihren Augen viel zu langsam war. Schon im Januar 1937 hatte Eichmann – Leiter der Abteilung jüdischer Angelegenheiten des Sicherheitsdienstes (SD) – ein internes Memo geschrieben, in dem er äußerte, dass Pogrome die effektivste Methode wären, um die jüdische Emigration voranzutreiben. Der Tod des Botschaftssekretärs bot die ideale Gelegenheit, den Druck auf die jüdische Gemeinde in Deutschland zu erhöhen. Goebbels ergriff diese Gelegenheit mit beiden Händen, und es kostete ihn nur wenig Mühe, Hitlers Unterstützung zu bekommen. Nach den turbulenten privaten Ereignissen mit Lida Baarová, die Goebbels' Ansehen bei Hitler ernstlich beschädigt hatten, würde der „kleine Doktor" diese Gelegenheit nutzen, um vor der versammelten alten Garde seinem Hass auf die „jüdischen Übeltäter" freien Lauf zu lassen und um sich wie in früheren Zeiten als fanatischster und radikalster Vorantreiber des Antisemitismus vor seinem Führer beweisen zu können. Auf Anweisung Hitlers hielt Goebbels am Abend um zehn Uhr

Nachdem der deutsche Botschaftssekretär in Paris durch einen jungen, jüdischen Emigranten niedergeschossen worden war, hielt Goebbels am Abend eine aufhetzende, antisemitische Rede. Dies führte zur Reichskristallnacht, in deren Verlauf in großem Ausmaß Synagogen und jüdische Geschäfte sowie Wohnungen in Brand gesteckt und geplündert wurden.

Während einer Besprechung bei Göring verwies Goebbels auf die Notwendigkeit möglichst vieler diskriminierender Maßnahmen, um die Juden gesellschaftlich zu isolieren, worauf er in Berlin schon monatelang hingewiesen hatte: kein Zugang zu Theatern, Kinos, Parks, Schwimmbädern, Stränden, Schulen und Zugabteilen mehr, die „nur für Arier" bestimmt waren. Eine Folge der gewalttätigen Nacht war, dass etliche Juden jetzt verzweifelt versuchten, aus Deutschland zu flüchten. Zwischen Ende 1938 und September 1939, als der Krieg ausbrach, gelang es gut 80.000 Menschen, das Land zu verlassen. Mit dem Novemberpogrom war das Ziel, die Juden beschleunigt aus Deutschland zu vertreiben, mit einem Schlag ein Stück näher gerückt.

Der Waldhof am Bogensee
Nach all den Zwischenfällen fasste Goebbels Anfang 1939 den Beschluss, sein einfaches Chalet zu einem großen, repräsentativen Landhaus auszubauen.

Goebbels sollte die Reichskristallnacht nutzen, um wieder in Hitlers Gnade zu kommen. Die Liebesaffäre mit Lida Baarová hatte einen gehörigen Graben zwischen ihm und Hitler aufgetan.

Er wollte einen Neubeginn und ein Landgut, das die Villa auf Schwanenwerder noch übertreffen sollte. Im Zusammenhang mit den schlechten Bodenverhältnissen fielen seine Augen schließlich auf die andere, westliche Seite des Bogensees. Dort sollte seine neue Villa entstehen, und voller Eifer stürzte er sich auf die Pläne. Denn zu seinem Geburtstag, Ende Oktober noch im gleichen Jahr, sollte alles fertig sein. Und es gelang ihm auch beinahe. Um den Jahreswechsel 1939/40 standen drei lange, bungalowartige Steingebäude mitten im 210 Hektar großen Privatwald: ein prächtiges Landhaus mit etwa 30 Zimmern, ein Dienstgebäude mit etwa 40 Zimmern und eine großzügige Garage inklusive eigener Tankstelle und Werkstatt für seine Autos sowie Ställe für Pferde und Ponys und eine eigene Telefon- und Telexzentrale mit 60 Leitungen. Das Landgut wurde für den astronomischen Betrag von drei Millionen Reichsmark – so hoch waren die Kosten aufgelaufen – Eigentum der „Deutschen Film", aber Goebbels, der oberste Chef des Unternehmens, sollte den Komplex mit lebenslangem Nutzungsrecht bekommen. Die eigentliche Villa hatte eine U-Form und war im Bungalowstil errichtet. Sie bestand aus einem 65 Meter langen Hauptflügel und zwei Seitenflügeln, jeder etwa 40 Meter lang. Durch ein überdachtes, offenes Portal konnte man auch bei Regen das Haus trockenen Fußes betreten. Eine bronzene Haustür mit Glasfenstern öffnete sich in eine großzügige Vorhalle, in der sich zwei Garderoben mit anschließenden Toiletten befanden. Links von der Halle führte eine Tür zu den privaten Schlafzimmern. Gegenüber der Haustür betrat man durch eine gläserne Tür einen der größten Räume der Villa, nämlich das Wohnzimmer. In diesem rund 10 x 10 Meter großen Zimmer mit Kassettendecke, indirekter Beleuchtung und großen, vom Boden bis an die Decke reichenden Fenstern wurden Empfänge gegeben, Spiele gespielt usw. Es gab einen offenen Kamin und diverse Sitzgruppen um verschiedene runde Tische herum. Wie in den übrigen Räumen fehlte auch hier ein rollbares Radio mit Plattenspieler nicht. Aber das Besondere dieses Raumes und eigentlich des ganzen Hauses bestand aus drei elektrischen, in den Boden versenkbaren Fenstern, die auf die Terrasse hinausschauten. Bei schönem Wetter öffneten sich die Fenster ganz, sodass die große

Terrasse Teil des Raumes wurde, der sanfte Sommerwind hineinwehen und man eine herrliche Aussicht auf den nahe gelegenen Bogensee genießen konnte. Die elektrisch versenkbaren Fenster hatten ein Vermögen gekostet und waren in jener Zeit sicher eine Neuheit, die sich nur Hitler auf seinem Berghof und Göring auf seinem nahe gelegenen Landgut Carinhall erlauben konnten. Stolz wie ein Kind demonstrierte Goebbels immer wieder seinen Besuchern dieses „Luxusgimmick".

Anfang 1939 fasste Goebbels den Beschluss, am Bogensee ein großes, repräsentatives Landhaus mit Nebengebäuden zu bauen. Um den Jahreswechsel war das von Goebbels „Haus am Bogensee" genannte Projekt fertig. Es wurde im Bungalowstil errichtet und bestand aus einem 65 Meter langen Hauptflügel und zwei Seitenflügeln von jeweils 40 Metern Länge. Das Besondere an diesem Landhaus waren diese drei großen, elektrisch versenkbaren Fenster.

Im großen Wohnzimmer mit Kassettendecke, indirekter Beleuchtung und versenkbaren Fenstern standen verschiedene Sitzgruppen. Bei schönem Wetter verschwanden die Fenster in der Erde, und die Gesellschaft konnte die Aussicht auf den Bogensee

6 EIN VERBRECHER AN DER MACHT

Jovial und skrupulös

Hermann Wilhelm Göring, Reichsmarschall, Oberbefehls-haber der Luftwaffe, Minister für Luftfahrt, Reichsjagdmeis-ter, Reichsforstmeister, Präsident des Reichstages, Bevoll-mächtigter für den zweiten Vierjahresplan und damit Herrscher über die deutsche Wirtschaft, Vorsitzender des Ministerrates für die Reichsverteidigung, Mitglied des ge-heimen Kabinettsrates, Oberhaupt der Reichswerke Hermann Göring, preußischer Innenminister, Chef der preußischen Polizei, Schöpfer der Geheimen Staatspolizei (Gestapo) und zahlreicher Konzentrationslager, war einer der mächtigsten, intelligentesten, schillerndsten, aber auch korruptesten Figuren des Dritten Reiches. Wie kein anderer verkörperte Göring das Doppelgesicht des Regimes: ein jovialer, populärer Haudegen, der sich gern unter die Menschen mischte, und der eiskalte, skrupellose, morphiumabhängige Verbrecher, der stets mehr Macht und Reichtum an sich zu reißen verstand. Als einer von Hitlers ältesten Kampfgenossen hatte er ihn in die besseren Kreise eingeführt und mit dazu beigetragen, dass Hitler an die Macht kam. Der hochdekorierte Fliegerheld aus dem Ersten Weltkrieg – er war der letzte Kommandant der berühmten Staffel von Richthofen und Träger des höchsten deutschen Ordens – war eine von Hitlers wichtigsten Stützen auf dem Weg zur Macht. In Krisenzeiten war es Göring und nicht Hitler, der die Zügel in die Hand nahm und das Land tatsächlich regierte. Das galt sicher bei unerwarteten Ereig-nissen, bei denen Hitler nicht wusste, was zu tun war, und endlos zaudern und abwägen konnte, während Göring dann in Hochform kam, einen kühlen Kopf behielt und im Handumdrehen Beschlüsse fasste. Der intel-ligente Göring kannte diese fundamentale Charakterschwäche Hitlers und wusste sie für sich zu nutzen. Er wusste, dass Hitler strategisch die Sache bis ins Detail durchdacht und eine Richtung festgelegt hatte, von der er auch nicht mehr abzubringen war. Aber gerade bei unerwarteten Ereignissen, die nicht in Hitlers Strategie passten, wusste der Führer nicht mehr weiter und überließ die Initiative nahezu völlig seinem getreuen Paladin Hermann Göring.
Bis kurz vor Ausbruch des Zweiten Welt-krieges 1939 galt Göring nach Hitler als der

Foto links: Hermann Göring, ein eitler, intelligenter, eiskalter, drogenabhängiger Verbrecher, der in den Dreißigerjahren zu den mächtigsten Paladinen Hitlers aufstieg.

mächtigste Mann Deutschlands. Im Gegensatz zu Goebbels war er nicht von seiner inneren, nationalsozialistischen Überzeugung getrieben, sondern von purer Machtlust. Er kämpfte auf kriminelle Weise um Ämter, Titel und Reich-tümer, die er auch intensiv genoss. Bei all seinen Funktionen war doch der Auf- und Ausbau der Luftwaffe sein Lieblings-kind. Er war eingebildet, angeberisch, habsüchtig und eitel, aber durch seine Art war er doch der populärste von Hitlers Vasallen. Die Menschen mochten den schillernden, freund-lichen, 140 kg schweren „dicken Hermann" mit seinen gut 300 (!) verschiedenen Uniformen.
1903 sagte seine Mutter mit Blick auf den extrem egoisti-schen Charakter ihres 10-jährigen Sohnes: „Hermann wird einmal entweder ein großer Mann oder ein großer Verbre-cher." Wie kein anderer verstand er es, in den Jahren 1933–1945 eine große Zahl von Ämtern und Funktionen zu sammeln – mit den dazugehörigen Rechten, Einkünften, Titeln, Uniformen und Orden. Vor allem durch seine Jovia-lität sahen die Deutschen Göring während des Dritten Reiches mit einer Mischung aus Ehrfurcht, Bewunderung und einer gewissen Anhänglichkeit. Der „eiserne Dicke" war das Symbol dafür, dass es noch nicht so schlecht um Deutschland stand, wenn wieder unpopuläre Maßnahmen angekündigt wurden. Er war auch der offizielle Nachfolger Hitlers. Auch bei ausländischen Journalisten und Diplomaten

Im Ersten Weltkrieg war Göring Pilot und letzter Kommandant der berühmten Staffel von Richthofen gewesen. Hier posiert er vor seinem Flugzeug, einer Fokker D-VII, auf einem Flughafen in Frankreich.

Foto links: Offizielles Porträt von Göring als Reichsmarschall. Dieser höchste militärische Rang wurde 1940 nach den deutschen Siegen in Westeuropa nur für ihn geschaffen.

Zu seinen zahlreichen Funktionen gehörten auch die speziell dafür entworfenen Uniformen. Hier ist er als Reichsjagdmeister zu sehen, komplett mit hohen Stiefeln und einem mächtigen Speer.

Foto unten: Göring in der Parteiuniform der NSDAP. Ein charmanter, intelligenter, aber hochgefährlicher Verbrecher, der jeden, der ihm im Weg stand, buchstäblich aus demselben räumte.

hatte Göring sich durch seine vielen Feste einen guten Namen gemacht. Wenn es ihm passte, konnte er ein äußerst charmanter, jovialer, herzlicher und aufmerksamer Gastgeber sein. Aber wie viele NS-Führer hatte auch Göring verschiedene Gesichter. So sehr er auch prinzipiell gegen den Krieg und die Vabanquepolitik Hitlers war, folgte er seinem Führer doch bedingungslos. Er setzte seine Luftwaffe als Vernichtungswaffe in den Blitzkriegen ein und führte gnadenlose Bombardierungen wehrloser Städte, wie Warschau, Rotterdam und Belgrad, durch. Er war auch derjenige, der die Gestapo ins Leben rief und die ersten Konzentrationslager bauen ließ. Er hatte seine Finger im Spiel beim Reichstagsbrand, und er war der wichtigste Organisator der Mordkommandos in der „Nacht der langen Messer" 1934, in der die gesamte SA-Spitze ermordet wurde. Und es war Göring, der 1935 die Nürnberger Rassengesetze verkündete, durch welche Juden in Deutschland mehr oder weniger für vogelfrei erklärt wurden. Göring gehörte – zusammen mit Goebbels – zweifellos zu den intelligentesten Parteiführern. So sah er schon früh die Gefahr eines Krieges, der – wenn er verloren ginge – das Ende des Dritten Reiches bedeuten würde und damit auch seines Imperiums und seines Luxuslebens, das er gern noch viele Jahre fortsetzen wollte. Göring wollte viel lieber am Konferenztisch Gebiete für Deutschland erobern anstatt mit Waffen. Mit Österreich und mit der Tschechoslowakei war das geglückt. Als 1939 die Spannung stieg, hatte er ein eindringliches Gespräch mit Hitler. Göring sagte damals:

Als zweiter Mann nach Hitler hielt Göring viel vom guten Leben. Hier ist er auf seiner Jacht, der Carin II, zu sehen, die benannt war nach seiner 1931 verstorbenen schwedischen Frau.

japanische Botschafter Yosuke Matsuoke sagte einmal während eines Besuchs bei Göring zu Hitlers Übersetzer Dr. Paul Otto Schmidt: „Wissen Sie, dass Göring verrückt ist?" Und er fügte hinzu, dass Göring einst in einer Einrichtung in Schweden gesessen hatte – wegen Drogenabhängigkeit. Schmidt bestätigte das und ermahnte den Botschafter flüsternd, über

„Mein Führer, wir wollen doch nicht weitermachen mit dem Vabanquespiel?" Worauf dieser antwortete: „Ich habe mein Leben lang schon vabanque gespielt." Göring stöhnte kurze Zeit später gegenüber einem seiner Generäle: „Es ist schrecklich. Hitler ist verrückt geworden!" Und doch fehlte ihm der Mut, Hitler tatsächlich Einhalt zu gebieten und ihn abzusetzen. Das hätte er 1938 vor der Münchener Konferenz zusammen mit einigen hohen Generälen noch tun können. Im Generalstab war damals große Unruhe über die „Alles-oder nichts"-Politik Hitlers entstanden. Er hätte dann den Platz von Hitler einnehmen und die Judenverfolgungen, wie er später Präsident Roosevelt versprechen sollte, noch stoppen können. Vielleicht wäre es dann nicht zum Zweiten Weltkrieg gekommen, und Deutschland hätte sich wie Spanien unter Franco entwickelt. Aber dazu fehlte es Göring einfach an Mut; dazu war er zu feige und dazu schaute er zu sehr zu seinem alles gebietenden Meister Adolf Hitler auf, den er kriecherisch und bis zur Selbstverleugnung verehrte. Der

dieses Thema doch besser zu schweigen. In der Führung des Dritten Reiches war allgemein bekannt, dass Göring drogenabhängig war. Auch Hitler wusste es, sah aber darüber hinweg, da die Abhängigkeit indirekt durch seine Teilnahme an dem missglückten Putsch vom 9. November 1923 entstanden war, bei dem Göring eine ernsthafte Schusswunde erlitten hatte. Da die Behörden einen Haftbefehl gegen die Putschteilnehmer ausgestellt hatten, wurde Göring heimlich im Auto nach Österreich geschmuggelt und im Krankenhaus von Innsbruck erst viele Stunden später behandelt. Um den Schmerz zu stillen, bekam er von den österreichischen Ärzten starke Dosen Morphium injiziert. Auch nach seiner Entlassung aus dem Krankenhaus sollte er weiterhin Morphium gebrauchen und den Rest seines Lebens abhängig bleiben.

Beim Spielen mit einer ferngesteuerten Galeere auf dem Watt vor der norddeutschen Insel Sylt, wo seine Frau Emmy, die er 1935 heiratete, ein Haus in den Dünen hatte.

Görings Stadtpalais hinter dem Leipziger Platz.

Das versteckte Stadtpalais

Aber 1933 sah es für Göring noch ganz anders aus. Hitler war an der Macht, und er, Hermann Göring, war der zweite Mann in Deutschland mit schwindelerregender Macht und unbegrenzten Geldmitteln. Die Schleusen waren geöffnet worden, und jeder sollte jetzt sehen, wie weit er es gebracht hatte. Vergessen waren die bitteren Zeiten der Arbeitslosigkeit und Armut und das Handaufhalten bei Freunden, Familie und Bekannten. Dank seiner vielen Funktionen waren jetzt allzeit Geldquellen verfügbar. War es nicht der Staat – er war immerhin Ministerpräsident des mächtigen Preußens –, dann war es eben die Industrie. Denn als Luftfahrtminister und Oberbefehlshaber der Luftwaffe, die er in schnellem Tempo aufbaute, gab es viele Rüstungsaufträge an die Industrie zu vergeben. Obendrein kontrollierte er als „Bevollmächtigter des Führers für den zweiten Vierjahresplan" die gesamte deutsche Wirtschaft und koordinierte in dieser Funktion auch die deutsche Wiederbewaffnung. Und die Industriellen standen Schlange, um Göring gefällig zu sein. So bekam er allein vom Tabakkonzern Reemtsma jährlich eine Millionen Reichsmark. Die deutsche Autoindustrie schenkte ihm, auch mit Blick auf lukrative Aufträge für die Rüstung, eine Motorjacht im Wert von anderthalb Millionen Reichsmark. Die Jacht sollte „Carin II" genannt werden nach seiner verstorbenen schwedischen Ehefrau.

Großes Gartenfest am 13. August 1936 während der Olympischen Spiele im Park von Görings Stadthaus. Rechts von Göring seine Frau Emmy.

Ein Ständchen im Park von Görings Stadtpalais anlässlich seines 42. Geburtstages am 12. Januar 1935. In der Mitte steht das Teehaus, links dahinter ist gerade noch ein Teil der Gestapo-Zentrale zu sehen.

Mit der Zunahme von Görings Macht und Einfluss wurden auch die Wunschlisten zu seinen Geburtstagen immer länger und teurer. Keine Instanz und kein hoher Funktionär konnten sich dem entziehen. Auch Hitler konnte nicht zurückstehen und schenkt hier einen alten Meister, der offensichtlich Görings Geschmack trifft.

Empfang im Sommer 1936 in den Gärten von Görings Stadtpalais in Berlin mit u. a. Emmy Göring (ganz rechts); von Ribbentrop, seit 1938 Außenminister; Dr. Ley, Leiter der mächtigen Deutschen Arbeitsfront (5. von rechts); Dr. Schacht, Präsident der Reichsbank und Wirtschaftsminister (6. von rechts); Göring (3. von links) und dem damaligen Außenminister Baron von Neurath (ganz links).

Göring fand die Dienstwohnung des preußischen Ministerpräsidenten an der Leipziger Straße zu düster, und seine Augen fielen auf die herrliche und geräumige Amtswohnung des preußischen Handelsministers hinter dem Leiziger Platz. Die Villa lag völlig abgeschirmt durch einen Komplex von Gebäuden an der Rückseite des Leipziger Platzes zwischen der Leipziger Straße und der Prinz-Albrecht-Straße in einem parkartigen Garten von ca. 20.000 Quadratmetern mit prächtigen alten Bäumen, weiten Rasenflächen und hie und da einem Teich. Das Haus war durch Göring schon für einen Betrag von gut 700.000 Reichsmark auf Kosten des preußischen Staates umgebaut worden, bevor er dort einzog. Zur großen Enttäuschung Görings hatte Hitler während einer Besichtigung geäußert: „Göring, das ist ja viel zu dunkel und zu düster, wie können Sie da nur wohnen! Vergleichen Sie das mal mit dem Werk meines Architekten Professor Troost. Alles hell, klar und einfach!"

Während eines Mittagessens bei Hitler im Winter 1933 hörte Göring, dass einer der Anwesenden der Architekt Albert Speer war, der für Hitler dessen Wohnung umbaute. Und so fragte er Speer, ob er auch seine Wohnung umbauen könne. Speer nahm an, und Geld spielte bei Göring tatsächlich keine Rolle. Also wurden Wände weggerissen, um aus den zahlreichen Zimmern des Erdgeschosses vier große Räume zu machen. Das größte davon, sein Arbeitszimmer, war von der Fläche her ebenso groß wie das von Hitler. Es wurde ein geräumiger, gläserner Wintergarten angebaut – ganz aus

In seinem Sessel thronend genießt Göring sichtlich eines der zahlreichen Hauskonzerte in seinem pompösen Stadtpalais hinter dem Leipziger Platz.

Bronze. Bronze war eigentlich zu kostbar, und auf Verschwendung standen schwere Strafen, aber das störte Göring nicht im Geringsten. Er war begeistert, und bei jedem Rundgang strahlte er wie ein Kind und rieb sich vor Vergnügen die Hände. Sein Arbeitszimmer mit zahlreichen barocken Marmorsäulen war ca. 150 Quadratmeter groß und, wie alle Räume, in dem für Göring so typischen pompösen, protzigen Stil eingerichtet. Ein alter Renaissance-Schreibtisch mit einer Platte von gut fünf Quadratmetern war für den kaum 1.70 m langen Göring viel zu groß, das Gleiche galt für den thronartigen Sessel dahinter, dessen Rückenlehne seinen Kopf weit überragte. Wahrscheinlich war jener Sessel einst der Thron eines Fürsten gewesen. Auf dem Schreibtisch ließ Göring zwei riesige, schwere, vergoldete Lampen mit außergewöhnlich hohen Pergamentschirmen platzieren und zudem extra vergrößerte Porträts u. a. von Hitler und von Carin, seiner ersten Frau. Das ihm von Hitler geschenkte Originalfoto war ihm offensichtlich nicht imposant genug gewesen.

In diesem Arbeitszimmer empfing er Ende Mai 1937 auch den neuen Kommissar des Völkerbundes, Carl Burckhardt, der gegen die Einführung neuer antisemitischer Gesetze in Danzig protestieren wollte. Burckhardt: „Der General lag auf einer Ottomane und war gekleidet in eine völlig weiße Uniform voller Orden, während die Finger beider Hände mit je einem Diamantring versehen waren. Vor der Terrasse lief eine Wache auf und nieder, während ich auf dem weiten Rasen einen spielenden Junglöwen entdeckte." Burckhardt berichtete auch, dass Göring sich, genau wie der von ihm bewunderte Mussolini, am liebsten im Profil sehen ließ.

Dann glich er einem Heldentenor, der geradewegs aus einer Wagner-Oper gestiegen war. „Er strahlte eine gewisse Energie und Kraft aus, mit der selbstsicheren, brutalen Struktur seines Unterkiefers und mit den hellblauen, klaren Augen, die beim geringsten Anlass funkelten. Aber das Fremde war doch sein Mund, der wie bei einer alten Frau eingesunken und verkniffen wirkte …" Neben einem Filmsaal verfügte das Stadtpalais über eine Trinkstube in original bayerischen Stil, einen Fitnesssaal mit allen denkbaren Apparaturen (selbst ein elektrisches Pferd, um darauf zu trainieren), ein überdachtes 50-Meter-Schwimmbad, eine Jagdhalle mit zahlreichen Trophäen an den Wänden, diverse Salons, einen riesigen Festsaal, ein so genanntes Botschafterzimmer, eine Anzahl von Wintergärten, diverse Küchen und auf dem Dachboden, über die ganze Breite des Gebäudes, eine gigantische Modelleisenbahn, während sich im Keller neben ausgedehnten Weinkellern auch ein großer Käfig für Görings Hauslöwen befand. Im herrlichen Park wurden neue Rasenflächen eingesäht. Diverse Wandelpfade liefen zahlreiche Blumenbeete und Teiche mit sprudelnden Fontänen entlang, und es gab auch ein fürstliches Teehaus.

Hauskonzert in einem der Wohnzimmer in Görings Stadtpalais. Emmy Göring sitzt ganz rechts.

*Göring mit seinem Lieblingstier, dem Hauslöwen Mucki,
den er später, nachdem dieser groß geworden war, an den
Berliner Zoo abgab.*

*Göring konnte gut Karten spielen und verfügte über ein
hervorragendes Gedächnis.*

Geheime Abhörzentrale

Hinter der Maske der Jovialität, Eitelkeit und Prunksucht versteckte sich der wahre Göring, der jeden ohne Pardon aus dem Weg räumte, der sein Streben nach Macht und Reichtum behinderte. Für Hitler war er, auch nach 1933, von unschätzbarem Wert. Hitler: „In Krisenzeiten ist Göring eiskalt. Man kann sich dann keinen besseren Ratgeber wünschen als den Reichsmarschall. Ich habe oft bemerkt, dass er, wenn die Spannung ihren Höhepunkt erreicht, ein Mann aus Eisen ist, der keine Skrupel kennt."
1934 übertrug Göring die preußische Polizei, die Konzentrationslager und die Gestapo an den dafür dankbaren Reichsführer SS Himmler, wenn er auch seine Landespolizeigruppe (seine „Privatpolizei") und seinen Spionage- bzw. Telefonabhör-

*Die Rohrpost, die in Görings geheimer
Abhörzentrale – dem „Forschungsamt" –
benutzt wurde, um rasend schnell abgehörte
Gespräche weiterzuverschicken. In der
Abhörzentrale arbeiteten rund
3.500 Abhör- und Dekodierungsexperten.*

dienst, das „Forschungsamt" (FA), selbst behielt. Göring begriff schnell, dass Wissen Macht ist. Deshalb hatte er schon am Tag seiner Ernennung zum Ministerpräsidenten von Preußen, am 10. April 1933, das Forschungsamt eingerichtet. Dieser unschuldig klingende Dienst, der direkt unter seinem Befehl stand, sollte seine wichtigste Stütze im permanenten Machtkampf mit Personen und Einrichtungen des Dritten Reiches werden. Der Abhördienst hatte seinen Sitz in einem Gebäude an der Schillerstraße, nahe beim heutigen Ernst-Reuter-Platz in Berlin, und lieferte in den zwölf Jahren des Dritten Reiches Göring etwa 500.000 Abschriften abgehörter Gespräche und verschlüsselter Telegramme. Anfangs vier Mitarbeitern zählend, hatte der Dienst nach einiger Zeit gut 3.500 Abhör- und Dekodierungsexperten mit Unterabteilungen sowohl in Deutschland als auch in den eroberten Gebieten. Charakteristisch für Göring war, dass er sich – wie bei all seinen Organisationen – überhaupt nicht für die finanziellen, personellen und sonstigen organisatorischen

Röhm, Stabschef der SA (2. von rechts), mit hohem Besuch aus Rumänien. Ganz links der Chef der Berliner SA, Heines. Sowohl Röhm als auch Heines wurden in der „Nacht der langen Messer" am 30. Juni 1934 ermordet. Göring leitete von seinem Stadtpalais am Leipziger Platz die Operation in Berlin, wobei seine Berliner Mordkommandos systematisch die Liquidationslisten abarbeiteten.

Angelegenheiten des Dienstes interessierte, sondern ausschließlich für die Berichte. Die allgemeine Verwaltung des Dienstes übertrug Göring seinem Staatssekretär Paul Körner. Göring hatte von Hitler das absolute Monopol über das Abhören von Gesprächen erhalten. Und dieses Monopol verteidigte er bis zum Ende des Dritten Reiches mit Zähnen und Klauen – oft zur großen Frustration der Gestapo, die für jedes Anzapfen eines Telefons erst die Zustimmung des FA anfordern musste. Die „braunen Meldungen", wie die Abschriften genannt wurden, steckten in großen, braunen Umschlägen, aber bei hoher Dringlichkeit wurden sie mit dem ultramodernen, unterirdischen Rohrpostsystem versendet, das quer durch Berlin lief. Das erste Rohrpostsystem war schon 1865 in Gebrauch genommen worden und galt damals als das modernste der Welt. Es funktionierte in Berlin noch bis in die Siebzigerjahre des 20. Jahrhunderts. Die Arbeitsweise war recht einfach: Die Postsendungen wurden mit Pressluft durch ein Netzwerk unterirdischer Rohre mit großer

Geschwindigkeit geschossen. Der Absender lieferte diese zuvor bei einer der angeschlossenen Poststellen ab. Der Brief wurde dort in einen speziellen Köcher gesteckt, offiziell Rohrpostköcher genannt, aber im Volksmund wurde er schon bald in „Rohrpostbombe" umgetauft. Maschinell erzeugter Unterdruck zog die Köcher dann in das Rohr, wonach die Köcher mit abwechselndem Press- und Saugdruck mit einer Geschwindigkeit von 10 bis 15 Metern pro Sekunde durch das Netzwerk geschossen wurden. 1938 hatte das öffentliche Berliner Rohrpostsystem mit einer Länge von etwa 250 km seinen größten Umfang erreicht. Es war das schnellste und modernste Posttransportsystem der Welt. Daneben hatten die Nationalsozialisten noch mit dem Forschungsamt als Mittelpunkt ein viele Kilometer langes, geheimes Rohrpostsystem angelegt, das unabhängig vom öffentlichen System funktionierte und alle wichtigen Ministerien und Einrichtungen, wie SS, SD und Gestapo, miteinander verband. Im Forschungsamt zapften Tausende Experten rund um die Uhr die Telefonleitungen der Reichskanzlei, aller Ministerien, Parteieinrichtungen, Botschaften und Gesandtschaften, aber auch aller wichtigen Hotels, Zeitungsredaktionen sowie ausländischer Pressebüros an und noch Tausende privater Telefone von in- und ausländischen Funktionsträgern sowie von jedem, der dem Regime kritisch gegenüberstehen könnte. Auch alle internationalen Telexkabel, die durch Deutschland liefen, wie das Kabel zwischen Wien, Prag, Moskau und London, wurden angezapft. Es war Görings Spezialisten zudem geglückt, das internationale „Indokabel" anzuzapfen, über das der komplette Telegrammverkehr von London nach Indien lief. Auch das auf dem Boden der Ostsee verlegte Kabel nach Tallinn wurde angezapft. Großabnehmer der Informationen waren neben Göring selbst auch Goebbels' Propagandaministerium und das Wirtschaftsministerium. Goebbels bekam z. B. eine Abschrift jedes Berichts, den ausländische Journalisten versendeten, und konnte deshalb schon einen Tag später darauf reagieren.

In seinem Stadtpalais in Berlin empfing Göring einen Strom in- und ausländischer Gäste. Hier steht er in seinem Arbeitszimmer mit dem berühmten amerikanischen Flieger Charles Lindbergh und dessen Frau. Man beachte das überdimensionale Foto von Hitler auf seinem Schreibtisch.

Zusammen mit Hitler verlässt Göring die alte Reichskanzlei, um durch die Wilhelmstraße und das Brandenburger Tor zur Ost-West-Achse zu fahren. Dort nahmen sie die Parade der Legion Kondor ab, die siegreich aus Spanien zurückgekehrt war, nachdem sie General Franco bei dessen Kampf gegen die Republikaner zur Macht verholfen hatte.

Das FA konnte auch schnell streng vertrauliche Informationen über Wirtschaft und Finanzen verschaffen, von denen Deutschland profitieren konnte. Aber auch Außenminister von Neurath machte oft dankbar Gebrauch von den „braunen Meldungen". Alle politischen Debatten und Gespräche zwischen ausländischen Diplomaten und Korrespondenten wurden sorgfältig aufgezeichnet. Es wurden – oft zum großen Vergnügen der Abhörer – auch sehr intime Informationen abgehört, wie die Unterhaltungen von Goebbels mit seiner Geliebten Lida Baarová, die Gespräche von Mussolini bei seinen Besuchen bei Hitler mit seiner Mätresse Clara Petacci oder die des Herzogs von Windsor mit seiner Frau.

Berliner Mordkommandos

Nach der Machtübernahme im Januar 1933 hätte der Chef der SA, Ernst Röhm, wohl am liebsten das Heer in seiner proletarischen SA aufgehen sehen. Denn die Kampftruppen der SA hatten sich in den Jahren, bevor Hitler an die Macht kam, in Straßen- und Saalschlachten bewährt. Aber das Umgekehrte passierte, und nach der Machtübernahme erklärte Hitler die Revolution für beendet. Die SA sah sich bei der Vergabe lukrativer Posten übergangen und stand nun mit

leeren Händen da. Das sorgte für stets mehr böses Blut innerhalb der SA-Abteilungen. Auch Stabschef Röhm fühlte sich – trotz seiner unbedeutenden Ernennung zum Minister ohne Ressort – brüskiert, unnütz und brütete über neuen Aktivitäten. Im Februar 1934 legte er Hitler seinen Plan vor, Reichswehr und SA zu einem neuen proletarischen Volksheer zusammenzufügen. Aber angesichts seiner großen Zukunftspläne konnte Hitler einfach nicht auf die Loyalität des Heeres verzichten. Darum entschied er sich für das Heer und gegen seine eigene SA. Am 26. Juni 1934 klingelten bei Hitler, Göring und der Heeresspitze die Alarmglocken, als durch Görings Abhördienst ein „Befehl" abgefangen wurde, der angeblich von Stabschef Ernst Röhm stammte und in dem dieser seine SA-Truppen aufrief, die Reichswehr anzugreifen. Es handelte sich hierbei so gut wie sicher um eine Fälschung, aber die Wahrheit kam nie ans Licht. Das Heer wurde in Alarmzustand versetzt, und Göring wurde beauftragt, in Berlin die Sache in die Hand zu nehmen und jeden Versuch einer bewaffneten SA-Revolte mit Stumpf und Stiel auszumerzen. Für Hitler stand sein Beschluss fest: Die ganze SA-Spitze musste festgenommen und die wichtigsten Führer beseitigt werden. Am frühen Morgen des 30. Juni flog Hitler nach München, raste in einem Auto nach Bad Wiessee, wo er gegen 6.30 Uhr ankam, und ließ die in einem Hotel zu einer Konferenz zusammengekommenen SA-Führer, die zu dieser frühen Stunde alle noch schliefen, festnehmen. Röhm wurde zusammen mit anderen Führern ins Gefängnis Stadelheim bei München verbracht.

In Berlin war an jenem berüchtigten Samstag, dem 30. Juni 1934, strahlendes Wetter, und es wurden 30 Grad erwartet. Viele Berliner waren früh aufgestanden, um nach den üblichen Einkäufen Abkühlung in einem der vielen Seen oder in den schattigen Parks zu suchen. Bis 11.00 Uhr morgens ging das Leben seinen üblichen Gang. Aber schon kurz danach tauchten die ersten Lastwagen mit bis

Göring in einer Waffenfabrik, wo er eine Anprache halten soll. Er wird seine Zuhörer fragen, ob sie lieber „Butter oder Kanonen" wollen. Vor dem Krieg war Göring der uneingeschränkte Herrscher über die Waffenindustrie, aber dann nahm sein Einfluss drastisch ab, und er verlor viel Macht an Speer.

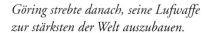

Göring strebte danach, seine Lufwaffe zur stärksten der Welt auszubauen.

an die Zähne bewaffneten SS- und Polizei-Einheiten im Stadtbild auf und riegelten eine nach der anderen Straße hermetisch ab. Wie ein Lauffeuer verbreitete sich in Berlin, dass etwas Ernstes passierte, und immer mehr Menschen strömten ins Zentrum der Stadt. Schon am frühen Mittag wurde die U- und S-Bahnen angehalten, um zu verhindern, dass zu viele Menschen in die Stadtmitte kamen.

Göring war an diesem Samstag wie üblich früh aufgestanden, saß in der Sonne auf der Terrasse vor seinem Arbeitszimmer und genoss ein Tässchen Kaffee, während er die Verhaftungslisten durchging. In der Nacht zuvor hatte die Polizei aus Angst vor einem Überfall der SA Görings Villa mit Sandsäcken und Stacheldraht verbarrikadiert und hermetisch von der Außenwelt abgeschlossen.

Nach den Verhaftungen Röhms und seiner engsten Mitarbeitern am frühen Morgen des 30. Juni war Hitler in höchster Erregung von Bad Wiessee nach München zurückgefahren, wo er Goebbels den Befehl gab, die Säuberungsaktion auf ganz Deutschland auszuweiten. Um genau acht Uhr am Morgen des 30. Juni rief Goebbels Göring in Berlin an und gab ihm dabei das Codewort „Kolibri" durch. Direkt danach setzte Göring die Mordkommandos in ganz Deutschland in Bewegung, welche die zuvor aufgestellten Mordlisten

peinlich genau abarbeiteten. Auf diesen Listen standen nicht nur hohe SA-Führer, sondern auch zahlreiche andere Gegner der Nationalsozialisten. Während der Tötungsaktionen unterrichtete Göring Reichspräsident von Hindenburg telefonisch über die Entwicklungen und meldete dem alten Herrn mit kräftiger Stimme, dass es ein Komplott gäbe, die Regierung abzusetzen, Röhm zum Verteidigungsminister und von Schleicher zum Reichskanzler zu ernennen. Von Schleicher wurde zusammen mit seiner Frau, die ihren Mann mit ihrem Körper vor dem Kugelhagel der SS-Mörder schützen wollte, umgebracht. Von seinem riesigen, massiven Eichenschreibtisch und thronend auf seinem mächtigen Sessel, bespannt mit Samt und abgesetzt mit goldenen Knöpfen, gab Göring an diesem Tag seine blutigen Anweisungen und las die hereinkommenden Meldungen. Insgesamt wurden etwa 150 bis 200 Menschen umgebracht, wovon rund 50 zur SA-Führung gehörten. Nach dem „Röhm-Putsch" verfiel die SA in einen Schockzustand. Diese einst so mächtige Organisation sollte nach dem 30. Juni nicht viel mehr sein als eine landesweite Sportvereinigung ohne irgendeinen politischen und militärischen Einfluss.

Das neue Luftfahrtministerium gehörte zu den größten Gebäuden der Welt. Der Komplex zählte rund 2.000 Räume und hatte sogar eine Tiefgarage.

Der Reichsadler vor dem Luftfahrtministerium. Als erstes Gebäude in Deutschland wurde es aus armiertem Beton gebaut,
wodurch es die zerstörerischen Bombardierungen des Krieges gut
überstand. Gegenwärtig ist das Bundesfinanzministerium in
diesem Haus untergebracht.

Das größte Gebäude der Welt

Als Oberbefehlshaber der Luftwaffe konnte Göring 1933 bei
Hitler durchsetzen, dass die Luftwaffe ein unabhängiger
Bestandteil der Wehrmacht wurde. In den folgenden sechs
Jahren verstand es Göring, seine Luftwaffe von Grund auf
neu aufzubauen. Am 2. Mai 1939 konnte er seinen Generälen
melden, dass die deutsche Luftwaffe nun die stärkste der Welt
war. Ihr Aufbau war sowohl Görings anfänglicher unbezwing-
barer Energie zu danken als auch seiner Auswahl fähiger
Mitarbeiter, von denen sein Staatssekretär Erhard Milch wohl
der wichtigste war und als der eigentliche Architekt der
Luftwaffe bezeichnet werden kann. Obgleich Milch von
jüdischem Blut war, machte Göring ihn zu seinem zweiten
Mann im neuen Ministerium für Luftfahrt und hielt mit
seinem Wissen Milch unter ständigem Druck. Göring rief
einmal während einer der zahlreichen Diskussionen über den
jüdischen Vater von Milch aus: „Wer Jude ist, bestimme ich."
Zur neuen Luftwaffe gehörten natürlich auch neue Uniform-
men, und Göring stürzte sich höchstpersönlich darauf, sie
voller Energie zu entwerfen. Bis ins Detail hat er die Uniform
selbst gestaltet – inklusive Einzelheiten, wie einem Degen
oder Ehrendolch, die beide bei einem modernen Luftgefecht
jedoch wenig praktisch waren. Jeder eben ernannte General
der neuen Luftwaffe erhielt einen prächtigen Säbel mit dem
darin eingravierten Namen Görings. Und selbstverständlich
musste das neue Reichsluftfahrtministerium auch ein eigenes,

repräsentatives Gebäude bekommen. Dieses kam dann auch,
und zwar auf der Ecke Leipziger Straße und dem gesamten
südlichen Teil der Wilhelmstraße bis zur Ecke Prinz-Albrecht-
Straße. Der Flügel, der bis in die Prinz-Albrecht-Straße
reichte, lag gegenüber dem Hauptquartier des berüchtigten
Reichsführers SS, Heinrich Himmler, und der daneben
gelegenen Gestapo-Zentrale, während gegenüber dem langen
Flügel in der Wilhelmstraße die Privatkanzlei des Führers lag.
Ende des Jahres 1934 wurde mit dem Bau begonnen. Der
Baumeister war der damals bekannte Architekt Ernst Sagebiel,
der u. a. auch den Berliner Flughafen Tempelhof entworfen
hatte. Der im typisch nationalsozialistischen Stil errichtete,
überaus monumentale Gebäudekomplex gehörte in jener Zeit
zu den größten und modernsten Gebäuden der ganzen Welt
und war zudem der Arbeitsplatz von einigen tausend
Beamten. Der Komplex hatte gut 2.000 Räume mit einer
Nutzfläche von 56.000 Quadratmetern, zahlreiche Besprechungszimmer und repräsentative Räumlichkeiten und sogar
eine Tiefgarage für 250 Autos. Obendrein wurde zum ersten
Mal die so genannte Stahlbetonskelett-Bauweise angewendet,
wodurch das Gebäude zu den stabilsten ganz Deutschlands
gehörte. Als Folge überstand der Gebäudekomplex die inten-
siven Bombardierungen des Zweiten Weltkrieges so gut wie
unzerstört. Gegenwärtig befindet sich darin das Bundesfinanzministerium.

*Der Staatssekretär der Luftfahrt, General Milch, kann als der
eigentliche Architekt der Luftwaffe bezeichnet worden. Er
verstand es, den gewaltigen Apparat tadellos zu führen und
auszubauen. Obgleich Milch jüdischer Abstammung war, machte
Göring ihn zu seinem zweiten Mann und Stellvertreter
im Luftfahrtministerium.*

1939 konnte Göring seinen Generälen melden, dass die Luftwaffe nun die stärkste der Welt war. Am 1. März 1939 wurde anlässlich des „Luftfahrtages" eine große Parade vor dem Eingang des Ministeriums an der Wilhelmstraße abgehalten.

Butter oder Kanonen?

Der Aufbau der Luftwaffe ging nach Görings Vorstellung zu langsam. Er geriet darüber in Konflikt mit Schacht, dem Wirtschaftsminister, als dieser nicht bereit war, die Rationen der Bevölkerung zu verkleinern. „Ich habe vom deutschen Volk genommen, was es mir zugestehen wollte", so Schacht. „Ich habe ihnen verboten, Geld mit ins Ausland zu nehmen. Ich habe die Einfuhr so beschränkt, dass sie kaum noch existiert. Ich habe sie auf Ration gesetzt. Alles für die Wiederbewaffnung." Görings Antwort an Schacht erfolgte in einer Rede, in der er die Nation zu noch größerer Sparsamkeit mahnte. „Wiederbewaffnung ist absolut nötig", so Göring. „Aber Wiederbewaffnung ist erst der erste Schritt auf dem Weg zu unserem Ziel, das deutsche Volk zufriedenzustellen. Wiederbewaffnung ist für mich kein Ziel in sich selbst. Ich wünsche keine Aufrüstung aus militärischen Gründen oder um andere Völker zu unterdrücken, sondern um der Freiheit der Deutschen willen. Ich will deutlich sein. Einige Leute außerhalb Deutschlands hören schlecht. Sie hören nur zu, wenn sie Kanonenschüsse hören. Wir werden die Kanonen bekommen. Wir haben keine Butter, Parteigenossen, aber ich frage Sie: Was ist Ihnen lieber, Butter oder Kanonen? Müssen wir Speck oder Eisenerz einführen? Ich sage Ihnen, bereit sein gibt uns Kraft." Und dann ließ er seine Hand auf seinen

Göring verlor im Lauf der Jahre zunehmend sein Interesse an der Luftwaffe. Lieber war er auf der Jagd oder auf Reisen oder hielt in seinem pompösen Märchenpalast Carinhall Empfänge und Feste für ausgewählte in- und ausländische Gäste ab.

1932 traf Göring die geschiedene Schauspielerin Emmy Sonnemann, die einige Jahre später seine Frau werden sollte. Die 40-jährige stattliche Blondine stammte aus Hamburg.

Am 9. April 1935 heiratete Göring Emmy Sonnemann. Die Hochzeit wurde in Berlin mit aller denkbaren Pracht gefeiert. Hitler war Trauzeuge, und Reichsbischof Müller vollzog im Dom zu Berlin die kirchliche Trauung. Hier die Ankunft des Brautpaares am Berliner Dom. Göring inspiziert noch schnell die aufgestellte Ehrenwache.

dicken Bauch klatschen. „Butter macht uns fett." Das wirkte, und Schacht gab widerwillig nach. Göring sprach auch über den steigenden Verbrauch an Butter, Milch und Eiern, den er bremsen wolle. Er hatte dabei die Lacher auf seine Seite, als er erklärte: „Beste Parteigenossen, es ist noch keiner menschlichen Regierung geglückt, mehr Eier von den Hühnern zu verlangen, als diese legen wollen. Und es ist auch noch keiner Regierung geglückt, mehr Milch von der Kuh zu fordern, als diese geben will ..." Um dann mit ernster Stimme fortzu-

fahren, dass die Bewaffnung Deutschlands obenan stünde, dafür alles andere zurückstehen müsse und dass er, Hermann Göring, dafür alle Verantwortung auf sich nehme. Die definitive Lösung für das deutsche Ressourcen- und Nahrungsproblem sahen Hitler und seine engsten Mitarbeiter nämlich in der Eroberung von neuem, grundstoffreichem Lebensraum, vor allem im Osten. Nur wenn Deutschland an der Spitze eines riesigen, kontinentaleuropäischen Imperiums stünde, würde die „Großraumwirtschaft" in diesem Reich autark sein.

Hitler sah deshalb die Lösung in einer sich stufenweise entwickelnden Autarkie. Diese musste realisiert werden durch eine Handelspolitik, die auf politische und strategische Beherrschung bestimmter Länder zugespitzt war, welche eine Schlüsselstellung in Bezug auf lebenswichtige Grundstoffe einnahmen. Überall wurden neue Betriebe errichtet, und es herrschte eine Atmosphäre des Anpackens und der Betriebsamkeit. Aber das war mehr

Da Hitler nicht verheiratet war, wurde Emmy Göring zur First Lady des Dritten Reiches. Hier sitzt Emmy zusammen mit Hitler, Goebbels und ihrem Mann in der Loge der Berliner Philharmonie, in der Furtwängler ein Konzert mit Werken von Bruckner und Beethoven dirigiert.

Der große Empfangssaal von Carinhall mit einer Oberfläche von 24 x 12 Metern und einer Höhe von gut 17 Metern. Oberhalb des riesigen, offenen Kamins ist eine Kirchenorgel eingebaut, die von einem Zimmer im ersten Stock aus gespielt werden konnte.

Die 165 Meter lange Galerie enthielt unglaubliche Kunstschätze. Sie war ein Pflichtbesuch für Gäste, die alle von so viel Pracht und Herrlichkeit beeindruckt waren.

Vor dem Haupteingang von Carinhall nimmt Göring einen Volkswagen in Empfang. Vorne v.l.n.r. Porsche (in schwarzem Anzug), Göring und Dr. Ley, der Führer der Deutschen Arbeitsfront.

schöner Schein als Wirklichkeit. Denn vor allem der schmerzhafte Mangel an Eisenerz bereitete Göring große Kopfschmerzen. Als 1937 die Eisen- und Stahlproduktion dramatisch abfiel, betrieb Göring mit eiserner Faust die Nazifizierung der gesamten Industrie des Ruhrgebiets. So entstand auch der größte Stahlkonzern Europas, die Reichswerke Hermann Göring, in Salzgitter, wo Eisenerz mit niedrigem Eisengehalt gewonnen und verarbeitet wurde. Daneben gab der Vierjahresplan auch einen wichtigen Impuls für die Entwicklung zahlreicher synthetischer Produkte, wie synthetisches Benzin und synthetisches Gummi. Am Ende des zweiten Vierjahresplanes (1940) wurde deutlich, dass für einige wichtiger Grundstoffe die inländische Produktion lange nicht ausreichend war, um nicht mehr vom Ausland abhängig zu sein. Noch immer mussten 65% des Eisenerzes eingeführt werden (hauptsächlich aus Schweden) sowie 65% des Rohöls.

Märchenhochzeit

1932 traf Göring die aus Hamburg stammende Schauspielerin Emmy Sonnemann. Sie war eine stattliche, etwas naiv wirkende 40-jährige Blondine und geschieden. Sie interessierte sich nicht für Politik, aber umso mehr für gutes Leben, Feste und Empfänge. Sobald er preußischer Ministerpräsident war, holte Göring Emmy Sonnemann 1933 nach Berlin und sorgte dafür, dass sie den prestigeträchtigen Titel einer „Staats-

schauspielerin" bekam. Am 9. April 1935 fand in Berlin die Trauung von Göring und Emmy Sonnemann statt. Die Hochzeit wurde mit aller denkbaren Pracht gefeiert, und das Paar bekam Geschenke im Wert von vielen Millionen Reichsmark. Hitler selbst war an diesem Tag Trauzeuge. Beim Heraustreten auf die Stufen des Berliner Doms, wo die kirchliche Trauung durch Reichsbischof Müller vollzogen worden war, dröhnten die Staffeln der Luftwaffe, während Tausende dem Paar begeistert zujubelten.

Schon am frühen Morgen machten acht große Militärfanfarenkorps ihre Aufwartung im Garten des Palais am Leipziger Platz und spielten Görings Lieblingsmärsche. Sorgfältig

Görings Märchenpalast, der Waldhof Carinhall, in den Wäldern der Schorfheide, etwa 60 km nordöstlich von Berlin. Das sehr umfangreiche Palais verfügte über unwahrscheinlichen Luxus, und gegen Ende des Krieges befand sich dort eine der größten Kunstsammlungen der Welt.

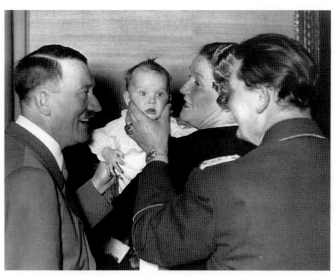

Göring war verrückt nach seiner kleinen Edda, der es an nichts fehlte und die aufwuchs wie eine Prinzessin. So bekam sie zu ihrem ersten Geburtstag von der deutschen Industrie eine Kopie des Schlosses Sans Souci des preußischen Königs Friedrich dem Großen im Maßstab 1:10. Das 50 Meter lange (!) Schlösschen war komplett mit maßstabsgetreuen Rokokomöbeln eingerichtet.

Die überglückliche Familie. Am 2. Juni 1938 wurde Görings Töchterchen Edda geboren. Zu ihrem Tauffest am 4. November war Hitler als Patenonkel anwesend.

hergerichtet, mit lackierten Nägeln und parfümiert, betrat der Bräutigam die Terrasse vor seinem Arbeitszimmer, um die Mitglieder des Fanfarenkorps zu begrüßen. Berlin hatte an diesem Tag frei, und die Polizei hatte die Innenstadt für den motorisierten Verkehr gesperrt. Die Stadt ertrank in einem Meer aus Hakenkreuzfahnen. 30.000 Soldaten hielten Wache längs der Route, die das Paar nehmen sollte. Neben vielen in- und ausländischen Gästen waren auch das diplomatische Korps und ausländische Korrespondenten eingeladen.

Ein Einblick in Görings Privatbibliothek in der ersten Etage hinter seinem pompösen Arbeitszimmer. Die große Bibliothek befand sich im eigenen Bibliotheksflügel.

Göring geleitet hier den japanischen Botschafter Matsuoke durch die große Galerie in Carinhall. Danach sagte Matsuoke zu Hitlers Übersetzer Dr. Schmidt: „Wissen Sie, dass Göring verrückt ist?“

Göring fungierte oft als Pseudo-Außenminister und empfing in Carinhall einen wahren Strom an ausländischen Diplomaten und Staatsoberhäuptern. Hier wartet er auf die Ankunft von König Boris von Bulgarien

Traumschloss in den Wäldern

Eines der vielen Ämter, die Göring für sich selbst schuf, war das des Reichsjagdmeisters, dem er noch das Amt des Reichs-forstmeisters hinzufügte – natürlich mit den dazugehörigen Fantasie-Uniformen. Göring nahm diese Ämter sehr ernst. Mit großer Begeisterung hielt er die Natur in Stand. Er setzte in den Naturgebieten von Preußen, etwa in der Schorfheide und Rominten, bedrohte Tierarten aus, die zu viel gejagt worden waren. Er führte Elche und Bisons aus Schweden ein und holte Enten, Schwäne und anderes Wild aus Polen und Spanien. 1934 verschärfte er die deutschen Jagdgesetze, die

übrigens noch heute gelten (u. a. auch noch in den Nieder-landen), und führte großräumige Bepflanzungsprojekte durch, die für grüne Zonen in und um alle großen Städte sorgten. Weiterhin ließ er viele Wälder und Heideflächen anlegen.

Die Schorfheide ist ein sehr ausgedehntes, hügeliges Gebiet mit einer Oberfläche von etwa 370 Quadratkilometern mit ausgedehnten Wäldern, Heide, Mooren und zahlreichen größeren und kleineren Seen. Sie beginnt im Norden von Berlin und erstreckt sich bis an die polnische Grenze. Schon viele Jahrhunderte lang war sie ein beliebtes Jagdgebiet der

Ein stolzer Göring lässt hier auf dem Dachboden von Carinhall den ungarischen Admiral Horthy eine seiner zwei enormen Modelleisenbahnen sehen. Mit etwa 600 Metern war diese Modellbahn die größte in Europa. Die zweitgrößte – wie die erste ein Geschenk der Märklin-Fabriken – war „nur" 350 m lang und stand im Keller des Gästeflügels. Für den Unterhalt der beiden Modelleisenbahnen war ein eigener Techniker angestellt.

Foto links: Um etwas gegen sein notorisches Übergewicht zu tun – er wog um 140 kg –, hatte Göring in einem der Keller von Carinhall neben einem fürstlichen Schwimmbad mit Jetstream und einer Sauna allerlei Fitnessgeräte installieren lassen. Hier demonstriert er Hitler ein elektrisches Pferd.

Foto rechts: Hitler zu Besuch bei seiner Nummer zwei. Im Hintergrund der Große Döllnsee, am Ufer Görings Bootshaus und Badehäuschen.

Foto links: Das Personal von Carinhall trug spezielle Uniformen. Hier eines der vielen Feste, bei dem sich Waffen-SS-General Sepp Dietrich eine Zigarre ansteckt. Neben ihm der großindustrielle Stahlbaron Röchlin. Links vom Diener mit Rücken zur Kamera der Reichsführer SS Himmler.

Foto unten: In Krisenzeiten war es Göring und nicht Hitler, der einen kühlen Kopf bewahrte und das Heft in die Hand nahm. Nach Hitler war Göring dann „frostig und eiskalt".

Hitler, Göring und Emmy auf der Terrasse des hölzernen Badehauses am Großen Döllnsee.

Göring tat alles, um seine vielen überschüssigen Kilos loszuwerden. Er besaß mehr Fitnessgeräte als so manches Fitnesszentrum, schwamm viel, sowohl in seinem Hallenbad als auch im angrenzenden Großen Döllnsee, und war ein begeisterter Tennisspieler.

Könige von Preußen und der deutschen Kaiser. Noch bevor er an die Macht kam, entfloh Göring regelmäßig dem lebhaften Berlin, um in der Schorfheide an Jagden teilzunehmen und lange Wanderungen zu machen.

1933 verliebte er sich während einer dieser Wanderungen in ein herrlich gelegenes und durch zwei Seen begrenztes, großes offenes Gelände im Wald und beschloss, dort sein Landhaus zu bauen, das er zur Erinnerung an seine verstorbene erste Frau Carin „Carinhall" nannte. Der „Waldhof Carinhall", wie der Komplex offiziell genannt wurde, umfasste eine Fläche von rund 120 Hektar und lag auf einem Hügel zwischen dem Großen Döllnsee und dem kleineren Wuckersee, etwa 60 Kilometer nordöstlich von Berlin. Schräg gegenüber von Carinhall, am Ufer des Wuckersees, ließ Göring für Carin ein

Mausoleum bauen. Eine lange Treppe führte zur unterirdischen Grabkammer, die durch ein kleines Fenster an der Seite zum Wuckersee erhellt wurde. 1934 ließ Göring mit viel Prunk den Leichnam Carins aus Schweden nach Deutschland überführen. Im riesigen und pompösen Carinhall wohnte er nun, der treue Diener des Führers und der zweite Mann des Reiches, wie ein echter Fürst und lebte als „letzter Renaissance-Mensch" seine märchenhafte Prunksucht aus. In Abstimmung mit Hitler baute er Carinhall auf Staatskosten zu einem für Staat und Partei zu verwendenden Repräsentativsitz aus. Hitler wollte auch, dass Göring hier führende Persönlichkeiten aus Deutschland, das diplomatische Korps und

Das einzige noch sichtbare Zeichen des ehemaligen Carinhalls sind die zwei großen Eingangstore mit der Zufahrtsstraße dahinter. Über den beiden Toren ist noch immer das Wappen des Reichsmarschalls zu sehen.

ausländische Staatsgäste empfing. Göring sah sich selbst in diesen Jahren als den eigentlichen Außenminister an, wobei er Osteuropa und Italien nahezu als sein privates Arbeitsgebiet betrachtete, was natürlich zu zahllosen Zusammenstößen mit Außenminister von Neurath und ab 1937 mit dem neuen Außenminister von Ribbentrop führte.

Die luxuriösen Feste in Carinhall waren sehr beliebt bei den zahlreichen Gästen, die oft bei ihrer Ankunft durch das Musikkorps des Wachbataillons „Regiment General Göring" mit Jagdhörnern und Fanfarenschall schon von Weitem willkommen geheißen wurden.

Bis zum Krieg wurde immer weiter am Ausbau des Märchenpalastes gearbeitet. Flügel auf Flügel wurde angebaut, um

Am 28. April 1945, als die ersten russischen Einheiten das Gebiet von Carinhall erstürmten, jagten Mitglieder eines Luftwaffen-Sprengkommandos den Palast in die Luft. Ein großer Teil des Hausrats, der Möbel, Bücher und der weniger kostbaren Bilder blieb zurück und wurde verwüstet. Auf dem Foto ist noch ein Stück vom Giebel des Hauptflügels zu sehen.

Platz für die stetig anwachsende, zum Teil zusammengeraubte Kunstsammlung Görings zu schaffen – eine Sammlung, die in ganz Europa ihresgleichen suchte. Als sich die Russen zum Kriegsende Carinhall näherten, ließ Göring das Palais eigenhändig mit Dynamit in die Luft sprengen.

Göring entspannt sich auf der Terrasse seines Badehauses. Rechts sitzt die Schwester seiner ersten Frau Carin.

Heinrich Himmler, Reichsführer SS, Chef der Polizei inklusive SD, Sipo und Gestapo und Herrscher über das düstere Reich der Konzentrations- und Vernichtungslager.

7 DAS DÜSTERE REICH VON SS, SD UND GESTAPO

Die gefürchtete Prinz-Albrecht-Straße

Sie trugen schwarze Uniformen mit einem Totenkopf auf ihren Kappen und waren der Schrecken der Nation. Sie hatten ihrem Führer, Adolf Hitler, ewige Treue geschworen, und auf ihrem Koppel stand auch die Losung: „Unsere Ehre heißt Treue." Das doppelte S-Runenzeichen war ihr Symbol. Sie beherrschten die gesamte Polizei und die verschiedenen Geheimdienste, sie bewachten Hitlers Reichskanzlei und dessen Landhaus bei Berchtesgaden. Daneben hatten sie vollständige Macht über alle Konzentrations-, Arbeits- und (spätere) Vernichtungslager. Während des Zweiten Weltkrieges folgten sie dem Kielsog der Wehrmacht und installierten ihren Terrorapparat in den gerade eroberten Gebieten. Sie bekleideten Schlüsselpositionen in der nationalen Wirtschaft und im Gesundheitswesen, auf politischem und wissenschaftlichem Gebiet. Jede Information, wie klein auch immer, wurde aufgesaugt und in die Zentrale in Berlin geleitet. Ein vielarmiges System der Spionage hielt die Volksgenossen (und später auch die Bewohner der besetzten Gebiete) unter Beobachtung, registrierte alle feststellbaren, gegen das NS-Regime gerichteten Bewegungen und terrorisierte vermutliche oder echte Gegner des Systems. Selbst die höchsten Führer des Dritten Reiches waren teilweise nicht vertraut mit den Aktivitäten dieses „Schwarzen Ordens". Erst nach dem Zusammenbruch des tausendjährigen Reiches konnte die Bilanz des Schreckens dieser Terrororganisation gezogen werden: 5 bis 6 Millionen Juden wurden ermordet, darunter viele hunderttausend Kinder, etwa 2,5 Millionen Polen wurden liquidiert, 520.000 Zigeuner ermordet, 473.000 russische Kriegsgefangene erschossen, gut 100.000 psychiatrische Patienten als Opfer des Euthanasieprogramms vergast und etwa 10.000 Homosexuelle ermordet. Die Zahlen sind so gewaltig, dass sie beinahe als kalte, statistische Ziffern wirken. Die hierfür verantwortliche Organisation war die SS. Neue Untersuchungen bestätigen die kurz nach dem Krieg nur geschätzten sechs Millionen ermordeter Juden. Weniger als die Hälfte davon wurde in den Vernichtungslagern umgebracht, während die anderen in der Folge von Exekutionen, Vergasung in mobilen Gaswagen, Misshandlungen, Krankheiten und Epidemien wie Typhus sowie durch die schlechten Lebensumstände in den Lagern und bei der Zwangsarbeit

Wie ein Krebsgeschwür breitete die SS sich mit verwandten Organisationen, wie SD, Gestapo und Sipo, über Deutschland und später über die besetzten Gebiete Europas aus, um Angst, Tod und Verderben zu sähen.

Im Hotel Prinz Albrecht in der berüchtigten Prinz-Albrecht-Straße saß die Reichsleitung der SS. Hier hatte Himmler, der Reichsführer SS und Chef der deutschen Polizei, sein Hauptbüro.

umkamen. Beinahe 95% der Opfer kamen aus Osteuropa, besonders aus Polen, wo von den ursprünglich drei Millionen Juden 1945 nur noch etwa eine halbe Millionen am Leben waren. Wenn es während des Dritten Reiches eine Adresse gab, deren Erwähnung bei den Menschen buchstäblich Schauer erzeugte, dann war es wohl die Prinz-Albrecht-Straße. Nirgendwo im Dritten Reich waren auf so kleinem Gebiet, bestehend aus der Prinz-Albrecht-Straße und dem daran anschließenden Stück der Wilhelmstraße bis an die Anhalterstraße, so viele Terrorinstanzen untergebracht. In der Prinz-Albrecht-Straße lag nicht nur die Gestapo-Zentrale (Nr. 8), sondern auch das daneben gelegene Hotel Prinz Albrecht (Nr. 9) wie auch das Hauptbüro des Reichsführers SS (RFSS) und Chefs der Polizei sowie dessen persönlichem

Die Spitze der SS bei Göring während einer Parade im Park seines Stadtpalais am Leipziger Platz anlässlich seines 44. Geburtstages am 12. Januar 1937. V.l.n.r. Reichsführer SS Himmler; Göring; SS-General Dalugue, Chef des Hauptamtes der Ordnungspolizei und damit Chef der gesamten uniformierten Polizei; SS-General Heydrich, Herrscher über SD, Gestapo und Sicherheitspolizei (Sipo), und in der Uniform eines (Ehren-)SS-Generals Görings engster Vertrauter seit dem Ersten Weltkrieg, Paul (Pilli) Körner, Staatssekretär im Luftfahrtministerium.

Die düstere Gestapo-Zentrale in der Prinz-Albrecht-Straße (heute Niederkirchnerstraße). Ganz links ist noch ein Teil des Hotels Prinz Albrecht zu sehen, dem Hauptquartier von SS-Chef Himmler. SS-General Müller, Leiter der Gestapo, hatte sein Arbeitszimmer oberhalb des Haupteingangs und blickte auf Görings Luftfahrtministerium.

Stab und weiterer zentrale SS-Behörden. Und an der Ecke der Prinz-Albrecht-Straße zur Wilhelmstraße Nr. 102, im Prinz Albrecht-Palais, saß das mächtige Reichssicherheitshauptamt (RSHA) mit u. a. dem gefürchteten Sicherheitsdienst (SD) und der Gestapo. Leiter der Gestapo war SS-General Heinrich Müller („Gestapo-Müller"), während das RSHA geleitet wurde durch SS-General Reinhard Heydrich und nach dessen Tod 1942 durch SS-General Dr. Ernst Kaltenbrunner.

Im Lauf der Jahre breitete sich der Terrorapparat über immer mehr Gebäude in der Prinz-Albrecht-Straße und der Wilhelmstraße aus. Der Platzmangel wurde so eklatant, dass selbst das gegenüber der Gestapo-Zentrale gelegene Haus der Flieger für Konferenzen Himmlers mit der Spitze des Reichssicherheitshauptamts und anderen SS-Führern benutzt wurde. Schon bald war die Kapazität in der nächsten Umgebung erschöpft, und es musste anderswo nach neuen Räumlichkeiten gesucht werden. So nahm im Lauf der Zeit allein das RSHA 30 Gebäude in Beschlag, die über die ganze Stadt verstreut lagen, darunter die Büros von SS-Major Adolf Eichmann in der Kurfürstenstraße 115–116. Dabei ist zu bedenken, das das RSHA nur eines von zwölf (!) Hauptämtern unter Himmler war. Jedes der Hauptämter hatte zahllose Unterabteilungen mit vielen tausend Mitarbeitern, sowohl innerhalb Deutschlands als auch in den besetzten Gebieten. Neben dem RSHA gab es ein zweites, äußerst mächtiges und einflussreiches Hauptamt, das so genannte SS-Wirtschafts-

und Verwaltungshauptamt (WVHA), das in einem enormen Gebäudekomplex Unter den Eichen 126–135 in Berlin untergebracht war. Die Leiter waren SS-Obergruppenführer und General der Waffen-SS, Oswald Pohl, und sein Stellvertreter, SS-General August Frank. Pohl sollte den Geldfluss innerhalb der SS kontrollieren und steuern. Auch wusste er auf schlaue Weise, einen Betrieb nach dem anderen zu übernehmen, sodass zum Schluss ein wahres industrielles SS-Imperium entstanden war. Und durch seine Alleinherrschaft über die Konzentrations- und Vernichtungslager vermochte er auch hieraus noch einmal viele Millionen Zwangsarbeiter sowohl für die deutsche Kriegsindustrie als auch für das eigene, sich ständig weiter ausdehnende Industrieimperium als moderne und billige Sklaven einzusetzen.

Die große Halle mit dem Treppenhaus der Gestapo-Zentrale. Gefangene gingen nicht hierdurch, sondern wurden durch die Garagen direkt zu den unterirdischen Zellen gebracht.

Die trotz schweren Bombardements relativ leicht beschädigte Gestapo-Zentrale kurz nach dem Krieg. Links vom Gebäude das Tor zu den Garagen. Bis kurz vor der Eroberung durch die Russen arbeitete der gigantische Apparat einfach weiter. Nach dem Krieg wurde das Gebäude abgerissen, die Keller an der Straßenseite blieben aber teilweise erhalten. In diesen Kellern ist jetzt, in Erwartung eines Museumsneubaus, die beeindruckende Ausstellung „Topografie des Terrors" untergebracht.

Die Amtsgruppe D war eine der Hauptabteilungen des WVHA. Diese Gruppe kontrollierte und beherrschte alle Konzentrations- und Vernichtungslager und umfasste auch die so genannte Inspektion der Konzentrationslager. Leiter dieser Gruppe und ebenso Inspektor der Konzentrationslager sowie faktischer Alleinherrscher über die Lager war der SS-Brigadeführer und Generalmajor der Waffen-SS, Richard Glücks. Wichtige Abteilungsleiter und direkt verantwortlich für die Grauen und Entbehrungen in den zahlreichen Konzentrations- und Vernichtungslagern waren u. a. die SS-Offiziere Hermann Pook, Hans Heinrich Baier, Karl Sommer und Heinz Karl Fanslau. Die Inspektion der Konzentrationslager hatte ihren Amtssitz im so genannten T-Gebäude im nördlich von Berlin gelegenen Städtchen Oranienburg, nahe beim „Berliner" Konzentrationslager Sachsenhausen.

Aber die höchste Leitung über das SS-Imperium war und blieb in der Prinz-Albrecht-Straße und der Wilhelmstraße. An der Spitze des gesamten Terrorapparates von SS, Waffen-SS, SD, Sipo, grüner Polizei, Gestapo, uniformierter Polizei usw. stand der Reichsführer SS und Chef der Polizei, Heinrich Himmler. Im Lauf der Jahre wuchsen die SS und alle Nebenorganisationen zu einem enormen Machtfaktor, zu einem „Staat im Staate" heran. Das genannte Gebiet zwischen der Prinz-Albrecht-Straße und der Wilhelmstraße kann dann auch mit Recht als das eigentliche Regierungszentrum des NS-Staates angesehen werden. Jeden Tag fuhren die schwarzen Fahrzeuge mit getönten Scheiben durch das große Tor zu den Parkplätzen der Gestapo mit Festgenommenen über diese Straße. Die Mitglieder dieser gefürchteten Geheimpolizei trugen auch keine Uniform, sondern waren durch ihre Art der Kleidung, lange dunkle

Eine seltene Aufnahme einer finsteren Gesellschaft. Die Spitze der mächtigen SS-Abteilung mit dem unschuldig klingenden Namen: Wirtschafts- und Verwaltungshauptamt (WVHA). Diese Abteilung war direkt verantwortlich für das ganze Todesimperium der Konzentrations- und Vernichtungslager. Außerdem bildete sie durch die Übernahme vieler hundert Betriebe eine nicht zu unterschätzende wirtschaftliche und finanzielle Macht im Dritten Reich. V.l.n.r. SS-Generäle Glücks, Inspektor der KZs, Leiter der Inspektion der Konzentrationslager und höchster Vorgesetzter aller Kommandanten der Konzentrationslager; Lörner, Chef der Truppenverwaltung; Pohl, Chef des gesamten WVHA und zusätzlich Leiter vieler hundert SS-Betriebe; Frank, Leiter der Truppenwirtschaft der gesamten Waffen-SS; und Dr. Kammler, Chef des Bauwesen der SS und damit direkt verantwortlich für den Bau und Ausbau aller Konzentrations- und Vernichtungslager inklusive der Gaskammern und der Krematorien. Er stand auf gutem Fuß mit Speer, dem Minister für Rüstung und Kriegsproduktion, der ihm sogar Extra-Kontingente an Stahl für den Bau eines zusätzlichen Krematoriums in Auschwitz zuwies.

Leitstellen) gesteuert. Und hier befand sich auch die Kommandozentrale, von der aus das System aller in- und ausländischen höheren SS- und Polizeiführer gelenkt wurde. Wie eine Geschwulst schwoll die SS immer weiter an. An der Spitze stand Heinrich Himmler mit der Funktionsbeschreibung: Reichsführer SS und Chef der deutschen Polizei.

Mäntel und schwarze Hüte, meistens zu erkennen. Und allein schon das Zeigen einer Marke mit den Worten „Geheime Staatspolizei" darauf genügte, um willkürlich Menschen festzunehmen und in die Folterkammern im Keller zur Gartenseite des Komplexes zu verbringen. Hier wurden auch die berüchtigten Einsatzgruppen der Sicherheitspolizei und des SD aufgestellt, und es kamen die Berichte über die Massenmorde in den Konzentrations- und Vernichtungslagern zusammen. Hier wurde der Völkermord an den Juden geplant, hier wurden die organisatorischen Vorbereitungen für die Deportationen und letztendliche Vernichtung getroffen. Hier wurde auch die berüchtigte Wannsee-Konferenz vorbereitet, bei welcher der Völkermord formell beschlossen werden sollte. Hier kamen alle Informationen zusammen, auch die „Meldungen" aus dem Reich über die Stimmung in der Bevölkerung. Von hier aus wurden ebenfalls alle in den größeren deutschen Städten liegenden Gestapobüros (so genannte

Reichsführer-SS und Chef der Polizei

Himmler war Reichsführer SS, Chef der gesamten Polizei, darunter des berüchtigten Sicherheitsdienstes (SD) und der Gestapo (Geheime Staatspolizei), Innenminister und ab 1943 auch noch Befehlshaber der Waffen-SS und des Heimatschutzes. Kurzum, ein Mann, dessen Name für alle Zeiten ein Symbol der Bösartigkeit wurde. Er war einer der finstersten Figuren des Dritten Reiches. Sein Name ist verbunden mit den Konzentrationslagern und mit Tod und Vernichtung von Millionen Menschen. Er war jemand, der wirklich an den Führer und die Ziele des Nationalsozialismus glaubte, z. B. dass der gesamte europäische Kontinent von „nicht-arischen Verunreinigungen" befreit und stattdessen mit sorgfältig ausgewählten blonden, blauäugigen „Edelgermanen" besiedelt werden musste. Allein das Aussprechen seines Namens rief bei vielen kalte Schauer hervor.

In dem Maß, wie nach dem Krieg mehr Informationen über Himmler bekannt wurden, scheint das Bild des blutrünstigen Sadisten und eines wüsten Teufels ohne menschliche Züge nicht mehr der Wahrheit zu entsprechen. Eine Vielzahl von Informationen zeichnet ein anderes Bild von ihm: ein scheuer, fast einsilbiger Mann, der die Öffentlichkeit weitestgehend mied, alle Angelegenheiten am liebsten von seinem Schreibtisch aus regelte und sich mit seinen „geliebten" Akten befasste, von denen er nie genug bekam. Ein Chef, der durch seine Untergebenen im Allgemeinen geschätzt wurde, da er sein Wort hielt und sehr aufmerksam war. Ein Polizeifunktionär, der sein Arbeitszimmer hell und sonnig einrichten ließ, mit einer Vorliebe für weiße Farbe. Ein Mann, der an Wiedergeburt, die heidnischen Mythen und die Sagen der Germanen glaubte. Ein typischer Superbürokrat, den nichts von der Ausführung eines ausdrücklichen Auftrags des Führers abhalten konnte. Ein Mann, der spontan protestierte, wenn jemand über den Spaß an der Jagd redete, und der als Zuschauer einer Exekution in Ohnmacht fiel. Ein typischer Beamter, der – als sein Masseur Kersten aus Schweden eine

Die Büros der Inspektion der Konzentrationslager nahe beim Konzentrationslager Sachsenhausen. Der Inspektor, SS-General Glücks, hatte sein Arbeitszimmer im ersten Stock über dem Eingang.

Foto links: Eine Besprechung in Himmlers Büro im Hotel Prinz Albrecht. V.l.n.r. SS-General Heydrich, Himmler und SS-General Wolff, Himmlers Intimus sowie dessen Augen und Ohren und Chef des persönlichen Stabes des Reichsführers SS.

Foto unten: SS-General Müller, Chef der Gestapo, auch „Gestapo-Müller" genannt.

Armbanduhr mitbrachte, die 150 Reichsmark kostete – den Betrag in Raten abbezahlte. Ein über-gewissenhafter Buchhalter, der in einer sehr umfangreichen Kartei peinlich genau festhielt, von wem er wann Geschenke bekommen hatte. Er wehrte sich heftig, wenn man ihm Brutalität vorwarf, und wurde ärgerlich, wenn man ihn freundschaftlich „Reichs-Heini" nannte. Dieser kleinbürgerliche Beamte, mit seiner Hornbrille und dem Äußeren eines Oberlehrers vom Lande, war aber auch der höchste Leiter der mächtigen SS und der Polizei und wurde im Verlauf des Krieges zweifellos zu einem der mächtigsten Männer des Dritten Reiches. Er war verantwortlich für die Konzentrationslager und die Ermordung von Millionen Menschen. Sein Jahresgehalt betrug im Vergleich mit den übrigen Potentaten gerade einmal 24.000 Reichsmark. Und da er sowohl seine Frau und Tochter als auch

seine Mätresse mit Kindern unterhalten musste, musste der mächtige Reichsführer SS gegen Ende des Monats oft recht sparsam leben. Wie weltfremd er war und wie wenig Gefühl für die politische Wirklichkeit Himmler hatte, wird aus der Tatsache deutlich, dass er noch am 31. Mai 1944, also kurz vor der alliierten Landung in Frankreich, in einem Telegramm durch seinen persönlichen Referenten, SS-Standartenführer Brandt, an seinen SS-Vertreter in den Niederlanden, SS-General Hans Albin Rauter, darum bitten ließ, ihm einige junge Sträucher der Sorte *Fiburnum Chalesi* zu schicken, die er im Garten seines Hauses am Döhrnstieg 10 in Berlin-Dahlem pflanzen wollte. Denn diese Sträucher hatte er in den Niederlanden gesehen, und er fand sie so hübsch. Am 9. Juni schickte Rauter ein Telegramm zurück, in dem er schreibt: „Besorgung einiger junger Sträucher *Birbornum Chalisi* ist möglich, Blühzeit April–Mai. Jetzt verschicken ist nicht sinnvoll. Beste Zeit ist der Herbst. Warte auf nähere Anweisungen." Gezeichnet: der Höhere SS- und Polizeiführer

Der Haupteingang zum „Berliner" Konzentrationslager Sachsenhausen.

Seziertische in Sachsenhausen, wo während des Krieges SS-Ärzte grauenvolle Experimente an wehrlosen Opfern durchführten.

Den Haag. Am 11. Juni folgte noch ein Telegramm von Brandt, in dem dieser schreibt, dass Himmler mit der Versendung im Herbst einverstanden sei und Rauter für die Mühe dankt. In dem Schreiben wurde übrigens später in Den Haag „Birbornum Chalisi" wieder geändert in „Fiburnum Chalesi".

Mit auffallender Genauigkeit hielt sich Himmler an die höchste Norm, die er kannte, nämlich Treue zu Hitler. Er erfüllte stets seine Pflicht und führte aus, was der Führer ihm auftrug. Und doch war er so tief von seiner Unschuld überzeugt, dass er sich selbst für die geeignetste Person hielt, um über den schwedischen Grafen Bernadotte als Mittelsmann im April/Mai 1945 mit den Alliierten über die Kapitulation Deutschlands zu verhandeln. Graf Bernadotte traf Himmler zuletzt am 23. April, eine Woche vor Hitlers Selbstmord, im großen SS-Sanatoriumskomplex Hohenlychen im Norden von Berlin. Die Elektrizität war ausgefallen, und die russischen Kanonen waren in der Ferne schon deutlich hörbar. Himmler konnte während des Gesprächs bei flackerndem Kerzenlicht seine Nerven kaum noch beruhigen. Er war noch immer überzeugt, dass Hitler ihn zu seinem Nachfolger ernennen würde, und bat den Grafen, ein Gespräch mit General Eisenhower zu arrangieren. „Es war bereits 02.30 Uhr in der Früh, als wir den Pavillon verließen, in dem das Gespräch stattgefunden hatte", so Bernadotte. „Die Sterne strahlten hell. Himmler setzte sich selbst hinter das Steuer seines Wagens. ‚Ich fahre jetzt zur Ostfront', sagte Himmler beim Abschied, wobei er mit einem müden Lächeln

hinzufügte: ‚Das ist übrigens nicht mehr weit von hier entfernt.' Darauf fuhr er weg. Etwas später hörte ich einen dumpfen Schlag: Himmler war regelrecht in einen Stacheldraht hineingefahren, der neben dem Eingangstor der Villa angebracht war. Mit viel Mühe schafften wir es, den Wagen wieder zu befreien." Die Art, wie Himmler wegfuhr, so philosophierte Graf Bernadotte in seinen Memoiren, hatte durchaus etwas Symbolisches.

Am 1. Mai 1945 hörte Himmler, dass nicht er, sondern Großadmiral Dönitz zu Hitlers Nachfolger bestimmt worden war. Am 6. Mai wurde Himmler durch Dönitz offiziell aus all seinen Ämtern entlassen. Gemeinsam mit zwei SS-Adjutanten gelang es ihm, in Norddeutschland unterzutauchen, aber am 21. Mai wurde er – unter dem falschen Namen Heinrich Hitzinger, ohne Schnurrbart, ohne Brille, mit einer schwarzen Klappe vor einem Auge und gekleidet in der Uniform eines Unteroffiziers der Geheimen Feldpolizei – durch einen britischen Kontrollposten angehalten. Himmler und seine beide Adjutanten standen in einer langen Reihe von einigen tausend Menschen, die sich langsam über die Brücke über die Oste, nahe Bremervörde, vorwärtsbewegte. Himmler und seine Spießgesellen begingen den großen Fehler, dass sie dem englischen Wachposten sofort und ungefragt ganz neue Papiere vorzeigten, während die meisten Leute überhaupt keine bei sich hatten. Himmlers Gedanke, dass nur eine

Die Villa am Wannsee, in der am 20. Januar 1942 unter Vorsitz von SS-General Heydrich eine Konferenz mit hohen Regierungsvertretern abgehalten wurde, bei der die Grundlinien des Holocaust festgelegt wurden.

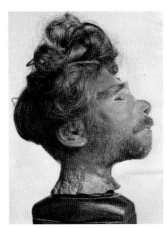

*Foto rechts:
Auf dieser Aufnahme direkt nach der Befreiung stehen ausgemergelte Gefangene, welche die Hölle der KZs überlebt haben.*

*Foto links:
Ein präparierter Kopf eines Opfers, der speziell wegen seiner Schädelform ausgesucht worden war.*

Foto links unten: SS-Obergruppenführer und Chef von SD, Sipo und Gestapo, Reinhard Heydrich, der „Todesengel", wie er auch genannt wurde. Zur Erleichterung vieler (auch innerhalb der SS) wurde er am 27. Mai 1942 in Prag ermordet.

Foto rechts unten: Der Leiter des Judenreferats der Gestapo, Adolf Eichmann, war verantwortlich für den Transport der Juden aus Deutschland und den eroberten Gebieten in die Vernichtungslager.

Ankunft eines Transports auf dem Bahnsteig von Auschwitz. Dort wurden die Unglücklichen von SS-Ärzten sofort in zwei Gruppen eingeteilt. Die Arbeitsfähigen gingen nach rechts, alle anderen, darunter Frauen, Kinder und Ältere, nach links. Diese letzte Gruppe wurde direkt in die Gaskammern abgeführt.

Nach der Befreiung entdeckten die Alliierten die Krematorien, in denen zum Teil noch die verbrannten Leichen lagen.

beide Augen zu und machte eine schnelle Kaubewegung. Wenige Sekunden später fiel er zu Boden, und trotz der Bemühungen, seinen Magen auszupumpen, verstarb er kurze Zeit später.

Gestapo-Müller

SS-General Heinrich Müller war Leiter der Gestapo („Gestapo-Müller") und wurde am 28. April 1900 in München geboren. Er absolvierte eine Ausbildung zum Flugzeugmechaniker und später zum Piloten und nahm 1918 als Flieger am Ersten Weltkrieg teil. 1919 wurde er bei der bayerischen Polizei in München angenommen, wo er bis zu seiner Übernahme in die Gestapo 1934 bleiben sollte. 1924 heiratete er, und aus der Ehe wurden zwei Söhne und eine Tochter geboren. Als Müller 1934 nach Berlin umzog, ließ er seine Familie in München. In Berlin wohnte er anfänglich in einer Pension in Charlottenburg, aber nach etwa einem Jahr mietete er ein Haus in der Corneliusstraße 22 in Lankwitz. Dort sollte er bis zu seinem Verschwinden 1945 wohnen bleiben. Seine Ehe lief nicht gut, und er hatte in den Jahren bis 1939 ein Verhältnis mit seiner Sekretärin, die er noch aus seiner Zeit in München kannte. Ab 1940 hatte er eine andere Mätresse, mit der er bis zum Ende eine Liebesbeziehung unterhalten sollte und die ihn später als „bescheiden, ein echter Naturliebhaber und ein fanatischer Arbeitssüchtiger" beschrieb.

Es ist nicht viel bekannt über Müller, aber Menschen aus seiner direkten Umgebung beschrieben ihn als einen sphinxartigen, stillen, stets im Hintergrund bleibenden Mann, der ganz gut Arbeit und Privatleben voneinander zu trennen verstand. Müller war keine charismatische Persönlichkeit wie Hitler; er verfügte nicht über demagogische Fähigkeiten wie Goebbels und hatte auch nicht die Intelligenz seines direkten Vorgesetzten Heydrich. Die ins Auge springenden Eigenschaften Müllers waren seine krankhafte Ehrsucht und sein damit verbundenes Streben nach Macht. Er wollte die höchsten Stufen der

Person mit Papieren unverdächtig war, machte ihn gerade verdächtig. Und obendrein hatten die englischen Wachposten den Auftrag bekommen, bestimmte Gruppen von Soldaten automatisch festzunehmen, dazu gehörten auch die Mitglieder der Geheimen Feldpolizei. Einmal festgesetzt, erhielt Himmler eine britische Lageruniform und wurde körperlich durchsucht. Man wusste noch immer nicht, wer er war, bis er sein Stillschweigen brach und sich von sich aus vorstellte, wobei er seine Brille aufsetzte und fragte, ob er Feldmarschall Montgomery sprechen könne. Er stand danach in intensivem Telefonkontakt mit Montgomerys Stab, wobei jemand fragte, ob man bei der medizinischen Untersuchung auch in seinen Mund geschaut hätte, da bekannt war, dass einige hohe NS-Funktionäre eine Giftkapsel in ihren Zähnen hatten anbringen lassen. Als man Himmler daraufhin aufforderte, seinen Mund zu öffnen, erstarrte der frühere Reichsführer SS, kniff

Da die Alliierten schnell vorrückten, konnten die letzten Opfer nicht mehr verbrannt und die Spuren nicht mehr verwischt werden.

Hierarchie erklimmen und war bereit, alles dafür zu tun. Er war ein typischer, unpolitischer Berufsbürokrat, und seine Intelligenz, sein großer Eifer und sein von allen Mitarbeitern bewundertes phänomenales Gedächtnis waren Eigenschaften, welche die Gestapo ganz gut gebrauchen konnte. Einer seiner Mitarbeiter schrieb nach dem Krieg über das Gedächtnis seines Vorgesetzten: „Er konnte aus dem Kopf die Namen selbst des allergeringsten Gestapo-Agenten nennen, in welcher abgelegenen Stadt im Ausland auch immer."
Müller war ein äußerst pragmatisch denkender Mann, der stets taktisch und sorgfältig Vor- und Nachteile abwägend handelte. Trotz seiner Loyalität zum Staat und seines Gehorsams gegenüber seinen Vorgesetzten war Müller einer der wenigen innerhalb der SS, die Heydrich und selbst Himmler ab und zu widersprechen durften.
Mit seiner Größe von knapp 170 cm und seinen großen, braunen Augen passte der Gestapo-Chef nicht in das Idealbild Himmlers blonder, blauäugiger Germanen. Müller hatte eine eigenartige Frisur. Rundum ließ er seinen Kopf kahl scheren, nur vorn blieb ein Büschel Haare mitten auf dem Scheitel stehen. In seiner Freizeit machte er gern Sportarten, die große Konzentration erforderten, wie Bergsteigen und Skilaufen. Er war, wie zuvor erwähnt, ein echter Workaholic: Im Schnitt verbrachte er elf bis zwölf Stunden am Tag hinter seinem Schreibtisch in der Prinz-Albrecht-Straße 8, und selbst nach dem Abendessen arbeitete er wieder bis etwa 23.00 Uhr.
Wie sein direkter Vorgesetzter Heydrich und sein Untergebener Eichmann, die beide Geige spielten, war auch Müller muskalisch und spielte gern Klavier. Wenn es zeitlich ging, malte er Landschaften. Obendrein war er ein leidenschaftlicher Schach- und Bridgespieler. Einmal in der Woche kamen Eichmann und andere hohe Gestapo-Funktionäre in der Corneliusstraße 22 zusammen, um Schach zu spielen. Der kettenrauchende Müller schätzte außerdem ein gutes Glas Rotwein oder Cognac. Stolz auf seinen Generalsrang in der SS, ließ Müller sich selbst von Freunden gern mit

„Gruppenführer" anreden. Er lebte sicher bescheiden im Vergleich zu anderen Staats- und Parteibonzen

mit einem ähnlichen Rang. Aus den Archiven geht nicht hervor, dass er jemanden aus persönlicher Rachsucht hätte verhaften lassen oder seine Macht für Privatziele eingesetzt hat. Das Perfide an Müller lag vielmehr in der Tatsache, dass er seine Hände selbst nie mit Blut befleckte, aber die Massenmorde von seinem Schreibtisch aus organisierte. Er hat sicher nicht aus sadistischen Motiven gehandelt, aber für diesen Oberpragmatiker heiligte der Zweck alle Mittel. Er fühlte sich eins mit dem Staat, den er mit allen Mitteln gegen Angriffe von innen und von außen verteidigen musste. Und dieser Staat hatte die Juden zum Staatsfeind erklärt, der rücksichtslos vernichtet werden musste. Bis zum bitteren Ende ermahnte Müller seine Untergebenen (darunter Adolf Eichmann) zu noch größerer Eile und Tatkraft, wenn es um das Aufspüren, Festnehmen und Transportieren von so vielen Juden wie möglich aus Deutschland und den besetzten Gebieten in die Vernichtungslager ging.
Über seinen Tod wurde viel spekuliert. Am wahrscheinlichsten ist, dass Müller Anfang Mai 1945 seinem Leben selbst ein Ende setzte. Auf seinem Grabstein steht zu lesen: *„Unser lieber Vati Heinrich Müller, geb(oren) 28.4.1900, gef(allen) in Berlin Mai 1945."*

Die berüchtigte Wannsee-Konferenz

Berlin/Wannsee, 20. Januar 1942. Ganz Deutschland litt seit dem 6. Januar 1942 unter einem Kälteeinbruch, der als der Kälteste des Dritten Reiches in die Geschichte eingehen und gut 70 Tagen anhalten sollte, um erst am 16. März zu enden. Es fror, dass es nur so krachte, als am frühen Morgen große, schwarze Mercedesse die Einfahrt einer großen Villa Am

Großen Wannsee 56–58 herauffuhren. Der diensthabende SD-Wachposten salutierte, als er die großen Tore öffnete, um die Wagen durchzulassen. Langsam rollten sie die Auffahrt hinauf, um vor einem von Säulen gesäumten, monumentalen Eingang zu halten. Aus den Wagen stiegen Männer in diversen Uniformen. Dies waren die Teilnehmer der bekannten „Wannsee-Konferenz", die von SS-General Heydrich in einem Saal des SS-Gebäudes abgehalten werden sollte. Durch ein Vestibül und eine geräumige Halle wurden sie durch eine doppelte Glastür nach rechts in einen großen Saal geführt. Dort wurden sie von Reinhard Heydrich und die schon anwesenden Teilnehmer begrüßt. Es wurden Kaffee und Brötchen serviert, und kurze Zeit später eröffnete Heydrich die Tagung, die gleichwohl nicht länger als 85 Minuten dauern sollte. Teilnehmer waren u. a. SD-Chef Heydrich (Vorsitzender); der Judenreferent der Gestapo, Eichmann; der Leiter der Gestapo, Müller; sowie weitere hohe Staats- und Parteifunktionäre aus diversen Ministerien. Ziel der Besprechung war es, zu einer koordinierten Aktion in Bezug auf die

geplante und durch den Führer befohlene „Endlösung der europäischen Judenfrage" zu kommen. Die Federführung bei der Ausführung der Endlösung lag nach Heydrich beim Reichsführer SS Himmler. Nun gab Heydrich die Anweisungen und eine kurze Übersicht über die ab jetzt durchzuführenden Maßnahmen im Kampf gegen das europäische Judentum, wie das Verdrängen der Juden aus den verschiedenen Lebensbereichen und aus dem deutschen Lebensraum. Die Maßnahmen hatten das Ziel, so viel Druck wie möglich auf die Juden in Deutschland und in den eroberten Gebieten auszuüben und sie zur Emigration zu zwingen. So emigrierten seit 1933 bis Ende 1941 etwa 537.000 Juden. Aber inzwischen hatte der Reichsführer SS die Auswanderung von Juden verboten, weil daran zu viele Gefahren hingen und es zu wenig Länder gab, die Juden aufnehmen wollten. Heydrich legte dar, dass seit dem Einmarsch in Russland große Gebiete im Osten erobert worden seien und der Führer Auftrag gegeben habe, im Rahmen der Endlösung alle Juden in den Osten zu transportieren. Nach Heydrich kamen für die Endlösung 11 Millionen europäischer Juden in Frage. In dieser Zahl waren auch die Juden aus den unbesetzten Ländern Europas, wie England, Irland, Schweden, Spanien, Portugal, Schweiz usw., inbegriffen. Er teilte weiter mit, dass die in den Osten transportierten Juden zur Arbeit herangezogen werden sollten. Im Zweifelsfall würde dabei der größte Teil von ihnen durch „natürliche" Ursachen ausfallen. Diejenigen, die dann noch am Leben waren – und das wären zweifellos die stärksten und potenziell gefährlichsten Gegner –, sollten nach allgemeiner Übereinstimmung „behandelt" werden. Denn diese Gruppe, so Heydrich, bildete eine natürliche Auswahl, die bei einer Freilassung als Keimzelle für eine neue jüdische Volksgruppe fungieren könnte. Dabei verwies er auf Vorbilder aus der Geschichte. Im Zusammenhang mit der „Endlösung" sollte Europa von Westen nach Osten durchkämmt werden. Die Wannsee-Konferenz sollte als das eigentliche Startzeichen für die systematische Judenvernichtung in die Geschichte eingehen, die kurz darauf beginnen sollte.

Die festlich geschmückte Straße Unter den Linden während der Olympischen Spiele in Berlin 1936. In der Ferne ist das Brandenburger Tor zu sehen.

8 DIE OLYMPISCHEN SPIELE IN BERLIN

Hitler eröffnet die Spiele

Berlin, 1. August 1936. Die ganze Stadt ist übersät mit Hakenkreuzfahnen. Bei strahlendem Sonnenschein fährt ein langer Zug schwarzer Limousinen vom Pariser Platz unter dem Brandenburger Tor hindurch in westliche Richtung. Es ist Hitler auf dem Weg zum Reichssportfeld, um dort die offizielle Eröffnung der 11. Olympischen Spiele zu vollziehen. Hitlers Mercedes, gefolgt von Limousinen der anderen wichtigen Gäste, fährt langsam über die kilometerlange, zur „Via Triumphalis" umgetaufte Route zum Reichssportfeld und wird dabei von einer begeisterten Menge bejubelt. Während die Stadionuhr auf dem Marathonturm vier Uhr mittags anzeigt, wartet das über 100.000-köpfige Publikum mit Spannung auf die Ankunft des Führers. Als die Fanfaren ertönen, wird es mäuschenstill im übervollen neuen Stadion. Als kurze Zeit später Adolf Hitler, Führer des Reiches und Schirmherr der Olympischen Spiele, über die breite Treppe neben dem Marathontor das Stadion betritt, bricht Jubel aus, und es erschallen donnernd die in diesen Tagen üblichen „Heil"-Sprechchöre. Ein kleines, in ein himmelblaues Kleidchen gekleidetes Mädchen übergibt Hitler einen Strauß Blumen als Gruß der Jugend.

Daraufhin steigt Hitler über eine Treppe zur Ehrentribüne hinauf. An seinem Platz angekommen, begrüßt er mit ausgestreckter rechter Hand das unbändige Publikum. Auf der Ehrentribüne ist die vollständige Regierungs- und Parteispitze anwesend. Hitler eröffnet die Spiele: „Ich erkläre die Spiele in Berlin zur Feier der XI. Olympiade neuer Zeitrechnung als eröffnet." Ein würdiger Moment bricht an, als die olympische Flamme entzündet wird. Dies erfolgt durch einen Berliner Sportler mit dem vom griechischen Olymp stammenden Feuer. Der Grieche Spiridon Louis, der den ersten Marathonlauf der neu begründeten Olympischen Spiele 1886 gewonnen hatte, überreicht Hitler einen Olivenzweig vom Olymp als Symbol der Liebe und des Friedens. Kein anderer als der weltberühmte Komponist Richard Strauß dirigiert das Orchester, das durch einen Chor aus über 3.000 Männern und Frauen verstärkt wird. Sie spielen die Hymne „Deutschland, Deutschland über alles" gefolgt vom Horst-Wessel-Lied und der Olympischen Hymne, die Strauß speziell für diesen Anlass komponiert hatte. Über dem Stadion zieht der riesige Zeppelin „Hindenburg" eine gigantische olympische Fahne durch die Luft. Das Läuten der großen olympischen Glocke kündigt den Einzug der weit über 4.000 Athleten aus 49 verschiedenen Ländern an. Griechenland hat die Ehre, den Zug anzuführen. Dann folgen in alphabetischer Reihenfolge die weiteren Nationen, und ganz zum Schluss marschiert unter großem Jubel das

Plakat der XI. Olympischen Spiele von Berlin.

Gastgeberland Deutschland mit der Hakenkreuzfahne ein. Den meisten Beifall erntet aber unerwarteterweise die französische Delegation, deren 250 Athleten mit ihrem rechten Arm einen Gruß darbieten, der dem Hitlergruß verdächtig ähnelt. Das mit Strohhüten bekleidete britische Team blickt starr geradeaus, während die in weiße Hosen mit blauen Blazern gekleideten Amerikaner ihre Strohhüte abnehmen und diese auf ihr Herz halten. Da sich die Amerikaner weigern, ihre Fahne vor dem Führer zu senken, bekommen sie die geringste Wertschätzung des Publikums und werden mit Pfiffen und missfälligem Fußstampfen begrüßt. Viele Zuschauer vergessen, dass es für Amerikaner nicht üblich ist, die „Stars and Stripes" vor ausländischen Staatsoberhäuptern zu senken.

*Hitler in seinem schwarzen Mercedes
auf dem Weg zum Reichssportfeld,
um dort die offizielle Eröffnung der
11. Olympischen Spiele vorzunehmen.*

Aufkleber entlang der Durchgangsstraßen wurden ebenso wie die
Schilder mit der Aufschrift „Für
Juden verboten" entfernt.
Zum Erstaunen seines Gefolges
wohnte Hitler beinahe jeden Tag den
Wettkämpfen bei und unterstrich so
die Bedeutung der Spiele. Er war auch
bei der Schlussfeier am 16. August
anwesend, obwohl er keine offizielle
Rolle zu erfüllen hatte. Als das Or-

Viele Medaillen für Deutschland

Um das neue nationalsozialistische Deutschland der Welt so
optimal wie möglich zu präsentieren, mussten die Berliner
Sommerspiele ein durchschlagender Erfolg werden. In dem
Konzept war kein Platz für den bis dahin herrschenden Antisemitismus, der von Hitler während der Spiele dann auch
ängstlich verborgen wurde. Antisemitische Losungen und

chester „Die Spiele sind vorbei" spielte, nahm das Publikum
sehr emotional Abschied von den Athleten, die im Takt der
Musik in langen Kolonnen langsam das Stadion verließen.
Die Spiele waren ein unanfechtbarer Triumph geworden, und
das Bild des Landes war dadurch ein wenig wiederhergestellt.
Die deutschen Sportler hatten die meisten Medaillen gewonnen: 33 goldene, 26 silberne und 30 bronzene. Damit
blieben sie weit vor den USA (24, 20 und 12 Medaillen).

*Eine deutsche Ath-
letin zeigt bei der
Eröffnungszeremonie
den Hitlergruß. Die
französischen Athleten
zeigten einen Gruß,
der dem Hitlergruß
stark ähnelte. Die
Briten schauten starr
vor sich hin, während
die Mitglieder des
amerikanischen Teams
ihren Strohhut
abnahmen und ihn
auf ihr Herz
drückten.*

Foto links: Hitler, flankiert von Mitgliedern des Internationalen Olympischen Komitees, betritt das Olympiastadion, um die offizielle Eröffnung der Spiele vorzunehmen.

Foto unten: Hitler und Göring auf der Ehrentribüne. Hitler sah den großen propagandistischen Wert der Spiele und war fast jeden Tag anwesend.

Leni Riefenstahls Olympia-Film

Der Erfolg der Spiele hatte als Folge noch die berühmte zweiteilige Dokumentation über die Olympiade von 1936, produziert von der jungen, talentierten Berliner Regisseurin Leni Riefenstahl. Sie wurde am 22. August 1902 in Berlin geboren und starb 2003 im hohen Alter von 101 Jahren. Sie hatte eine Reihe von Spielfilmen und Dokumentationen gedreht, deren wohl bekannteste und berüchtigste „Triumph des Willens" über den NS-Parteitag von 1934 in Nürnberg war. In diesem und in ihren späteren Filmen setzte Riefenstahl eine Reihe neuer und für die Zeit bahnbrechender Techniken ein, wie fahrende Kameras, Kamerakräne, gleitende Kameras an Kabeln und in Ballons, und sie machte Gebrauch von riesigen Teleskoplinsen, Mischtechniken beim Bildschnitt im Takt der Marschmusik usw. Der Film „Triumph des Willens" wurde von Cineasten weltweit als der beste Propagandafilm, der jemals gedreht wurde, angesehen. Der Film sollte 1938 den Deutschen Filmpreis bekommen und erhielt auch im Ausland große Beachtung. So wurde er etwa bei der Biennale in Venedig mit dem „Goldenen Löwen" ausgezeichnet.

Durch die hohen Gagen konnte sich Riefenstahl ein feudales Leben erlauben. So ließ sie in der schicken Berliner Heydenstraße Nr. 30 nahe dem Grunewald in Dahlem auf 5.000 Quadratmetern eine gigantische Villa bauen. Bei der Einweihung der Villa waren sowohl der Führer als auch Goebbels eingeladen. In dem im Spanischen Stil eingerichteten Atrium trank man Tee und schmiedete zahlreiche Pläne. Wegen ihrer Zusammenarbeit mit dem NS-Regime wurde Riefenstahl nach

Das Interesse an den Spielen war überwältigend. Beinahe vier Millionen Zuschauer wohnten den Spielen bei. Die über 500.000 Besucher aus allen Teilen der Welt gingen mit guten Erinnerungen nach Hause. Sie wussten nicht, dass die antisemitischen Losungen und Anstecknadeln sowie Schilder mit „Für Juden verboten" schon sehr bald nach den Spielen zurückkehren sollten.

*Hitler zwischen zwei deutschen Athletinnen, die beim Speer-
werfen eine Medaille gewonnen hatten. Links Luise Krüger, die
Silber gewann, und rechts Tilly Fleischer, die Gold erreichte.*

dem Krieg boykottiert und konnte ihr Werk nur in bescheidenem Maßstab fortsetzen. Ihre bekanntesten Nachkriegs-
dokumentationen handelten von den Stämmen der Nubier
und der Unterwasserwelt.

Dekadente Feste

Die Olympischen Spiele beschränkten sich nicht nur auf die
Wettkämpfe in der Sportarena, sondern erstreckten sich über
ganz Berlin, das darum auch festlich geschmückt war. Über
500.000 Besucher aus allen Teilen der Welt füllten die Stadt,
in der ständig Konzerte, Theatervorstellungen, Musik- und
Tanzfestivitäten, Ausstellungen, Unterhaltungs- und anders-
artige Festlichkeiten abgehalten wurden.

Auch die Parteibonzen gaben zum Anlass der Spiele ihr Bestes
und versuchten, sich gegenseitig mit gigantischen Festen,
Diners, Empfängen und Partys auszustechen. So gab von
Ribbentrop am 11. August für etwa 600 geladene Gäste ein
Galadiner im Garten seiner Villa an der Lentzeallee im
eleganten Dahlem. An diesem Tag hatte er auch seine Ernennung zum Botschafter in London bekannt gemacht. Da das
Haus zu klein für so eine umfangreiche Party war, wurden
Zelte im Garten errichtet. „Das erschien wohl wie ein Mär-
chen", schrieb von Ribbentrop in seinen Memoiren. „Der
prächtige Rasen, auf den wir immer so stolz waren, das
Schwimmbad, bedeckt von Wasserlilien, die herrlichen Rho-
dodendren und festlich gedeckte Tafeln. Meine Frau hatte
sich selbst übertroffen."

Von Ribbentrop hatte sein Galadiner als den sozialen Höhepunkt der Spiele geplant, aber zwei Tage später sollte es durch
ein extravagantes Fest von Göring übertroffen werden. Dieser
organisierte am 13. August zusammen mit seiner Frau Emmy,
der offiziellen First Lady Deutschlands, ein großes Gartenfest

rund um ihr Stadtpalais hinter dem Leipziger Platz. Der amerikanische Botschafter, William E. Dodd, erzählte, dass riesige
Scheinwerfer auf den Dächern der umliegenden Häuser – die
übrigens alle Büros von Organisationen waren, deren Oberhaupt Göring war – den Park taghell beleuchteten. Obendrein waren überall in den Bäumen Laternen angebracht.
Ein Teil des Parks war in eine Art Münchener Oktoberfest
verwandelt worden. Es gab Bierzelte mit Münchener Bier,
Würsten und Brathähnchen. Zudem konnten die Gäste bei
Schießbuden schöne Preise gewinnen. Auch gab es Karussells,
und selbst ein nachgebautes Flugzeug war aufgestellt worden,
in dem Getränke und kleine Snacks bestellt werden konnten.
Aber auch dieses Fest sollte noch übertroffen werden, denn
Reichspropagandaminister Joseph Goebbels wollte seine Riva-
len von Ribbentrop und Göring mit einer noch viel größeren
Party übertrumpfen – und das sollte ihm auch gelingen. Am
Samstag, den 15. August 1936, begann ein gigantisches
Sommerfest auf der märchenhaften Pfaueninsel. Goebbels
organisierte für über 2.700 Gäste, von denen mehr als die
Hälfte Ausländer waren, das prächtigste und größte Fest
seines Lebens; ein Fest, über das die Berliner Gesellschaft

*Über 3.000 Radioprogramme wurden in etwa 50 Sprachen
weltweit ausgestrahlt. Es waren die ersten Spiele, die versuchs-
weise durch das Fernsehen übertragen wurden – auch wenn die
unscharfen Bilder nur in Berlin zu empfangen waren.*

Während der Spiele wetteiferte die Parteispitze miteinander im Veranstalten großer Gartenfeste. Hier Göring im Gespräch mit Anneliese von Ribbentrop während eines Festes im Garten ihrer Villa in Dahlem.

Dekorationen und Zubehör bei Staatsempfängen) hatten wochenlang daran gearbeitet, die Pfaueninsel, eine kleine Havel-Insel ungefähr 25 km außerhalb Berlins, in eine wahre Märchenlandschaft zu verwandeln. Es gab künstliche, geheimnisvoll beleuchtete Grotten, während viele tausend schmetterlingsförmige Lampen die Bäume zauberhaft beleuchteten. Für die Tanzfreunde gab es drei Tanzböden unter freiem Himmel. Überall spielten Orchester, über die ganze Insel waren Getränkestände verteilt, während in den Grotten und Zelten kalte und warme Buffets bereit standen. Das Inselchen, das auch jetzt noch nur per Fähre zu erreichen ist, war für diesen Anlass durch eine Pontonbrücke mit dem Festland verbunden. Neben dem griechischen Königspaar, Prinz Hendrik der Niederlande, dem preußischen Hochadel und dem diplomatischen Korps hatte Goebbels die bekanntesten Persönlichkeiten aus der Kunst-, Theater-, Opern-, Konzert- und Filmwelt eingeladen. Goebbels trug selbst einen eleganten weißen Anzug, während seine Frau Magda in einem prächtigen langen Abendkleid aus Organdy glänzte.

noch lange sprechen sollte. Am Tag zuvor hatte es anhaltend geregnet, und Goebbels fürchtete, dass die Feier buchstäblich ins Wasser fallen könnte. Aber glücklicherweise klarte es am Samstag auf. Die Bühnenbauer und Handwerker des Staatsbühnenbauers Benno von Arendt (verantwortlich für alle

Bei der Schlussfeier der Olympischen Spiele genoss das über 100.000-köpfige Publikum u. a. ein gigantisches Feuerwerk.

118

9 WELTHAUPTSTADT GERMANIA

Festliche Einweihung

Germania (Berlin), 20. April 1950. Adolf Hitler, der Führer des Reiches, wird an diesem Tag 61 Jahre alt. Die Kriege sind vorüber, und Deutschland herrscht über den größten Teil Europas. Deutsche Soldaten stehen vom Atlantik bis zum Ural, ehemals Russland, und von Narvik im äußersten Norden Norwegens bis in die Wüsten Nordafrikas. Das kontinentale deutsche Imperium, das Großgermanische Reich, ist Wirklichkeit. Ganz Deutschland ist an diesem Tag überflutet von einem Meer blutroter Fahnen mit dem weißen Kreis und dem schwarzen Hakenkreuz in der Mitte. Das Zentrum der Festlichkeiten ist Berlin, das an diesem Tag um 12.00 Uhr durch den Führer festlich in „Germania" umgetauft werden soll, um so dem neuen Germanischen Imperium Ausdruck zu verleihen. Seit 1937 hat die Stadt eine wahre Metamorphose durchlebt. Ganze Viertel wurden abgerissen und sogar die Spree wurde verlegt, um Platz für die gigantischen Bauprojekte zu schaffen, die Albert Speer im Auftrag Hitlers entworfen hat.

Kern dieser Projekte ist die neue Nord-Süd-Achse mit einer Länge von 5 Kilometern und einer Breite von 120 Metern, umgeben von kolossalen Gebäuden von Staat, Partei und Wehrmacht, gekrönt durch die so genannte Große Halle, eine 320 Meter hohe Kuppelhalle, die 200.000 Menschen aufnehmen kann. Über der Kuppel ragt ein 15 Meter hoher stilisierter Reichsadler in die Wolken hinein, der mit kühlem Blick und weit geöffneten Flügeln die Weltkugel in seinen Klauen hält. Riesige Scheinwerfer lassen den Adler und die Erdkugel abends in einem Meer aus Licht baden und dienen gleichzeitig als Markierungen für den Luftverkehr. Und in dieser Großen Halle, gelegen am neuen Adolf-Hitler-Platz, soll Hitler offiziell das neue Germania einweihen. An diesem Tag scheint die Sonne, und ein frischer Frühlingswind lässt die zahlreichen Hakenkreuzfahnen stolz wehen. Überall erschallt Marschmusik aus den Lautsprechern, die auf allen Durchgangsstraßen und großen Plätzen aufgehängt wurden. Auf dem Adolf-Hitler-Platz, einen Steinwurf vom Gebäude des Reichstages entfernt, der 1933 durch die Nationalsozialisten in Brand gesteckt worden war, drängen sich Hunderttausende Neugierige. Radio- und Fernsehteams, nicht nur aus

Deutschland, sondern aus der ganzen Welt, stehen bereit, um die Ankunft des Führers und dessen Gefolges beim großen Dom live zu übertragen. In der Großen Halle haben sich inzwischen 200.000 meist uniformierte Gäste aus dem ganzen Reich versammelt, und auch hier berichten Radio- und Fernsehteams vor Ort von den Ereignissen. In der riesigen Kuppelhalle hört man nur vage das Gemurmel der auf dem Adolf-Hitler-Platz versammelten Menge. Außerdem ist anhaltendes Glockengeläut hörbar, denn auf Befehl des Propagandaministeriums müssen zwischen 11.00 und 12.00 Uhr alle Glocken im Großgermanischen Reich ertönen – als Dank für alles, was der Führer für Deutschland getan hat … Der Führer hat seinen nahe gelegenen, riesigen, kalten und unnahbaren Führerpalast verlassen und wird nun jeden Moment hereinkommen. Die Menschenmenge entlang der breiten Nord-Süd-Achse reckt ihre Hälse, um einen Blick auf die lange Kolonne schwarzer Mercedesse zu erhaschen. In einem von ihnen, mit geöffnetem Dach, wird der Führer stehen, der wie üblich die Menge mit seiner ausgestreckten rechten Hand begrüßt wird. Man sieht einen älteren, grauhaarigen, leicht gebückten Mann, der immer wieder den Arm hochstreckt, um die Menge zu grüßen. Die schwarz

Der junge Architekt Speer bekam von Hitler freie Hand, ganz Berlin in ein gigantisches Monument, passend zum Tausendjährigen Reich, zu verwandeln. Berlin sollte demnach in „Germania" umbenannt werden. Speer vor dem Modell der Nord-Süd-Achse.

Foto links: Die Nord-Süd-Achse war das Kernstück der Welthauptstadt Germania, wie Berlin nach den enormen Ausbauten heißen sollte. Von unten nach oben u. a. der riesige Südbahnhof, der 117 Meter hohe Triumphbogen und die 320 Meter hohe Kuppelhalle mit Platz für 200.000 Menschen. Links von der Kuppelhalle das gigantische Führerpalais, mit u. a. einem Arbeitszimmer von 1.000 Quadratmetern.

In der 320 Meter (!) hohen Kuppelhalle ist Platz für gut 200.000 Menschen. Über der Kuppel steht ein 15 Meter hoher stilisierter Reichsadler, der die Erdkugel in seinen Klauen hält.

uniformierten SS-Soldaten haben entlang der gesamten Nord-Süd-Achse eine Kette gebildet und versuchen mit aller Macht zu verhindern, dass die Menge auf den Prachtboulevard in Richtung Führer drängt. Durch die gigantischen Abmessungen der Großen Halle erscheinen die riesigen Menschenmassen wie Ameisen. Fanfarenschall kündigt die Ankunft des Führers an den Stufen der Großen Halle an. Drinnen setzt das große Musikkorps der SS-Leibstandarte Adolf Hitler mit dem Badenweiler-Marsch ein. Jeder steht auf und streckt die rechte Hand zum Hitlergruß in Richtung des leicht gebückt gehenden Mannes, der langsam durch die Mitte der Halle läuft, um kurze Zeit später unter donnerndem Applaus und Heil-Rufen das alte Berlin in das neue, vollendete Germania umzutaufen.

Größter Bauauftrag aller Zeiten

Schon weit bevor er 1933 an die Macht kam, hatte Hitler Pläne, um Berlin in eine gigantische Metropole umzubauen, mit breiten Prachtstraßen, riesigen Bauwerken, Triumphbögen, Kuppeln, Bahnhöfen, Versammlungshallen und Paradeplätzen. Immer wieder machte er deutlich, dass Berlin Städte wie London, Paris und Wien übertreffen müsse und dass es nur noch mit dem alten Theben, Babylon oder Rom verglichen werden solle. Das neue Germania von „imperialer Größe" sollte durch eine riesige Versammlungshalle mit einer kupfernen Kuppel beherrscht werden. Am 30. Januar 1937, genau vier Jahre nach Hitlers Machtübernahme, erhielt der 32-jährige Architekt Albert Speer seinen größten Bauauftrag aus Händen des Führers. Er bekam von Hitler freie Hand,

um innerhalb von 15 Jahren ganz Berlin in ein repräsentatives Denkmal für das Tausendjährige Reich umzuformen. Berlin sollte in „Germania" umbenannt werden. Speer bekam dazu den Titel „Generalbauinspektor für die Reichshauptstadt" (GBI), eine Position, die mit dem Rang eines Staatssekretärs vergleichbar war. Er zog mit seinem Stab in das ehrwürdige Gebäude der Akademie der Künste am Pariser Platz 3, wo auf Befehl Hitlers der Erziehungsminister ausziehen musste. Hitlers Wahl fiel auf dieses Gebäude, da er unbemerkt durch die umliegenden Gärten verschiedener Ministerien, seiner Reichskanzlei und angrenzenden Dienstwohnung dorthin laufen konnte. Es besteht kein Zweifel daran, dass Hitler

Mit einem Inhalt von gut 21 Millionen Kubikmetern sollte die Kuppelhalle 17-mal so groß werden wie der Petersdom in Rom.

1. Nordbahnhof
2. Technischer Dienst Stadt Berlin
3. Rathaus
4. Polizeihauptverwaltung
5. Künstlicher See
6. Oberkommando der Marine
7. Palast Adolf Hitlers
8. Neue Reichskanzlei
9. Oberkommando der Wehrmacht
10. Ehemaliger Reichstag
11. Neuer Reichstag
12. Adolf-Hitler-Platz
13. Große Kuppelhalle
14. Ost-West-Achse
15. Stadtpark Tiergarten
16. Platz des heutigen Russischen Ehrenmals

Speer vom ersten Moment geblendet hat. Und der Führer seinerseits fühlte sich zu dem gut ausehenden, etwa 180 cm großen, etwas introvertiert wirkenden jungen Architekten hingezogen und sah in ihm einen „Mitkünstler", einen „musisch begabten Menschen", was für Hitler so ungefähr das größte Lob bedeutete. Speer: „Nach so vielen Jahren vergeblicher Versuche war ich als 28-jähriger voller Energie, um etwas zu tun. Für einen großen Bauauftrag hätte ich wie Faust meine Seele verkauft. Nun hatte ich meinen Mephisto gefunden." Hitler hatte eine große Vorliebe für den schwülstigen Neobarock, eine Art Empirestil, der sowohl dem Stil des untergehenden Roms als auch dem des Napoleonischen Imperiums ähnelte. Einen echten „Führerstil" gab es nicht, so sehr die NS-Presse das auch propagierte. Der offizielle Stil des Dritten Reiches war ein schwülstiger, stilisierter, neoklassizistischer Stil.

Die bestehende Ost-West-Achse musste zum Brandenburger Tor
durchgezogen werden. Speer ließ dazu den bestehenden Großen
Stern vergrößern und platzierte in der Mitte die bekannte
Siegessäule, gekrönt von der römischen Siegesgöttin Victoria,
von den Berlinern liebevoll „Goldelse" genannt.

Modell vom Haupteingang des Adolf-Hitler-Palastes mit dem
Führerbalkon am Adolf-Hitler-Platz oder Großen Platz. Das
kolossale Palais konnte sich mit Kaiser Neros legendärem
Palastkomplex messen und hatte eine Oberfläche von mehr als
einer Million Quadratmetern.

Um Berlin zur Welthauptstadt Germania umzubauen, musste
zuallererst die bestehende Ost-West-Achse ausgebaut und
quer durch den Tiergarten, den größten Stadtpark Berlins,
gezogen werden, in Richtung auf das Brandenburger Tor.
Speer ließ die neue Ost-West-Achse an die bestehende
Rotunde des Großen Sterns in der Mitte des Tiergartens
anschließen, die von 80 Metern auf 200 Meter Durchmesser
vergrößert wurde. In das Zentrum dieses großen Platzes setzte
Speer die bekannte Siegessäule, die von einer über 8 Meter
hohen und 35 Tonnen schweren, vergoldeten Figur der
Victoria gekrönt wurde und wird. Die Berliner nennen das
Standbild der Siegesgöttin liebevoll „Goldelse". Die Säule,
die anfänglich auf dem Platz vor dem Gebäude des Reichstages stand, wurde auf einen erhöhten Sockel gesetzt, und
bis zum heutigen Tag begrüßt die „Goldelse" den lebhaften
Verkehrsstrom, der sich über die achtspurige Ost-West-
Achse fortbewegt.
Bereits 1937 wurde an verschiedenen Stellen der Stadt mit
den durch den GBI geplanten Arbeiten begonnen, so u. a.
auch am westlichen Teilstück der Ost-West-Achse vom
Brandenburger Tor zum höher gelegenen, westlichen Adolf-
Hitler-Platz (jetzt Theodor-Heuss-Platz). Hier konnte mit
recht geringer Anstrengung eine 50 Meter breite Paradestraße
mit mehreren Spuren für den Verkehr und einer 4 Meter
breiten, aber nur 4 Zentimeter hohen Mittelinsel gebaut
werden. Dies geschah in der Absicht, die Straße in ihrer
vollen Breite für Militärparaden zu nutzen.
Am Abend des 19. April 1939 konnte Albert Speer vor dem
Brandenburger Tor Hitler voller Stolz die Fertigstellung dieses
Teils der Ost-West-Achse melden, die in ein wahres Meer aus
Hakenkreuzfahnen und monumentalen Säulen mit goldenen
Adlern darauf verwandelt worden war. Einen Tag später, an
Hitlers 50. Geburtstag, hielt die Wehrmacht auf dieser neuen
Ost-West-Achse die größte Parade ab, die jemals im Dritten
Reich veranstaltet wurde.

Maßstabgetreues Modell Germanias mit dem Brandenburger Tor und dahinter den riesigen Komplexen des Oberkommandos der Wehrmacht sowie Hitlers neuer Reichskanzlei mit einem 1.000 Quadratmeter großen Arbeitszimmer.

Die Beleuchtung des neu angelegten Straßenzuges schien hingegen etwas schwierig zu sein. Man wollte aus ästhetischen Gründen keine Lampen über die Straße hängen, welche die lange, ununterbrochene Perspektive stören konnten. Stattdessen war eine Beleuchtung nötig, die vom Straßenrand aus sowohl die Fahrbahnen als auch die Gehwege beleuchtete, ohne die Autos oder Fußgänger zu blenden. Dabei durften die Masten auch nicht zu hoch sein, da sie sonst die Breite der Straße und die Höhe der Häuserreihen dominieren würden. Speer entwarf schließlich selbst ein Modell, das man als Muster im Garten der Reichskanzlei aufstellte und dem Hitler zustimmte. Die gusseisernen, zweiarmigen Laternen mit doppelten, zylinderförmigen Mattglaslampen zieren bis heute die Ost-West-Achse (die heutige Straße des 17. Juni).

Prachtstraße als Mittelpunkt

Das eigentliche Zentrum des neuen Germania sollte die neue Nord-Süd-Achse werden, eine Prachtstraße, die an der Nordseite von der welthöchsten Kuppelhalle und im Süden durch den größten Triumphbogen der Welt abgeschlossen werden sollte. Diese Prachtstraße sollte gesäumt werden von gigantischen Staats- und Parteigebäuden, wie dem Führerpalast, der neuen Reichskanzlei, der Soldatenhalle, dem Reichsmarschallamt, dem Oberkommando der Wehrmacht usw.

An der Nord-Süd-Achse sollte auch die riesige, 80 Meter hohe, 250 Meter lange und 100 Meter breite Soldatenhalle stehen. Darunter sollte eine Krypta gigantischer Abmessungen entstehen, in der die deutschen Feldmarschalle begraben werden sollten.

Wohl gab es Germania nur auf dem Papier und in Modellen, aber die Vorbereitungen für den tatsächlichen Bau waren doch schon erschreckend weit gediehen. Aber der Zweite Weltkrieg und insbesondere der sich festlaufende Blitzkrieg im Osten sollten die Planung und Vorbereitung dieser gigantischen Baumaschinerie schließlich stoppen.

Ein Heer von Architekten, Ingenieuren, Stadtplanern, Verkehrsplanern usw. war unter Leitung Speers voll mit der Verwirklichung der Pläne beschäftigt. Alle Gebäude waren bis ins Detail durchgerechnet, und überall waren Bodenproben genommen worden, um zu sehen, wie tief die Fundamente sein mussten. Es wurden ganze Stadtviertel geschliffen, und in den Granit- und Marmorsteinbrüchen war man schon mit der Gewinnung der benötigten Materialien beschäftigt. An der Stelle, an der die Große Halle entstehen sollte, wuchs ein riesiges Bauloch, das ständig mittels Dieselpumpen trocken gehalten werden musste. Erst als die Russen Anfang Mai 1945 das Regierungsviertel bereits besetzt hatten, wurden die Pumpen abgeschaltet.

Hitlers sechs Meter breite Züge

Eine von Hitlers beliebtesten Ideen war eine Eisenbahn mit einer Spurbreite von vier Metern, auf der Züge mit zwei Etagen und einer Geschwindigkeit von 250 km/h fahren sollten. Giesler, einer von Hitlers wichtigsten Architekten, erzählte hierüber: „Als Generalbauinspektor von München hatte ich einen Kuppelbahnhof mit einer Spannweite von 245 Metern geplant. Als Hitler 1942 das Modell ansah, sagte er zu mir: ‚Giesler, die Spannweite muss wohl so um 20 m verbreitert werden, denn es muss Platz geschaffen werden für meine Breitspurbahn. In den letzten Jahren habe ich mich viel mit Transportfragen beschäftigt. Schienen und Straßen sind am nötigsten, um den Raum zu erschließen. Denk an das Römische Reich mit seinen Straßen, denk an Napoleon und sieh mal, welche wichtige Rolle die Eisenbahn in der Erschließung der Vereinigten Staaten und Sibiriens gespielt hat. Im Lauf der Zeit wurden die Straßen auf 20 bis 25 Meter verbreitert, aber die Spurbreite ist bei der Breite der englischen Postkutschen, nämlich 1.435 Millimeter stecken geblieben. Das ist zu schmal und nur geeignet für die Erschließung von begrenzten Gebieten. Aber ich habe mittlerweile dem Verkehrsministerium den Auftrag für eine Studie über eine Eisenbahn mit einer vier Meter breiten Spur gegeben. Die Ingenieure sind nun in der Testphase, und die Ergebnisse sind gut zu nennen. In den Zügen müssen Theater, Kinos, Läden usw. vorhanden sein, um die Passagiere nach jedem Geschmack zu bedienen. Vorläufig denke ich an zwei Nord-Süd- und zwei Ost-West-Strecken. Diese Breitspurzüge können eine Geschwindigkeit von 250 km/h erreichen und pro Zug etwa 1.800 Passagiere transportieren. Die Züge haben eine Gesamtlänge von ungefähr 500 Metern, sind sechs Meter breit und zwei Stock hoch, und für den Gütertransport denke ich an das Containersystem.'"

Eines von Hitlers Lieblingsprojekten: Die Breitspurbahn mit einer Spurbreite von vier Metern. Doppeldeckerzüge von sechs Metern Breite und 500 Metern Länge sollten sein Imperium mit großer Geschwindigkeit durchqueren.

Die Züge waren mit allen Schikanen versehen. Die etwa 1.800 Passagiere konnten Theater, Kinos mit den neuesten Filmen, Luxusläden, Restaurants mit Panoramafenstern usw. genießen.

Imperiale Träume

Die Kreuzungspunkte der großen Autobahnen und der Breitspurbahnen sollten die Zentren der Städte bilden, die als Stützpunkte für die Germanisierung der eroberten Gebiete im Osten dienen sollten. Hier sollten große Einheiten der mobilen Streitkräfte untergebracht werden. Im Abstand von 30 bis 40 Kilometern sollte ein „Ring aus schönen Dörfern" mit einer wehrhaften Landbevölkerung diese Stützpunkte sichern. In verschiedenen Memos hatte Hitler bereits den Auftrag für eine Reihe von Maßnahmen gegeben, die zur Kolonisierung der eroberten Gebiete führen sollten. Es wurden sogar schon Vorschriften für den Bau von Dörfern und Bauernhöfen ausgearbeitet („Von Wandstärken ... unter 38 Zentimetern ist keine Rede.") und vor allem für die „Grünanlagen", die den Landschaften im Osten ein „deutsches" Aussehen geben sollten. Die Kolonisierung des Ostens war auch als Lösung nationaler und ethnischer Fragen in Europa gedacht. So sollte die Krim „völlig gesäubert" werden und gemäß Hitler unter dem altgriechischen Namen „Tauricia" oder „Gotenland" zum Stammland des Reiches gehören. Simferopol sollte dann „Gotenburg" und Sewastopol „Theoderichhafen" heißen. Moskau müsste nach Hitlers Willen „dem Erdboden gleich gemacht" werden. Er hatte seinen Ingenieuren und Sprengstoffexperten den Auftrag gegeben, konkrete Pläne für die vollständige Vernichtung der russischen Hauptstadt auszuarbeiten. An der Stelle Moskaus sollte ein großer Stausee

entstehen. Die detaillierten Pläne waren rechtzeitig fertig, und jetzt hieß es nur noch, die Eroberung Moskaus abzuwarten. Aber Hitlers Imperium sollte nicht nur Osteuropa umfassen: Direkt nach dem Feldzug gegen Frankreich im Juni 1940 wurde eine Grenzregelung entworfen (woran der Führer persönlich mitarbeiten sollte), durch welche die Niederlande, Belgien und Luxemburg ins Reich einverleibt werden sollten. „Nichts in der Welt kann uns dazu bringen, die durch den Feldzug im Westen eroberte Position am Kanal wieder aufzugeben", erklärte er. Nancy sollte in der Folge Nanzig und Besançon sollte Bisanz heißen. Auch aus Norwegen wollte er nie wieder weggehen. Er plante, Trondheim zu einer deutschen Stadt mit 250.000 Einwohnern und einem großen Kriegshafen auszubauen; Anfang 1941 gab er Albert Speer und der Marineführung bereits den Auftrag, konkrete Pläne vorzulegen. So wurden auch entlang der Küsten Frankreichs und des Nordwestens von Afrika vergleichbare Marinebasen zur Absicherung der Seewege geplant. Rotterdam sollte die größte Hafenstadt des Germanischen Reiches werden. Auch die nationalen Ökonomien sollten an die des Reiches ange-

schlossen werden. „Die innereuropäischen Grenzen sollten bald ihre Bedeutung verlieren", schrieb er an einen seiner Parteiideologen, „außer der Alpengrenze, wo das Germanische Reich des Nordens und das Römische Reich des Südens sich treffen." Hitler war fest davon überzeugt, dass die Engländer ein starkes Germanisches Imperium gern sehen würden. England sollte in Hitlers Vision weiter über die Weltmeere und Deutschland über das europäische Festland herrschen. In einem Bund zwischen beiden Ländern sollte dies dann verankert werden. Die britische Kriegserklärung vom 3. September 1939 war für ihn ein großer Schock.

Anfang der Dreißigerjahre hatte er im vertrauten Kreis die Entwicklung einer „Entvölkerungstechnik" verlangt und nachdrücklich hinzugefügt, dass er damit das Liquidieren ganzer Völker meinte. „Die Natur ist grausam, darum dürfen wir es auch sein", sagte Hitler oft. Er betrachtete den Osten Europas als ideal, um einen leeren Raum ohne Vergangenheit zu schaffen. Die slawischen Bewohner sollten teils evakuiert und teils ausgerottet werden. Sofern sie am Leben blieben, sollten sie als Sklaven der germanischen Herren dienen. Hundert Millionen Menschen sollten in die östlichen Teile des eroberten Russlands transportiert werden. Hitler sah im Osten überall deutsche Städte entstehen mit prächtigen Regierungspalästen und gigantischen Bauwerken für die Kultur, den Staat und die NSDAP, während die Siedlungen der einheimischen Bevölkerung bewusst unansehnlich bleiben sollten. Er verlangte, dass der Lebensstandard und die Entwicklung der slawischen Bevölkerung niedrig blieben. Man könnte seiner Meinung nach den slawischen Völkern am besten „nur die Gebärdensprache" beibringen und sie höchstens bis zehn zählen lassen. Im Radio sollten sie nur hören, was für sie nützlich war: „Musik, unendlich viel Musik ... Denn fröhliche Musik erhöht die Arbeitsfreude."

Die stärkste Anziehungskraft auf Hitler hatten die Modelle von Germania, die in den ehemaligen Ausstellungsräumen des Gebäudes der Akademie der Künste am Pariser Platz zu sehen waren, wo Speer seine Büros hatte. Ab und zu lud Hitler seine Tischgesellschaft ein, um zu Speers Atelier zu gehen. Durch einige zusammenhängende Gärten konnte die auserwählte Gesellschaft dann durch den Hintereingang Speers Amtsräume erreichen. Die Modelle wurden von zahlreichen Scheinwerfern beleuchtet, und Speer musste weiter keine Erklärungen geben, denn das tat Hitler, der mit glänzenden

Augen jedes Detail erläuterte. Die Spannung war groß, wenn ein neues Modell aufgestellt worden war. Meistens betrug der Maßstab 1:50. Tüchtige Handwerker hatten alles bis ins Detail ausgearbeitet und dazu die Farben benutzt, die später auch verwendet werden sollten. Das Modell des neuen großen Prachtboulevards erstreckte sich über eine Länge von 30 Metern. Hitler war auch besonders begeistert von einem großen Modell, das die geplante Prachtstraße in einem Maßstab von 1:1.000 wiedergab. Das Modell war in Teilen auseinandernehmbar, die auf rollende Tische versetzt werden konnten. An den gewünschten Punkten „wanderte" Hitler nun „durch seine Straße", um auf Augenhöhe und oft auf einem Hocker sitzend den Effekt zu studieren. Er betrachtete z. B. das Modell aus dem Blickwinkel eines Reisenden, der am Südbahnhof ankam, oder die Wirkung der großen Kuppelhalle von der Straßenmitte aus gesehen. Speer: „Er hielt dabei oft sein Auge einige Millimeter oberhalb des Niveaus der Modellstraße, um den richtigen Eindruck zu bekommen, und sprach dann ungewohnt lebendig; dies waren die seltenen Momente, in denen er seine übliche Distanziertheit durchbrach." Einer der engeren Mitarbeiter Speers fasste den Eindruck, die diese merkwürdige Beziehung auf ihn machte, mit den Worten zusammen: „Wissen Sie, was Sie sind? Sie sind Hitlers unglückliche Liebe!" Als der 75-jährige Vater von Speer, selbst Architekt, die Modelle eines Tages ansah, schüttelte er seinen Kopf, und sein einziger Kommentar war: „Ihr seid völlig verrückt geworden."

Abreißen und Liquidieren

Für die Nord-Süd-Achse mussten rund 45.000 Wohnungen abgerissen werden, für die Ost-West-Achse kamen weitere 7.000 dazu. Nach einer Aufstellung des GBI vom 28. Februar 1941 waren dies rund 4% der gesamten Berliner Wohnungen. Diese Prozentzahl erscheint gering, aber wenn man bedenkt, dass jede Wohnung im Durchschnitt drei bis vier Personen beherbergte, bedeutete dies, dass für ungefähr 150.000 bis 200.000 Menschen nach Ersatzwohnraum gesucht werden musste. Und eine schnelle Durchführung des Abrisses von 50.000 Wohnungen war natürlich abhängig vom rechtzeitig verfügbaren Ersatzwohnraum.

Als die Verhandlungen mit dem Finanzministerium über die Finanzierung neuer Wohnungen kein positives Ergebnis brachten, kam Speer im September 1938 mit einer Alternative an. Sein Plan beinhaltete, so viele Berliner Juden wie möglich aus ihren Wohnungen – ob gemietet oder Eigentum – zu entfernen, um die so frei gewordenen Wohnungen für die Bewohner der abzureißenden Häuser zu verwenden. Die Juden sollten gemäß Speer in neu zu bauenden, kleineren

Wohnungen untergebracht werden oder später in den Osten transportiert werden. Aber erst während des Krieges wurde Speers Idee in großem Maßstab durchgeführt. Das Kartensystem mit allen jüdischen Wohnungen, das durch Speer erstellt worden war, erhielt später die Gestapo. Dass Speer sich in der Tat persönlich mit den Räumungen befasste, erkennt man aus einem Telegramm, das er im November 1940 vom Obersalzberg aus versandte und in dem er sich nach den Fortschritten bei der Räumung von 1.000 Judenwohnungen erkundigte. Es wurde später auch nicht mehr über Räumung, sondern über Evakuierung gesprochen. Anders als bei der ersten Aktion Anfang 1941 erfolgte keine Umsetzung der Bewohner mehr in „Judenwohnungen", sondern direkt in Sammellager. Es war die Rede von einer planmäßigen Vertreibung; anfänglich in Ghettos im Osten, aber ab Juni 1942 auch sofort in die Vernichtungslager.

Das „Berliner Vorbild" der Wohnungsräumungen und die folgenden Transporte wurde von zahlreichen anderen Städten in Deutschland nachgeahmt. Obendrein sammelte man so

Ein Modellbauer arbeitet an der Aufstellung einer militärischen Formation auf der Nord-Süd-Achse.

die nötige Erfahrung für die sich noch im Experimentierstadium befindliche „Endlösung der Judenfrage". Die Deportationen, nicht nur aus Berlin, sondern aus dem gesamten Reich und den besetzten Gebieten, wurden im Auftrag von Hitler und SS-Chef Himmler durch die Abteilung IV-B4, das so genannte Judenreferat des Reichssicherheitshauptamtes (RSHA), durch Adolf Eichmann und seine Mitarbeiter geplant und koordiniert. Das Judenreferat saß in einem Gebäude in der Kurfürstenstraße 116 im Stadtteil Tiergarten. Die Berliner Juden wurden vom Bahnhof Grunewald und dem Güterbahnhof Moabit aus abtransportiert. Aus Berlin wurden zwischen Herbst 1941 und Anfang 1945 ungefähr 50.000 Menschen in die Ghettos und die Konzentrations- und Vernichtungslager des Ostens verbracht, und nur sehr wenige von ihnen kehrten lebend zurück.

Für den Bau der Nord-Süd-Achse mussten immerhin 45.000 Wohnungen abgerissen werden, und Tausende Berliner Juden wurden aus ihren Wohnstätten entfernt. Dass Speer sich persönlich mit den Räumungen befasste, erkennt man aus einem Telegramm, das er im November 1940 vom Obersalzberg versandte und in dem er sich nach den Fortschritten bei der Räumung von 1.000 Judenwohnungen erkundigte. Aber vor allem fragte er nach der Räumung des Hauses an der Lichtenstein-Allee.

Er wollte dieses Haus an einer der schönsten Stellen der Berliner Innenstadt später abreißen und dort eine Villa für sich bauen. Gerade als das Haus fertig war, wurde es durch Bomben dem Erdboden gleich gemacht. Gegenwärtig befindet sich an dieser Stelle der populäre Biergarten „Café am Neuen See".

Prinzregent Paul von Jugoslawien zu Besuch bei Hitler. Hier verlässt dieGesellschaft die neue Reichskanzlei durch den Diplomateneingang am großen Ehrenhof. V.l.n.r. Außenminister von Ribbentrop, Prinzregent Paul, ein Mitarbeiter Pauls, der Protokollchef des Außenministeriums, Freiherr von Dörnberg, Hitler und der Chef der Präsidialkanzlei, Staatssekretär Dr. Meißner.

10 ARROGANZ IN STEIN

Ein Mythos wird entkräftet

Schon von Anfang an hatte Hitler sich über das Gebäude der Reichskanzlei an der Ecke Wilhelmstraße/Vossstraße geärgert. Er fand, das Gebäude passe eher zu einer Seifenfabrik als zum Führer und Reichskanzler des mächtigen Deutschlands. Und so gab er Speer den Auftrag, eine neue Reichskanzlei zu bauen, welche die Macht und Stärke des Führers und des neuen nationalsozialistischen Deutschlands widerspiegeln sollte, wobei Geld keine Rolle spielen würde. Aus allen offiziellen Äußerungen – sowohl von Hitler als auch von Speer – ging hervor, dass Speer erst Ende Januar 1938 den Bauauftrag von Hitler bekam und das riesige Gebäude innerhalb von 12 Monaten fertig gestellt hatte, inklusive der gesamten Inneneinrichtung. Das war aber reine Propaganda. Man wollte das Volk glauben machen, dass NS-Deutschland zu solchen Wundern im Stande war und in gut elf Monaten so ein gewaltiges Bauwerk aus dem Boden stampfen könnte. Aber in Wirklichkeit fanden die ersten Besprechungen schon im März 1934 statt, bei denen über eine „Residenz für Adolf Hitler" gesprochen wurde. Die ersten konkreten Zeichnungen entstanden schon 1935, wobei man damals noch von einem kleineren Gebäude ausging, aber im Lauf des Jahres 1936 und der ersten Hälfte von 1937 wurden die Pläne, angetrieben von Speer, stets ambitionierter. Im Hauptstaatsarchiv in München liegen die Pläne für die neue Reichskanzlei, und daraus geht hervor, dass die komplett ausgearbeiteten Baupläne im Maßstab 1:100 schon Mitte 1937 fertig waren. Um das Bauwerk realisieren zu können, musste eine Reihe von Gebäuden entlang der Vossstraße abgerissen werden, nachdem sie zwischen 1935 und Ende 1937 aufgekauft worden waren. Hitler befasste sich oft bis ins Detail mit den Bauplänen. Er war es, der die Einteilung in grob drei Teile, inklusive Ehrenhof und Diplomatengang, für das riesige Gebäude festlegte und beschloss, dass das Gebäude die volle Länge der Vossstraße einnehmen sollte. Wie bei den Plänen für Germania erstellte Speer auch hier die Pläne auf der Grundlage von Zeichnungen des Führers. So entstand ein lang gestrecktes Gebäude, das sich vom Borsig-Palais an der Ecke der Wilhelmstraße/Vossstraße, entlang der gesamten Vossstraße (!) über eine Länge von 357 Metern erstrecken sollte. Inklusive des integrierten Borsig-Palais war das Gebäude gut 420 Meter lang und teilweise 70 Meter breit. Es bestand aus einer langen Reihe von ineinander übergehenden, riesigen repräsentativen Prunksälen und -gängen. Insgesamt zählte der Komplex mehr als 400 Räume. Schon 1937 wurde mit dem Abriss der bestehenden Bebauung der Vossstraße begonnen, und etwa im Oktober 1937 konnte mit dem Rohbau angefangen werden. Als Erstes mussten die in striktem Auftrag Hitlers geplanten

Speer wollte die Öffentlichkeit glauben machen, dass Hitler ihm erst 1938 den Auftrag für den Bau der neuen Reichskanzlei gegeben hatte und dass er dieses riesige Gebäude in weniger als einem Jahr errichten lassen konnte. In Wahrheit kam der Auftrag schon 1934, und die ersten Bauzeichnungen entstanden ein Jahr später.

Foto oben: Die neue Reichskanzlei hatte an der Vossstraße zwei monumentale Eingänge, die beide mit vier gut 9 Meter hohen Säulen versehen waren. Über jedem Eingang thronte ein großer Reichsadler mit einer Spannweite von 8 Metern und einem Hakenkreuz in seinen Klauen.

Foto links: Als Hitler kurz vor der Eröffnung durch Speer im neuen Gebäude herumgeführt wurde, beeindruckte ihn vor allem die große Entfernung von ca. 220 Metern, welche die Staatsgäste und Diplomaten zurücklegen mussten, bevor sie den Empfangssaal am Ende der langen Marmorgalerie erreichten.

Foto unten: Hitler befasste sich bis ins Detail mit den Bauplänen der neuen Reichskanzlei. So entschied er, dass das Gebäude über die gesamte Länge der Vossstraße errichtet werden sollte. Inklusive des integrierten, bestehenden Borsig-Palais an der Ecke der Vossstraße zur Wilhelmstraße sollte die Länge immerhin 420 Meter betragen.

Staatsgäste, Diplomaten und andere hohe Besucher benutzten den Eingang an der Wilhelmstraße, wo riesige Bronzetüren Zugang zum großen, offenen Ehrenhof gaben. Über dem Eingangsportal thronte ein Reichsadler mit Hakenkreuz, und an beiden Seiten standen zwei kolossale bronzene Standbilder von Arnold Breker, welche die Partei und die Wehrmacht darstellten.

Eingangstür zum runden Saal mit einer hohen Kuppel und Reliefs des Bildhauers Arnold Breker.

Schutzkeller (!) gebaut werden, wobei anhand vorläufiger Zeichnungen gearbeitet werden musste. Mit Blick auf Hitlers Kriegspläne erhielt Speer im Januar 1938 von Hitler die offizielle Aufforderung, das Gebäude schon zum 1. Januar 1939 fertig zu stellen, anstatt ein Jahr später, wie ursprünglich geplant. Mit konventionellen Baumethoden war dies nicht machbar. Also griffen Speer und seine Bauunternehmer zu unorthodoxen Bauweisen. Es wurde gleichzeitig sowohl am Bau als auch an der Einrichtung gearbeitet, denn Speer hatte versprochen, das Gebäude komplett am 1. Januar 1939 zu übergeben. Aber auch in einer späteren Bauphase sollte Speer aus Zeitgründen und selbst noch vor der Fertigstellung der Zeichnungen schon eine Reihe von Bauteilen bestellen. Die längsten Lieferzeiten hatten z. B. die großen, handgeknüpften Teppiche für verschiedene Säle. Speer legte Farbe und Größe fest, bevor er wusste, wie die Räumlichkeiten aussehen sollten und wofür sie bestimmt waren. Es passierte in einer Reihe

Neue Reichskanzlei

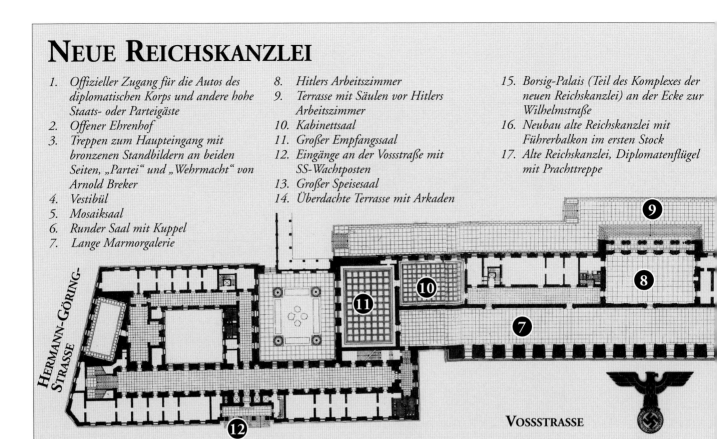

1. Offizieller Zugang für die Autos des diplomatischen Korps und andere hohe Staats- oder Parteigäste
2. Offener Ehrenhof
3. Treppen zum Haupteingang mit bronzenen Standbildern an beiden Seiten, „Partei" und „Wehrmacht" von Arnold Breker
4. Vestibül
5. Mosaiksaal
6. Runder Saal mit Kuppel
7. Lange Marmorgalerie
8. Hitlers Arbeitszimmer
9. Terrasse mit Säulen vor Hitlers Arbeitszimmer
10. Kabinettsaal
11. Großer Empfangssaal
12. Eingänge an der Vossstraße mit SS-Wachtposten
13. Großer Speisesaal
14. Überdachte Terrasse mit Arkaden
15. Borsig-Palais (Teil des Komplexes der neuen Reichskanzlei) an der Ecke zur Wilhelmstraße
16. Neubau alte Reichskanzlei mit Führerbalkon im ersten Stock
17. Alte Reichskanzlei, Diplomatenflügel mit Prachttreppe

VOSSSTRASSE

von Fällen, dass die Räume rund um diese Teppiche entworfen wurden. Gut 4.000 Arbeiter arbeiteten in zwei Schichten Tag und Nacht am Gebäude. Und im ganzen Land arbeiteten noch einmal einige tausend Arbeitskräfte in diversen Steinbrüchen, als Möbelbauer, Glasschleifer oder Teppichweber für den Neubau. Auch bedeutende Künstler, wie die Bildhauer Arnold Breker und Joseph Thorak, hatten große Aufträge bekommen. Bis zur Fertigstellung waren gut 20 Millionen Backsteine verbraucht worden. Das Gebäude hatte eine Oberfläche von 16.300 Quadratmetern und ein Volumen von 360.000 Kubikmetern. Gespart wurde nicht: Statt der geplanten 28 Millionen Reichsmark (heute etwa 160 Millionen Euro) beliefen sich die Baukosten auf rund 90 Millionen RM (gut 450 Millionen Euro). Das Gebäude hatte sowohl an der West- als auch der an der Ostseite der Vossstraße zwei monumentale Eingänge. Jeder war von vier gut 9 Meter hohen stilisierten Säulen gesäumt, über denen ein großer Reichsadler mit Hakenkreuz in seinen Klauen und einer Spannweite von fast 8 Metern thronte. Die Fassade des Gebäudes bestand großenteils aus Kalksteinplatten. An der Gartenseite der neuen Reichskanzlei lag eine Terrasse von 190 Metern Länge und einer Breite von 9,5 Metern. Hitlers Arbeitszimmer befand sich in der Mittelfront und blickte auf die Terrasse und den angrenzenden Park mit uraltem Baumbestand.

Imponierender Eindruck für kleine Potentaten

Nach Speer wollte Hitler „kleineren Potentaten" imponieren und zeigen, wer in Europa das Sagen habe. Darum gab es – abgesehen von den zwei Eingängen an der Vossstraße – einen eigenen Eingang für Diplomaten und andere hohe Staatsgäste. Diese kamen immer per Auto an, und Hitler wollte größtmöglichen Eindruck auf sie machen, indem er sie über

den so genannten Diplomatenweg von gut 160 Metern Länge zu seinem Arbeitszimmer laufen oder besser gesagt schreiten ließ, denn die lange Strecke durch Säle, Hallen und Gänge bestand aus spiegelglattem, poliertem Marmor. Der Eingang für Staatsgäste und andere hohe Besucher lag an der Wilhelmstraße, wo sich hohe, bronzene Doppeltüren zur Einfahrt öffneten, die unter dem alten Borsig-Palais durchlief und auf dem Ehrenhof herauskam, dessen Wände aus Dolomitgestein aus dem Juragebirge bestanden. Die Fahrzeuge mit den hohen Gästen hielten dann vor von vier hohen Säulen gesäumten, breiten Treppe, die zum Eingangsportal führte. Die beidseitig aufgestellten Standbilder von Arnold Breker symbolisierten die Partei (mit Fackel) und die Wehrmacht (mit Schwert). Durch eine kleine Vorhalle kamen die Besucher dann in den hohen Mosaiksaal, dessen Wände mit rotem Marmor ausgekleidet waren. Danach passierten sie einen runden Saal mit einer Kuppel und Reliefs von Arnold Breker, um dann in die lange Marmorgalerie mit ein Länge von 146 Metern, einer Breite von 12 Metern und einer Höhe von beinahe 10 Metern zu gelangen. Deren Fenster blickten auf die Vossstraße. Ungefähr in der Mitte der Galerie kamen die Gäste zum Herzstück des Gebäudes, nämlich dem Arbeitszimmer des Führers. Durch eine hohe Doppeltür – an beiden Seiten SS-Wachtposten und darüber ein Schild mit Hitlers Monogramm mit den Buchstaben AH – gelangten sie dorthin. Das rund 400 Quadratmeter große und 10 Meter hohe Arbeitszimmer hatte an der Gartenseite fünf hohe Glastüren. Von hier aus schaute man auf die von hohen Säulen umrandete Terrasse und den Park. Die Wände waren mit dunkelrotem Marmor aus Österreich verkleidet. Die Kassettendecke war aus Palisanderholz mit Einlegearbeiten aus anderen teuren Holzsorten. Auf dem Boden aus Ruhpolding-Marmor lag ein

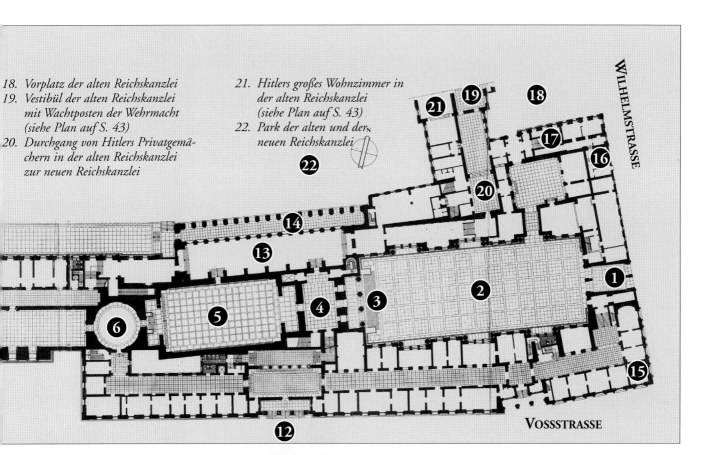

18. *Vorplatz der alten Reichskanzlei*
19. *Vestibül der alten Reichskanzlei
mit Wachtposten der Wehrmacht
(siehe Plan auf S. 43)*
20. *Durchgang von Hitlers Privatgemächern in der alten Reichskanzlei
zur neuen Reichskanzlei*

21. *Hitlers großes Wohnzimmer in
der alten Reichskanzlei
(siehe Plan auf S. 43)*
22. *Park der alten und der
neuen Reichskanzlei*

WILHELMSTRASSE

VOSSSTRASSE

*Durch eine kleine Vorhalle kamen die Besucher in den gut
46 Meter langen, 19 Meter breiten und 16 Meter hohen
Mosaiksaal. Die Wände waren bis zu einer Höhe von
13,5 Metern mit samtrotem Untersberger Marmor verkleidet.
Der Saal wurde für Zeremonien von Staat und Partei
verwendet, wie Staatsbegräbnisse, die Verleihung von Orden
an Formationen der Wehrmacht und der Waffen-SS, Versammlungen der Gauleiter und Spitzen der Wehrmacht usw.*

*Die Marmorgalerie mit einer Länge von 146 Metern, einer
Breite von 12 Metern und einer Höhe von fast 10 Metern. Der
Marmorboden war auf Wunsch Hitlers spiegelglatt poliert, sodass
die Diplomaten auf ihrem Weg zu seinem riesigem Arbeitszimmer in der Mitte der Galerie sehr vorsichtig laufen mussten.*

In der Mitte der langen Galerie erreichten die Besucher das Herzstück des ganzen Gebäudes: das enorme Arbeitszimmer des Führers. Statt des Reichsadlers war über der gut 4 Meter hohen Tür das Monogramm Hitlers angebracht. SS-Wachtposten standen an beiden Seiten der Doppeltür.

kostbarer, an einem Stück handgeknüpfter Teppich. An der östlichen schmalen Seite war aus dem gleichen Marmor ein fast 3 Meter hoher und gut 3 Meter breiter, offener Kamin eingebaut. Wie für die anderen repräsentativen Räume hatte Speer auch für diesen das Mobiliar selbst entworfen.

Gebaut für die Ewigkeit

Am 12. Januar wurde dieses für die „Ewigkeit" bestimmte Gebäude offiziell durch einen großen Neujahrsempfang für das vollzählige diplomatische Korps eingeweiht, bei dem der päpstliche Nuntius im Namen der versammelten Diplomaten dem Führer herzliche Neujahrswünsche überbrachte. Ab dem Ausbruch des Zweiten Weltkrieges im September 1939 sollte die neue Reichskanzlei aber nicht mehr oft gebraucht werden. Während die verschiedenen Kanzleien und Adjutanturen hier arbeiteten, lebte und arbeitete Hitler wie schon vorher in seiner Wohnung in der angrenzenden alten Reichskanzlei und benutzte die neue Reichskanzlei eigentlich nur für offizielle Besprechungen und Empfänge, die mit dem Voranschreiten des Krieges immer seltener wurden. Aber in den letzten Kriegsmonaten wurde das Führerhauptquartier wieder permanent in das Gebäude der neuen Reichskanzlei verlegt und dort insbesondere die unterirdischen Bunker unter dem Wintergarten und dem Garten der Reichskanzlei verwendet. Und doch hat Hitler in der relativ kurzen Zeit, in der er die neue Reichskanzlei nutzte, dort

Die Wände des 400 Quadratmeter großen und 10 Meter hohen Arbeitszimmers von Hitler bestanden aus Marmor. Auf dem Boden lag ein kostbarer, handgeknüpfter Teppich. Vor dem Kamin, über dem ein großes Ölbild von Bismarck hing, befand sich eine Sitzgruppe.

Speer entwarf fast das ganze repräsentative Mobiliar selbst – so auch Hitlers Schreibtisch, der besonders beeindruckt von der Einlegearbeit an der Vorderseite war, die ein halb aus der Scheide gezogenes Schwert darstellte. „Sehr gut, Speer ... wenn die Diplomaten, die mir gegenüber sitzen, das sehen, sollen sie lernen, mich zu fürchten."

wichtige Entscheidungen getroffen. So beschloss er hier im August 1939 den Feldzug gegen Polen, die zur Kriegserklärung von Großbritannien und Frankreich führen sollte. Danach hatte er sich vergebens bemüht, mit diesen beiden Ländern Frieden zu schließen. Ebenso in der neuen Reichskanzlei erteilte er den Befehl zum Einmarsch in Dänemark und Norwegen im April 1940 und kurze Zeit später in den Niederlanden, Belgien und Frankreich im Mai 1940. Danach versuchte er wieder und wieder vergebens, Großbritannien zum Frieden mit Deutschland zu bringen. Und am 18. Dezember 1940 formulierte

Hitler hier den Auftrag für die militärischen Vorbereitungen für einen möglichen Feldzug gegen Russland. Genauso wurden in Berlin die Pläne für den Einsatz der Wehrmacht auf dem Balkan aufgestellt. Und im Dezember 1941 beschloss Hitler in der neuen Reichskanzlei die Kriegserklärung an die Vereinigten Staaten von Amerika. Etwa 6,5 Jahre nach der Einweihung des für die „Ewigkeit" gedachten Gebäudes, am 1. Juli 1945, ließ sich Winston Churchill durch das beschädigte Gebäude führen. Es wurde 1949 auf Befehl der Sowjets abgerissen. Nachdem alle kostbaren Materialien, wie Marmor und Granit, herausgeholt worden waren, wurde der Komplex schließlich gesprengt, und Bulldozer ließen die letzten Reste

Am 12. Januar 1939 fand im großen Empfangssaal der neuen Reichskanzlei zum ersten Mal der traditionelle Neujahrsempfang statt. Im Namen des vollzählig versammelten diplomatischen Korps überbrachte der päpstliche Nuntius dem Führer die Neujahrswünsche und gratulierte ihm zur Fertigstellung der prächtigen neuen Reichskanzlei.

verschwinden. Der Marmor und der Granit wurden für die sowjetischen Denkmäler in Berlin-Treptow, im Tiergarten und in der U-Bahnstation an der Mohrenstraße verwendet. Das Gebiet blieb bis in die Achtzigerjahre des 20. Jahrhunderts eine Sandfläche mit einem auffallenden Buckel, nämlich an der Stelle des Führerbunkers, der wegen der Stärke des armierten Betons in den Nachkriegsjahren nicht zerstört, sondern einfach unter dem Sand begraben wurde. Aber als das DDR-Regime in den Achtzigerjahren das brach liegende Areal, das nahe der Mauer lag, mit Wohnhäusern für loyale Parteigenossen bebauen wollte, stieß man auf viele Reste der ehemaligen Reichskanzlei. Neben Kellern und Bunkern wurde auch der weiß gekachelte, unterirdische Gang von

Ein stolzer Hitler führt während einer Eröffnungsgala die Frauen seiner höchsten Militärs herum

Ein großer handgeknüpfter Teppich bedeckte den Parkettboden des großen Empfangssaales am Ende der großen Galerie, und an den Wänden hingen prächtige Gobelins. Aber besonders zwei von Speer selbst entworfene, riesige Kristallkronleuchter sorgten für festliche Ausstattung.

Der helle, in sanften Pastelltönen ausgeführte große Speisesaal mit seinen runden Tischen und gläsernen Türen schaute auf den prächtigen Park mit uraltem Baumbestand hinaus. Vor dem Speisesaal befand sich eine von Arkaden überdeckte Terrasse, sodass man bei schönem Wetter draußen essen konnte.

der neuen Reichskanzlei zum Führerbunker freigelegt. Aufgrund der Fundamente für die neuen DDR-Apartmenthäuser mussten alle Reste der neuen Reichskanzlei beseitigt werden – außer denen des Führerbunkers, denn die Abrisskosten dieses Kolosses waren dermaßen hoch, dass man die neuen Gebäude einfach darum herumbaute. Wenige Jahre nach Fertigstellung der Häuser fiel die Mauer.

Wer sich heute nun auf die Suche nach der neuen Reichskanzlei macht, findet nichts mehr als ein touristisches Informationsschild mit etwas künstlich wirkenden Fotos an der Ecke Wilhelmstraße/Vossstraße. An dieser einst so berühmten Adresse, die man in einem Atemzug mit der Downing Street, dem Elysée-Palast oder dem Kreml nannte, steht heutzutage ein chinesisches Restaurant, das mit seiner „gebratenen Pekingente" wirbt.

Hitlers riesiges Arbeitszimmer befand sich hinter der Säulengalerie der Mittelfront. Die 10 Meter hohen Säulen erinnerten stark an die ägyptischen Säulen des Tempels von Karnak.

Hitlers Arbeitszimmer hatte sich zur Gartenseite öffnende Glastüren, die auf eine weite Terrasse führten. An den Enden der Terrasse standen zwei vom Bildhauer Joseph Thorak angefertigte Bronzepferde. Wenn Hitler guter Laune war, lief er gern auf der Terrasse umher, die eine oder andere Melodie aus seiner Lieblingsoperette „Die lustige Witwe" von Franz Lehár pfeifend.

Außenminister von Ribbentrop im Gespräch mit dem japanischen Botschafter in Berlin, Matsuoke.

11 DIPLOMATIE MIT DER PEITSCHE

Ruhe an der Auslandsfront

Hitler war ein Opportunist, ein raffinierter Schauspieler und ein äußerst wendiger Politiker. Er war bereit, aus allem seinen Vorteil zu ziehen und wie ein Raubtier abzuwarten, bis seine Beute einen Fehler machte. Während des größten Teils seiner Regierungszeit bemühte sich Hitler, mit einer Diplomatie mit der Peitsche – also einer Diplomatie, die stets Gewalt als Druckmittel gebrauchte – seine Ziele zu erreichen. Als seine Gegner ihn schließlich durchschauten, griff er zu den Waffen und stürzte sein Land und dann ganz Europa in einen alles vernichtenden Kieg. Aber war sein Handeln auch immer das eines Opportunisten – das letztendliche Ziel seiner Außenpolitik sollte nie von dem abweichen, was er in den Zwanzigerjahren schon in seinem Buch „Mein Kampf" beschrieben hatte, selbst bis zum Überfall auf die Sowjetunion im Jahr 1941. Sein Streben war immer auf die Expansion Deutschlands in Richtung Osten gerichtet. Eine solche Politik schloss den Gebrauch von Krieg und Gewalt nicht aus; das hatte Hitler schon in „Mein Kampf" deutlich gemacht.

Nach Hitlers Machtübernahme 1933 richtete er seine Aufmerksamkeit insbesondere auf die inländischen Probleme, wie den Kampf gegen die Massenarbeitslosigkeit und das Ausschalten von politischen Parteien und Gegnern. Das Regime musste sich deshalb so schnell wie möglich konsolidieren und von einer breiten Basis in der Bevölkerung akzeptiert werden. Das Ausland schaute mit Argusaugen auf das, was sich in Deutschland abspielte. Das Regime wollte – koste es, was es wolle – so weit wie möglich Ruhe an der Auslandsfront haben und mittels bilateraler Handels- und politischer Verträge mit den Nachbarländern auf gutem Fuß stehen. Das galt auch für die Römisch-Katholische Kirche, mit der im Juli 1933 ein so

Während des Staatsbesuchs des Duce in Deutschland im September 1937 stand auch Carinhall, Görings Märchenpalast, auf dem Programm. Mussolini durfte sogar mit einem der Hauslöwen Görings spielen. Auf dem Foto v.l.n.r. Emmy Göring, die als First Lady mit dem germanischen „Hohe Frau" angesprochen werden musste, Mussolini und Göring.

genanntes Konkordat abgeschlossen wurde. Hitlers Interesse am Abschluss des Konkordats war rein taktischer Natur: Es diente der Beruhigung des katholischen Bevölkerungsteils, der anfangs großenteils den Nationalsozialismus ablehnte.

1935 sollte das Saargebiet, das nach dem Friedensvertrag von Versailles seit 1919 unter Aufsicht des Völkerbundes stand, wieder deutsches Gebiet werden. Im gleichen Jahr bestätigte der frisch gebackene Luftfahrtminister Hermann Göring offiziell die Existenz und den weiteren Ausbau der deutschen Luftwaffe, und es wurde in Deutschland die allgemeine Wehrpflicht eingeführt – obwohl der Vertrag von Versailles Deutschland ausdrücklich verbot, sich wiederzubewaffnen. Die westlichen Mächte protestierten gegen die Wiederbewaffnung, konnten sich aber nicht zu Sanktionen entschließen, da Deutschland behauptete, seine Wiederbewaffnung ausschließlich gegen Russland zu richten. Aber Hitler hatte an seinem Bluff Geschmack gefunden und richtete jetzt seine Pfeile auf das Rheinland. Am 7. März 1936 überquerten Soldaten der Wehrmacht den Rhein und begannen mit dem Einzug ins demilitarisierte Rheinland. Mit der Besetzung der 50 Kilometer breiten Zone brach das Deutsche Reich erneut den

Vertrag von Versailles. Hitler rechtfertigte den Vertragsbruch mit dem Verweis auf das deutsche Recht auf Selbstbestimmung. Die Besetzung war äußerst riskant: Eine militärische Gegenaktion der westlichen Mächte hätte die deutschen Truppen sofort zum Rückzug gezwungen. Später sollte Hitler zugeben: „Die 48 Stunden nach dem Einmarsch ins Rheinland waren die spannendsten meines Lebens. Wären die Franzosen damals in das Rheinland eingerückt, dann hätten wir uns schmählich zurückziehen müssen, denn die militärische Stärke, über die wir damals verfügten, war vollkommen unzureichend, um auch nur geringfügigen Widerstand leisten zu können."

Die Achse Berlin–Rom–Tokio

1936 sprach „Duce" Benito Mussolini als Erster über die „Achse Berlin–Rom". Hitler hatte die Italiener durch intensive Bemühungen so weit bekommen. Und ein Jahr später kam Mussolini zu einem ersten Staatsbesuch nach Deutschland. Zuerst besuchte der Duce München, wo er zu Gast in Hitlers Privatwohnung am Prinzregentenplatz war. Danach stand der Besuch von Manövern der Wehrmacht auf dem

Programm und eine ausführliche Besichtigung der Krupp-Werke im Rheinland mit Alfred Krupp. Anschließend fuhren beide Diktatoren am 27. September 1937 jeder in seinem eigenen Zug nach Berlin zum Höhepunkt des Besuches. Zur Überraschung der Italiener tauchte kurz vor Berlin unerwartet Hitlers Zug neben dem von Mussolini auf. Beide Züge fuhren eine Viertelstunde lang nebeneinander her. Dr. Paul Schmidt, Hitlers Chef-Übersetzer, der in Mussolinis Zug saß, erzählte, dass sich die Gesellschaften in den beiden Zügen während dieser Zeit hervorragend miteinander durch die Fenster unterhalten konnten. Aber kurz vor dem Eintreffen im Bahnhof Heerstraße hatte der deutsche Zug fast unmerklich beschleunigt, sodass er den Bahnhof einige Sekunden früher als der italienische Zug erreichte. So konnte Hitler nach ein paar Schritten genau in dem Moment, als der italienische Zug zum Stillstand kam, Mussolini vor seinem Salonwagen mit

einem Händedruck begrüßen. Nachdem alle in die lange Reihe von Mercedes-Limousinen eingestiegen waren, die vor dem Bahnhof standen, fuhr die Gesellschaft an Tausenden jubelnden Berlinern vorbei über die mit italienischen und deutschen Fahnen geschmückte Ost-West-Achse Richtung Stadtzentrum. Schließlich wurden das Brandenburger Tor und der Pariser Platz erreicht, die mit riesigen Adlern auf Pfeilern, goldenen Hakenkreuzen, bronzenen Flaggenmasten mit kunstvoll ineinander verschlungenen deutschen und italienischen Fahnen geschmückt waren. Schmidt schrieb, dass er das Gefühl hatte, ein Komparse in einer gigantischen

Um die südosteuropäischen Länder für sich einzunehmen, wurden deren Staatsoberhäupter in Berlin von Hitler mit großem Aufwand empfangen. Hier nimmt er Abschied von Prinz Paul von Jugoslawien und dessen Frau Olga.

Foto oben: Am 22. Mai 1939 unterzeichneten Hitlers Außenminister von Ribbentrop und der italienische Außenminister Graf Ciano in Berlin den so genannten Stahlpakt. Der notorische Frauenverführer Ciano und der humorlose von Ribbentrop konnten sich überhaupt nicht leiden.

Foto rechte Seite: Im November 1937 entwarf Hitler im Wintergarten der alten Reichskanzlei vor der Heeresspitze seine militärischen Pläne. Bei diese Besprechung waren u. a. die Generäle von Blomberg und von Fritsch anwesend, die durch ihre kritische Einstellung gegenüber Hitlers riskanten Plänen nur ein halbes Jahr später beide von ihrer Funktion entbunden werden sollten. Auf dem Foto v.l.n.r. von Blomberg und von Fritsch mit Großadmiral Raeder in der Mitte.

Freiluftaufführung einer Oper zu sein. Auch an den folgenden Tagen wechselten sich militärische Paraden mit großen Bankets und jubelnden Menschenmengen ab. Auch ein Besuch in Görings Märchenpalast Carinhall in den Wäldern vor Berlin stand auf dem Programm, wo Mussolini u. a. mit Görings Hauslöwen spielen konnte. Mussolini gab zusammen mit seinem Außenminister Graf Ciano auch einen großen Empfang mit anschließendem Dinner in der italienischen Botschaft in der Tiergartenstraße 21a–23. Das Gebäude war im typisch faschistischen Stil erbaut und hatte einen von Säulen umgebenen monumentalen Eingang. Hitler fand, dass das Gebäude, ebenso wie die benachbarte japanische Botschaft, „auf würdige Weise der Kraft und der Macht und der Schick-

Balkonszene nach der Unterzeichnung des „Stahlpaktes".

salsverbundenheit der Partnerländer Ausdruck gebend war". Im Krieg wurde die Botschaft beschädigt, und bis zum Fall der Mauer 1989 blieb das Gebäude großenteils eine Ruine. Bis dahin war nur ein Nebengebäude für das italienische Konsulat bewohnbar gemacht worden. Das Gelände und das Gebäude waren aber noch immer exterritorial und im Besitz des italienischen Staates. Nach dem Fall der Mauer wurde das Gebäude wieder zur Botschaft und mit großer Sorgfalt restauriert, wobei man einige der Macht-

Foto unten: Der britische Premierminister Chamberlain wird bei seiner Ankunft auf dem Flughafen von München 1938 durch von Ribbentrop begrüßt. Rechts von Chamberlain Gauleiter Ritter von Epp und der Bürgermeister Münchens, Fiehler. Als Hitler drohte, die Tschechoslowakei anzugreifen, bot Chamberlain seine Dienste als Vermittler an. Während der Konferenz wurde beschlossen, das Sudetenland an das Deutsche Reich anzugliedern.

symbole des einstigen faschistischen Regimes, wie diverse Pfeilbündel, belassen hat. Die Außenwände sind von zartem, toskanischem Rot, und an den hohen Fenstern hängen prächtige, blaue italienische Tulipan-Gardinen, wodurch das ganze Gebäude – trotz der strengen klassizistischen Formen – doch eine besonders angenehme und mediterrane Ausstrahlung hat.

Um einem deutschen Angriff zu verhindern, unternahm der tschechische Präsident Hácha (2. von links) im März 1939 einen letzten Versuch, Hitler von seinen Plänen abzuhalten. Aber es gelang ihm nicht, und zwei Stunden nach ihrem Zusammentreffen in der neuen Reichskanzlei fielen Einheiten der Wehrmacht in Tschechien ein, das schon zuvor das Sudetenland an Deutschland hatte abgeben müssen.

Der Staatsbesuch wurde durch eine nächtliche Massenveranstaltung im Olympiastadion beschlossen, bei der sowohl Hitler als auch Mussolini sprachen. An diesem Abend hatten sich sowohl in als auch vor dem Stadion etwa eine Million Menschen versammelt. Die Reden der beiden Führer wurden direkt über alle deutschen und italienischen Radiosender ausgestrahlt. Dr. Dollmann, Hitlers langjähriger Übersetzer bei Mussolini, war felsenfest davon überzeugt, dass beide Diktatoren echte Freunde waren. Dollmann: „Hitler bewunderte die Ausstrahlung von Mussolini, seinen eckigen Kiefer und seine ganze cäsarenartige Verhaltensweise. Und Mussolini seinerseits hatte große Bewunderung für die Macht und die Kraft des Führers …" Genauso wie er selbst war Mussolini – aber auch Stalin, für den Hitler übrigens auch große Bewunderung hegte – ein Mann von einfacher Herkunft aus dem Volke. Und dem Duce gegenüber fühlte Hitler sich freier als bei den Vertretern der alten herrschenden Klasse. Trotz der späteren Enttäuschungen über die geringen Leistungen Italiens im Krieg ließ Hitler seinen Freund Mussolini nie fallen. Die Achse Berlin–Rom sollte, so lange Mussolini lebte, bestehen bleiben.

Im Lauf der Dreißigerjahre verstärkte Deutschland die Beziehungen zu weiteren südosteuropäischen Staaten, die in der deutschen Einflusssphäre lagen. So wurden die Staatsoberhäupter Ungarns, Jugoslawiens und Bulgariens alle von Hitler in Berlin mit großem Bahnhof empfangen. Hitlers Absicht war es, Polen so weit wie möglich zu isolieren. Es wurden auch Nichtangriffsverträge mit den Baltischen Staaten abgeschlossen. Hitlers größter Erfolg war aber das Bündnis mit Italien. Nach anfänglicher Skepsis war es von Ribbentrop schließlich geglückt, die Italiener von einem Bündnisschluss mit Deutschland zu überzeugen. Den Italienern wurde vorgespielt, dass der Führer eine lange Friedensperiode von mindestens vier bis fünf Jahren anstrebte. Sie glaubten das, und am 22. Mai 1939 wurde der deutsch-italienische Vertrag, der „Stahlpakt", im großen Empfangssaal der neuen Reichskanzlei durch von Ribbentrop und den italienischen Außenminister Graf Ciano im Beisein Hitlers unterzeichnet.

Hitler entwirft Kriegspläne

Am 5. November 1937 um 15.45 Uhr begann im Wintergarten der alten Reichskanzlei ein gut vierstündiges Geheimtreffen, bei dem Hitler der Spitze der Wehrmacht seine weit reichenden militärischen Pläne enthüllen sollte. Hitlers Wehrmachtsadjutant Oberst Hossbach verfasste einen Bericht über diese Konferenz, die deshalb als die „Hossbach-Konferenz" in die Geschichte einging. Der Oberbefehlshaber der Luftwaffe, Göring, erschien als Erster, wobei Hitler die Bemerkung machte, dass es Zeit würde, die Generäle unter Druck zu setzen. Er hatte nicht nur den Monokel tragenden,

Im Zentrum Prags nimmt der deutsche General Blaskowitz eine Parade seiner siegreichen Truppen ab. Im Kielsog des Militärs zogen auch Einheiten von SD, Sipo und Gestapo ins Land ein. Tschechien wurde umbenannt in das Deutsche Protektorat Böhmen und Mähren, und eine lange Nacht des Schreckens brach an.

unbeugsamen Oberbefehlshaber der Landstreitkräfte, Generaloberst Werner Freiherr von Fritsch, eingeladen, sondern auch den Kriegsminister und Oberbefehlshaber der Wehrmacht, den hochgewachsenen Generalfeldmarschall Werner von Blomberg, sowie den Oberbefehlshaber der Kriegsmarine, Großadmiral Erich Raeder. Um die Bedeutung dieser Besprechung zu unterstreichen, war auch Außenminister von Neurath zu Gast. Nachdem sich diese kleine Gruppe im Wintergarten versammelt hatte und ein SS-Diener mit Kaffee, Tee und Kuchen rundgegangen war, bat Hitler einen Bedienten, die Glastüren zum Speisesaal zu schließen, woraufhin auch die schweren Gardinen vor den Türen zugezogen wurden. Hitler begann mit der Bemerkung, dass das, was er nun zu sagen habe, das Resultat von Überlegungen und Erfahrungen wäre, die er seit seinem Amtsantritt als Reichskanzler gemacht habe. Dann fasste er seine Gedanken zusammen: „Das Ziel der deutschen Politik ist es, die deutsche Volksgemeinschaft zu beschützen, zu erhalten und weiter auszubreiten. Es geht hierbei um die Frage von Lebensraum." Deutschlands Zukunft, so machte Hitler deutlich, war nur durch die Eroberung von zusätzlichem Lebensraum zu sichern. Dieser Lebensraum sollte nicht in Übersee, sondern in Europa gesucht werden, und dieses brachte, so Hitler, das Risiko eines Krieges mit sich. Das deutsche Problem des notwendigen Lebensraumes sollte seiner Meinung nach nur mit Gewalt gelöst werden können. Er bat die Konferenzteilnehmer um ihre Meinung. Sowohl von Blomberg als auch von Fritsch warnten davor, sich Frankreich und England zum Feind zu machen. Blomberg wies auch auf die Stärke der neuen tschechischen Grenzverstärkungen zu Deutschland hin, die den Charakter einer Maginot-Linie bekommen hatten. Hitler reagierte auf die Einwände seiner Generäle, indem er kategorisch feststellte, dass England und Frankreich nicht intervenieren würden. Kurze Zeit später, am 4. Februar 1938, sollte sich Hitler der beiden Querköpfe entledigen und selbst den Oberbefehl über die Wehrmacht übernehmen.

Österreich wird per Telefon erobert

Nach den auch für Hitler unerwarteten Erfolgen, mit denen er das Saargebiet und das Rheinland wieder „heim ins Reich" geholt hatte, fiel das Auge des Führers nun auf sein Geburtsland Österreich. Die österreichischen Nationalsozialisten, finanziell und organisatorisch unterstützt aus Deutschland, verstanden es, das Land zunehmend ins Chaos zu stürzen. Der österreichische Bundeskanzler Schuschnigg hatte von Hitler ein Ultimatum nach dem anderen erhalten, und mit Blick auf das Chaos in seinem Land gab er schließlich nach. Er ernannte u. a. den Nationalsozialisten Dr. Arthur Seyß-Inquart zum Innenminister. Tatsächlich war es aber Göring und nicht Hitler, der die Ultimaten stellte. Er führte an diesem Tag aus dem Wintergarten der alten Reichskanzlei

Im Februar 1938 wurde von Ribbentrop zum Außenminister ernannt. Er reorganisierte sein Ministerium nach dem Vorbild des Generalstabs und ließ spezielle Uniformen für seine Beamten entwerfen. Wie kein anderer von Hitlers engsten Mitarbeitern war er ein fanatischer Kriegsanhänger, und immer wieder suggerierte er Hitler, dass die Engländer feige wären und Deutschland nie den Krieg erklären würden.

und in Anwesenheit Hitlers gut 27 Telefongespräche mit Wien und insbesondere mit Seyß-Inquart. Hitler war an diesem Morgen nach Aussage von Papens in „einem Zustand schwankend zwischen Apathie und Hysterie". Es war Göring, der die Zügel straff in Händen hatte, da Hitler durch die schnellen und unerwarteten Wendungen der Dinge keinen Durchblick mehr hatte und apathisch danebensaß. In den Augenblicken, in denen Hitler nicht mehr wusste, was er tun sollte – und das war hauptsächlich bei unerwarteten Ereignissen der Fall –, war es der intelligente Göring, der eiskalt blieb und das Heft ganz in die Hand nahm. Dies war wohl einer der wichtigsten Gründe, warum Hitler ihn so schätzte. Nachdem die österreichische Regierung einer durch sie angesetzten Volksabstimmung zugestimmt hatte, in der die Österreicher sich für oder gegen den Anschluss an Deutschland aussprechen konnten, forderte Göring in Hitlers Namen den sofortigen Rücktritt Schuschniggs. Inzwischen hatte Schuschnigg verzweifelt Großbritannien um Hilfe gebeten, aber als die britische Regierung durch Lord Halifax wissen ließ, „dass die Regierung Seiner Majestät keinen Schutz garantieren könne", trat Schuschnigg um 15.30 Uhr zurück. Daraufhin forderte Göring die Ernennung Seyß-Inquarts zum

Bundeskanzler. Aber da stießen die Nationalsozialisten auf ein unerwartetes Hindernis: Der österreichische Präsident Michlas weigerte sich stur, Seyß-Inquart zu ernennen. Um 17.30 Uhr verlangte ein wütender Göring Seyß-Inquart am Telefon. Aus Berlin brüllte er durch die Leitung: „Sie müssen sofort zum Bundespräsidenten gehen und ihm sagen, dass, wenn er der Forderung nicht unmittelbar zustimmt, die deutschen Truppen noch heute Nacht einrücken werden, die schon massenhaft an der österreichischen Grenze aufmarschiert sind, und dann wird Österreich aufhören zu existieren. Sagen Sie ihm, dass uns das ernst ist …" Kurz nach 19.30 Uhr am 11. März hielt Schuschnigg im österreichischen Radio eine emotionale Ansprache, in der er mitteilte, dass Deutschland ein Ultimatum gestellt habe. Um Mitternacht gab der österreichische Präsident Michlas dann doch nach, um Blutvergießen zu verhindern und in der Hoffnung, dass zumindest ein bisschen von Österreichs Unabhängigkeit übrig bleibe. Er ernannte Seyß-Inquart zum österreichischen Bundeskanzler. Alle deutschen Forderungen waren so erfüllt. Die deutsche Invasion ging aber trotzdem vonstatten. Am 12. März 1938 zogen die deutschen Truppen ohne jeglichen Widerstand in Österreich ein. Der „Anschluss" Österreichs an das Reich war Wirklichkeit geworden. Und schon am gleichen Tag wurden die ersten Razzien unter den Juden abgehalten. Der NS-Apparat begann, sich schnell und effektiv zu installieren. Im Gefolge der Wehrmacht zogen SS, SD und Gestapo in Österreich ein. Mit der Annexion Österreichs (ab da „Ostmark" genannt) verschafften sich die Deutschen eine dominierende Stellung auf dem Balkan, wodurch sich plötzlich und ohne dass ein Schuss gefallen wäre, die strategische Landkarte in Mitteleuropa radikal verändert hatte.

Der im Februar 1938 ernannte neue Außenminister und Nachfolger von Neuraths, Joachim von Ribbentrop, spielte beim Anschluss keine nennenswerte Rolle. Hitler hatte ihn einige Tagen vor dem Einmarsch in Österreich sogar nach London geschickt, um angeblich als Botschafter Abschied zu nehmen. Aber in Wahrheit wollte Hitler ihn in London haben, um frühzeitig über die Reaktionen der britischen Regierung informiert zu werden. Nichts ahnend fuhr von

1934 kaufte von Ribbentrop das verfallene Schloss Sonnenburg, etwa 80 km östlich von Berlin. Das Landgut wurde aufwändig hergerichtet und mit allem erdenklichen Luxus ausgestattet. Es verfügte über ein eigenes Gestüt und einen 9-Loch-Golfplatz. Von Ribbentrop hatte sogar einen schottischen Golfprofi angestellt, um die Feinheiten des Sports von ihm zu lernen. Der prächtige Park grenzte an einen Privatsee, in dem die Kinder herrlich spielen konnten.

Ribbentrop zusammen mit seiner Frau am 8. März vom Anhalter-Bahnhof in Berlin nach London. Dort hörte er zu seiner Verbitterung am 12. März im Radio, dass deutsche Truppen Österreich besetzt hatten. Auf Fragen der britischen Regierung, was denn da los wäre, musste von Ribbentrop – mit schamrotem Kopf – die Antwort schuldig bleiben. Alle Versuche, telefonisch mit Hitler in Kontakt zu treten, waren vergeblich. Hitler hatte seinen Außenminister in London ohne Informationen und vollkommen abgeschnitten von der Außenpolitik seines Landes sitzen lassen. Am 13. März erreichte die Erniedrigung ihren Höhepunkt, als nicht Hitler, sondern Göring anrief und ihm triumphierend und über-

heblich von den Ereignissen in Österreich berichtete. Nach diesem Telefongespräch geriet von Ribbentrop in eine tiefe Depression und dachte sogar daran, sein Amt niederzulegen und sich ganz aus der Politik zurückzuziehen. Aber als er wieder in Deutschland war, nahm er sich vor, sich nie mehr von der politischen Bühne verdrängen zu lasssen und seinem Führer zu zeigen, dass er noch heftiger, rücksichtsloser und kriegswütiger war als irgendjemand sonst in Deutschland.

Die Tschechoslowakei wird geopfert

Nach dem Anschluss von Österreich im März 1938 grenzte ein Großteil der Tschechoslowakei an das Deutsche Reich.

Das einst so prächtige Schloss Sonnenburg ist nun total verfallen und steht zum Verkauf. Die Decken sind hie und da eingestürzt, aber von Ribbentrops Schlafzimmer im rechten Flügel ist noch völlig intakt, und sogar die goldenen Tapeten sind noch zu sehen. Die Terrasse und die Treppe auf der Rückseite des Schlosses sind völlig überwuchert, und nichts erinnert mehr an die Pracht derer, die hier einstmals residierten.

Am 30. April 1939 feierte von Ribbentrop in seiner Villa in Berlin-Dahlem seinen 46. Geburtstag. Unter den zahlreichen Gästen war auch Hitler. Links von ihm stehen der Vater und die Stiefmutter von Ribbentrops und rechts Anneliese von Ribbentrop sowie zwei hohe Beamte des Außenministeriums.

Für Hitlers territoriale Expansionspläne und sein Streben nach deutscher Hegemonie in Ost- und Mitteleuropa war es von großer Bedeutung, dieses Land unter deutsche Kontrolle zu bringen. Als Hitler Anfang September 1938 offiziell mit einem deutschen Einfall in die Tschechoslowakei drohte, bot der britische Premierminister Arthur Neville Chamberlain an, als Vermittler aufzutreten. Er besuchte darum am 15. September 1938 Hitler in dessen Berghof bei Berchtesgaden, und am 22. September folgte in Bad Godesberg ein zweites Treffen. Dort akzeptierte er, dass das Sudetenland, in dem größtenteils Deutschsprachige wohnten, dem Deutschen Reich zugeschlagen werden sollte. In dem daraufhin getroffenen „Münchener Abkommen" wurde die Zuteilung des Sudetengebietes an das Deutsche Reich festgelegt. Als Gegenleistung garantierten England und Frankreich den Bestand der restlichen Tschechoslowakei. So gelang es Hitler auch mit seiner Taktik aus Bluff und Androhung von Gewalt, die Ablösung einer unabhängigen Slowakei zu bewerkstelligen, die unter die Führung des deutschen Vasallen Dr. Tiso kam. Am 14. März 1939 sollte er im slowakischen Parlament die durch die Deutschen verlangte Unabhängigkeitserklärung verlesen, die das Ende

Von Ribbentrop mit zweien seiner Kinder auf der Treppe zum Park an der Rückseite seines Schlosses. Die Kinder verfügten sogar über einen exakten Nachbau einer altgermanischen Holzhütte, in der sie nach Herzenslust spielen konnten.

Am 20. April 1939 feierte Hitler mit der größten Parade des Dritten Reiches auf der Ost-West-Achse in Berlin seinen 50. Geburtstag. Die vierstündige Parade machte nicht nur tiefen Eindruck auf die gut zwei Millionen Zuschauer, sondern auch auf das versammelte diplomatische Korps und die hohen ausländischen Gäste. Deutschland zählte militärisch gesehen wieder mit.

Ein Weinhändler als Außenminister

1939 hatte Joachim von Ribbentrop es weit gebracht: Er war verheiratet mit der einzigen Tochter des Sektfabrikanten Henkell, er war Weinhändler und Importeur mit Exklusivrechten für Whisky, enger Berater Hitlers für die Außenpolitik, Botschafter in London und seit dem 4. Februar 1938 auch Außenminister – eine steile Karriere für den eitlen von Ribbentrop, der seine Unsicherheit stets mit Arroganz zu überdecken versuchte. Zweifellos war der humorlose und intrigante von Ribbentrop die schlechteste Wahl, die Hitler je für ein hohes Amt traf. Aber von Ribbentrop teilte viele von Hitlers gesellschaftlichen Antipathien und sah in ihm eine Art Vaterfigur, der er blindlings gehorchte. Das ermöglichte Hitler, wieder einen direkten Zugriff auf die Außenpolitik des Reiches zu bekommen. 1936 ernannte Hitler von Ribbentrop zum Botschafter in London. Auf einem Empfang am britischen Hof 1937 machte dieser den unverzeihlichen Fehler, den britischen König mit „Heil Hitler!" zu begrüßen. Die gesamte englische Society schnitt ihn danach, was ihn besonders tief kränkte. Seit jener Zeit hegte er einen tief verwurzelten Hass gegen alles Englische – Hass, der sicher in den turbulenten Entwicklungen mitspielte, die dem Ausbruch des Zweiten Weltkrieges vorausgingen. Trotz seiner sklavischen Haltung Hitler gegenüber übte von Ribbentrop doch Einfluss auf die durch Hitler gesteuerte Außenpolitik aus. Er war in den Augen Hitlers ein viel gereister Mann von Welt mit umfangreichen Sprachkenntnissen. Nach Meinung vieler Zeitzeugen gab von Ribbentrop Hitler viele fehlerhafte Informationen über die britische Politik. Er zeichnete das Bild eines Landes, das sich so auf sich selbst zurückgezogen hatte, dass es jede Gewaltaktion Deutschlands hinnehmen würde. Und Hitler handelte auf Grundlage dieser katastrophalen und kurzsichtigen These, umso mehr diese mit seinen eigenen Auffassungen über die „schwachen und korrupten" westlichen Demokratien übereinstimmte. Von Ribbentrops Einfluss nahm weiter zu, als seine Voraussage eines passiven und nicht zum Handeln bereiten Englands bei der österreichischen und besonders der tschechischen Krise anfangs zu stimmen schien. Höhepunkte in seiner Karriere waren der Vertrag von

der Tschechoslowakischen Republik bedeutete. Hitler sah jetzt seine Chance, sich auch die Tschechen vorzunehmen. Am 13. April unternahm die tschechische Regierung eine letzte Anstrengung, indem sie sich direkt an Hitler wandte, um deutschen Aktionen zuvorzukommen. Mit Drohungen und Lügen verstand Hitler es, den tschechischen Präsidenten Emil Hácha zu überreden, dass dieser ein Papier unterzeichnete, worin stand: „Der Präsident hat das Schicksal des tschechischen Volkes und Landes in vollem Vertrauen in die Hände des Führers gelegt."

Zwei Stunden, nachdem das Papier von Hácha unterschrieben worden war, begannen Einheiten der Wehrmacht mit den ihnen folgenden SS-, SD- und Gestapo-Einheiten in Tschechien einzuziehen. Trotz des von Goebbels befohlenen Gejubels in den Zeitungen und im Radio konnte dieser schöne Schein nicht verhüllen, dass die Stimmung in der deutschen Bevölkerung etwas gedrückt war. Die Mehrheit der Deutschen realisierte nunmehr mit Schrecken, dass mit der Eroberung Tschechiens eine Grenze überschritten war. Denn zum ersten Mal war nun ein nicht-deutsches Land erobert worden, wodurch Hitler den Vertrag von München gebrochen hatte. Für viele Deutsche wurde nun erst richtig deutlich, dass ihre Regierung rein expansionistisch und ausgesprochen kriegswütig war.

Reichsführer SS Himmler macht einen Kondolenzbesuch bei von Ribbentrop nach dem Tod dessen Vaters. Auf dem Foto steht rechts der Dienstwagen von Himmler mit Kennzeichen SS-1 vor der Dahlemer Villa, vor der die Fahne auf Halbmast hängt. Der Vater von Ribbentrops sollte auf dem Landgut Schloss Sonnenburg beerdigt werden.

Schloss Sonnenburg hinauffährt, das prächtige Landgut der Familie von Ribbentrop etwa 80 km östlich Berlins. 1934 hatte von Ribbentrop das einst verfallene Landgut aus dem 18. Jahrhundert gekauft und im Lauf der Jahre restaurieren und verschönern lassen. Sonnenburg liegt etwas außerhalb des Kurstädtchens Bad Freienwalde in einer besonders herrlichen und schönen Landschaft, die man wegen der vielen Hügel auch die Märkische Schweiz nennt. Im Auto sitzen der deutsche Außenminister von Ribbentrop und der englische Botschafter Sir Neville Henderson. Beide wollen nach dem Lunch und beim Genuss eines guten Glases Whisky über die zwischen beiden Ländern entstandenen Spannungen als Folge der „Sudetenfrage" sprechen. Wachtposten haben bei der Annäherung der Fahrzeuge die monumentalen Eingangstore zum Landgut schon geöffnet und präsentieren das Gewehr. Langsam fährt das Auto über die ringförmige Auffahrt entlang der großen Pferdeställe, die links und rechts das Hauptgebäude flankieren. Vor der Treppe zum Haupteingang des Schlosses, das eher an einen großen Herrenhof erinnert, hält es an. Als von Ribbentrop und sein Gast aussteigen, schlägt der kleine Carillon im Turm des Haupthauses 12.00 Uhr. Von Ribbentrop sieht in seiner Diplomatenuniform voller Orden und mit einem prächtigen Ehrendolch an der Seite recht beeindruckend aus. Schon im Gespräch – von Ribbentrop spricht fließend Englisch – laufen sie die Treppen zum Eingang hoch, wo ein Diener bereit steht. In der prächtigen Halle angekommen, werden sie

München 1938 und der Nichtangriffspakt mit der Sowjetunion von 1939. Es war von Ribbentrop, der Hitler immer wieder einflüsterte, dass er einen Krieg wohl riskieren konnte, da die Westmächte letzten Endes doch nicht reagieren würden. Und nie vergaß er die Schmach, die ihm die Engländer angetan hatten.

Von Ribbentrops notorische Eitelkeit und zunehmende Arroganz sind auf ein Gefühl der Minderwertigkeit und des Nicht-Gewachsenseins gegenüber seinen Aufgaben als Außenminister zurückzuführen. Er stand seinem Gefühl nach auf der Weltbühne und musste eine Rolle spielen, die er einfach nicht ausfüllen konnte. Die Unsicherheit, die damit gepaart war, versuchte er durch Arroganz zu verbergen. Damit wollte er von vornherein auftrumpfen und seine Gegenspieler einschüchtern, bevor diese schwierige Fragen stellten, die er nicht beantworten konnte. Bezeichnend war vor allem dies: Als er während des Krieges Paris besuchte, in vollem Ornat die Treppen des Gare du Nord hinabschritt und dabei mit dem rechten Arm den Hitlergruß zeigte, hielt er wie üblich seinen Kopf so hoch, dass er auf der letzten Stufe stolperte.

Ein Schloss mit Privat-Golfplatz

Es herrscht strahlendes Spätsommerwetter, als am 1. September 1938 ein großer, schwarzer Mercedes die lange, von Kastanienbäumen umsäumte Einfahrt von

Reichsführer SS Himmler zu Besuch bei seinem guten Freund von Ribbentrop in dessen Haus in Dahlem. Himmler wohnte in der Nähe und war mit seiner Frau Marga oft zu Gast bei den von Ribbentrops, die es finanziell viel besser hatten als die Himmlers. Zum großen Ärger ihrer Rivalen Göring und Goebbels hatten Himmler und von Ribbentrop schon früh ein Bündnis geschlossen.

*Mit einem abschätzigen Blick schaut Hitler auf die über-
lebensgroße Büste von sich selbst in von Ribbentrops Wohnzimmer. Hitler fand, dass von Ribbentrop snobistisch war und
wenig Geschmack besaß.*

begrüßt durch Frau von Ribbentrop. Von Ribbentrop geht
seinem Gast zu dem zum Garten gelegenen Wintergarten
voraus, wo etwas später auch die Kinder ihre Aufwartung
machen. Von Ribbentrop ist ein leidenschaftlicher Pferdelieb-
haber und hat in Sonnenburg ein komplettes Gestüt. Obendrein hat er einen 9-Loch-Golfplatz, wo er während seines
Aufenthaltes in Sonnenburg nahezu täglich mit seiner Frau
eine Partie spielt. Er ließ sogar einen schottischen Golfprofi
kommen, um besser Golf spielen zu lernen. Im linken Flügel
befinden sich die Kinderzimmer, und vom prächtigen
Wintergarten an der Rückseite hat man eine schöne Aussicht
auf den kleinen See, der rechts vom Wohnhaus liegt. Hinter
dem Haus befindet sich eine fürstliche Terrasse mit breiten
Treppen zum Park und zum See. Am Wasser sind ein Anlegesteg und ein kleines Bootshaus, in dem einige Bötchen für die
Kinder liegen. Die Kinder haben sogar ein lebensgroßes und
mehr als mannshohes „Puppenhaus" im Stil einer ostgerma-
nischen Blockhütte, in der sie nach Herzenslust toben
können. Kurzum, es fehlt dem Reichsminister für das Aus-
wärtige wirklich an nichts mehr. Er findet es nur schade, dass
er sich aus Zeitmangel nicht öfter auf sein Landgut zurückziehen kann. Eine eiserne Regel der Familie lautet, dass die
Weihnachtstage immer in Sonnenburg verbracht werden, was
auch immer so geschah. Dann wird im Wintergarten, mit
Aussicht auf den herrlichen Park, ein großer Weihnachtsbaum
aufgestellt. Das letzte Weihnachten der Familie von Ribbentrop auf Sonnenburg war 1944, nachdem von Ribbentrop am
15. November noch mit dem japanischen Botschafter Oshima
zu Mittag gespeist und ihm mitgeteilt hatte, dass Deutschland
es geschafft habe, die Fronten sowohl im Osten als auch im
Westen zu stabilisieren und einen Angriff auf den Westen
vorbereite (am 10. Dezember sollte Hitler Berlin für die
Ardennenoffensive verlassen).

Gegenwärtig steht das völlig verfallene Landgut zum Verkauf.
Die Gärten sind verwildert, die Fenster haben kein Glas
mehr, das Dach ist undicht, wodurch große Teile der Decken
völlig verrottet und teilweise eingestürzt sind. Alle kostbaren
Materialien sind verschwunden. Nur in von Ribbentrops
Schlafzimmer zeugen einige Überreste der ehemals prächtigen
Tapeten noch vom Prunk, der hier einst herrschte.

Die größte Militärparade des Dritten Reiches

Berlin, 20. April 1939. Es herrscht heute das, was die Deutschen dieser Jahre „Hitlerwetter" nennen: trockenes und
sonniges Frühlingswetter mit ab und zu einem Wölkchen.
Die Berliner sind in Massen zusammengekommen, um die
große Militärparade zu Ehren des 50. Geburtstags ihres
Führers mitzuerleben. Die Parade soll insbesondere den
versammelten ausländischen Staatsoberhäuptern und
Diplomaten zeigen, dass Deutschland eine bis an die Zähne
bewaffnete europäische Großmacht geworden ist, die jeden
Moment losschlagen kann. Rund 50.000 Soldaten aller
Waffengattungen sollen an diesem Tag gut vier Stunden lang
an Hitler und seinen Gästen vorbeiparadieren, um so einen
beeindruckenden Querschnitt der militärischen Macht und
Stärke des neuen Deutschlands zu demonstrieren. Es sollte
die größte und beeindruckendste Militärparade des Dritten
Reiches werden. Die Wochenzeitungen pochten sogar darauf,
dass die Parade, wenn alle Teilnehmer hintereinander gelaufen
wären, wohl gut 200 km lang gewesen wäre – das wäre die
größte Parade in der menschlichen Geschichte gewesen.

Radio und Presse feierten den Führer mit langen Haupt-
artikeln, Fotoserien und Kommentaren. Es wurden sogar
spezielle Gedenkbriefmarken herausgebracht, um den „Größten aller Deutschen" zu ehren. Die Parade hatte nur das Ziel,
den Westmächten (und auch der eigenen Bevölkerung) die
militärische Stärke und Macht des neuen, nationalsozialistischen Deutschlands zu beweisen. Hitler nahm die um Punkt
elf Uhr beginnende Parade auf dem vor der Technischen
Universität an der Ost-West-Achse aufgebauten Podium ab,
das mit Girlanden verziert war und hinter dem ein riesiger
Adler mit Hakenkreuz thronte. Rund zwei Millionen Berliner
sollen dem Auslandskorrespondenten William Shirer zufolge
der Militärparade beigewohnt haben, die auf alle Anwesenden, inklusive der ausländischen Diplomaten, einen tiefen
Eindruck machte.

Zehn Tage danach, am 30. April 1939, feierte von Ribbentrop seinen 46. Geburtstag und gab eine große Gartenparty
in seiner Luxusvilla in Berlin-Dahlem. Ehrengast war Hitler,
der bei seiner Ankunft von zwei Ribbentrop-Kindern mit
Blumen willkommen geheißen wurde. Mitglieder der SS-
Leibstandarte hatten die Straße entlang der Villa gesperrt,
um aufdringliche Neugierige auf Abstand zu halten.

Der Pakt mit dem Teufel

Am 21. August 1939 wurde Speer zufolge Hitler während des
Abendessens ein Telegramm ausgehändigt. Speer: „Sein Blick
überflog das Papier, er wurde feuerrot, starrte einen Augenblick vor sich hin, schlug mit seiner Faust so hart auf den
Tisch, dass die Gläser klirrten und rief mit sich überschlagen-
der Stimme: ‚Ich habe sie, ich habe sie!' Innerhalb weniger Sekunden beherrschte er sich aber wieder; niemand wagte
etwas zu fragen, und die Mahlzeit ging einfach weiter." Nach
deren Ende ließ Hitler die Herren der Gesellschaft zu sich
kommen: „Wir sollen einen Nichtangriffsvertrag mit Russland abschließen. Hier, lest! Ein Telegramm von Stalin!" Das
Telegramm lautete: „An den Kanzler des Deutschen Reiches,
Herrn A. Hitler. Ich danke Ihnen für Ihren Brief. Ich hoffe,
dass der deutsch-russische Nichtangriffspakt eine bedeutende

*Im Mai 1939 wurde Molotow vom russischen Diktator
Stalin zum Außenminister ernannt. Hier ist er zu Besuch
in Berlin, in der Lobby des Hotels Kaiserhof im Gespräch mit
NS-Führern. V.l.n.r. Molotow, der farblose Innenminister
Frick, Übersetzer Erich Kordt, von Ribbentrop und der
Reichsführer SS Himmler.*

Verbesserung in den politischen Beziehungen zwischen unseren Ländern zuwege bringen wird. Die Völker unserer Länder haben das Bedürfnis, in Frieden miteinander zu leben. Die sowjetrussische Regierung hat mich beauftragt, Ihnen mitzuteilen, dass sie bereit ist, Ihren Herrn von Ribbentrop am 23. August in Moskau zu empfangen. Gezeichnet J. Stalin."
Nachdem Champagner herbeigebracht worden war, brachte die gesamte Gesellschaft einen Trinkspruch auf diesen meisterlichen diplomatischen Schachzug des Führers aus. Später am Abend – es war inzwischen beinahe Mitternacht – wurde noch ein Film gezeigt, in dem man Stalin eine große Militärparade der Roten Armee abnehmen sah. Hitler bemerkte während der Vorstellung, wie glücklich Deutschland sich schätzen konnte, dass so eine militärische Macht nun neutralisiert war. Kurz vor zwei, in der Nacht vom 23. auf den 24. August 1939, meldete von Ribbentrop in einem Telefonat mit Hitler die Unterzeichnung des Nichtangriffspaktes. Das dazugehörige Geheimprotokoll wurde erst nach dem Krieg bekannt. Man konnte ihm entnehmen, dass ganz Osteuropa in Einflusszonen zwischen beiden Ländern aufgeteilt worden war. Die Nachricht, die im deutschen Radio per Sondermeldung bekannt gemacht wurde, schlug ein wie eine Bombe.

Hitler steuert den Krieg an
Nachdem er mit den Russen den Nichtangriffspakt geschlossen hatte, waren Hitlers Hände nun im Osten frei, um Polen anzugreifen. Aber das galt nicht für den Westen, denn sowohl Frankreich als auch England hatten mit Polen einen Vertrag

Der Höhepunkt in von Ribbentrops Karriere bildete zweifellos die Unterzeichnung des Nichtangriffsvertrages zwischen Deutschland und Russland am 23. August 1939. V.l.n.r. von Ribbentrop, Stalin, ein russischer Beamter, Übersetzer Kordt, Molotow und von der Schulenburg, der deutsche Botschafter in Russland.

abgeschlossen, dass sie Polen militärisch im Falle eines Angriffs zu Hilfe kommen würden. Unter großem internationalen Druck formulierte Hitler einen Forderungskatalog zur polnischen Frage, obwohl er im Herzen nichts lieber wollte als Krieg. Eine wichtige Forderung war, dass England daran mitwirken sollte, dass Deutschland die Freie Stadt Danzig und den Korridor (ein Streifen Land zwischen Deutschland und Ostpreußen, der Polen im Vertrag von Versailles zugesprochen worden war, um Zugang zur Ostsee zu bekommen) wieder zurückerhielt. Daneben gab es noch Forderungen, wie die Abgabe ausreichender Garantien für die Behandlung der deutschen Minderheit in Polen und die Rückgabe der ehemaligen deutschen Kolonien oder eine Kompensation dafür. England und Frankreich erklärten sich bereit, zu einer Übereinkunft mit Deutschland zu kommen, aber hielten unvermindert an ihrer Garantie Polen gegenüber fest und schlugen direkte Verhandlungen zwischen Deutschland und Polen für die Regelung von Grenz- und Minderheitsfragen vor. Die polnischen Grenzen sollten nicht allein durch Deutschland, sondern durch alle europäischen Großmächte garantiert werden.

Am 26. August herrschte in Deutschland eine merkwürdige Atmosphäre. Trotz der Tatsache, dass der für diesen Tag geplante Überfall auf Polen durch Hitler aufgeschoben worden war, war durch die Rüstungsvorbereitungen doch eine gewisse Kriegsstimmung spürbar. So wurde die Bevölkerung durch die Einführung von Rationierungen für Lebensmittel und kriegswichtige Grundstoffe aufgeschreckt. Da viele noch in den Ferien waren, entstanden durch die übereilte Rückreise von Urlaubern lange Staus. Weil Benzin an fast allen Tankstellen nur noch an die Wehrmacht ausgegeben wurde, entstanden vor den wenigen, denen es noch erlaubt war, ihre Vorräte herauszugeben, riesige Autoschlangen. Der Zugverkehr für Personen wurde auf ein Minimum beschränkt, und auf den Hauptstrecken fuhren in kurzen Abständen Militärzüge in den Osten Deutschlands. Der zivile Luftverkehr wurde stillgelegt, und der Postverkehr war zehn Tage lang nicht möglich. Shirer: „Die Vorbereitungen für den Krieg gehen weiter. Auf Berliner Dächern wimmelt es vor Luftabwehrgeschützen. Und in den wichtigsten Berliner Bahnhöfen werden die Bahnsteige durch die einberufenen Reservisten verstopft, die Abschied von ihren Liebsten nehmen. Das deutsche Radio meldete, dass ab Montag bestimmte Lebensmittel, Seife, Kohle, Textilien und Schuhe rationiert wurden. Zuteilungskarten wurden innerhalb von 24 Stunden durch die Bürgermeister jeder Stadt verteilt."
Die Engländer blieben trotzdem felsenfest bei ihrer Forderung, dass die Polen-Frage friedlich geregelt und dass die polnischen Grenzen von allen Seiten respektiert werden mussten. Als Hitler in den frühen Morgenstunden des 31. August erfuhr, dass die Briten weder offiziell noch inoffiziell zu einer Änderung ihres Standpunktes bereit waren, begann er zu zweifeln, und stand kurz davor, sein Vabanquespiel aufzugeben. Dennoch gab er noch am gleichen Tag um 12.40 Uhr den definitiven Befehl für den Beginn des Krieges gegen Polen und unterzeichnete die zugehörige Weisung. Die internationale Spannung erreichte einen Höhepunkt.

Während Hitler auf den Krieg zusteuerte, ging das normale Leben der nichts ahnenden deutschen Bevölkerung einfach weiter. Mannequins führten Pelzmäntel auf der Pferderennbahn vor.

Um 16.00 Uhr rief der Papst in Rom die Parteien zum Frieden auf, aber Hitler antwortete ihm genauso wenig wie den beiden Botschaften des amerikanischen Präsidenten Roosevelt, der früher am Tag ebenfalls zu einer friedlichen Regelung aufgerufen hatte. Um 16.50 Uhr begann in Görings Palais an der Leipziger Straße eine letzte deutsch-englische Konferenz. Hitler hatte ausdrücklich seine Zustimmung gegeben, sie endete jedoch ergebnislos. Um 17.00 Uhr erschien der italienische Botschafter Attolico bei von Ribbentrop und überbrachte den dringenden Wunsch des Duce, dass der Führer den polnischen Botschafter Lipski empfangen möge. Auch auf diesen Appell reagierte Hitler nicht mehr. Und um 21.00 Uhr ließ Hitler eine Botschaft der Regierung über alle deutschen Sender mit der deutschen Version der letzten Ereignisse bezüglich der missglückten Verhandlungen mit Polen ausstrahlen, und es wurde auch das durch Polen abgelehnte „Friedensangebot" mit Hitlers 16 Punkten verlesen. Donnerstag, der 31. August, der letzte Friedenstag des Dritten Reiches, endete in einer schwülen Sommernacht. Die drückende Hitze und die intensive Spannung vor einem bevorstehenden großen Krieg ließen viele Menschen in dieser Nacht schlecht schlafen.

12 DIE DEUTSCHE KRIEGSWALZE BEGINNT ZU ROLLEN

Blitzkrieg in Polen

Freitag, 1. September 1939. Berlin erwachte langsam, als in aller Frühe plötzlich die Radioprogramme des Großdeutschen Rundfunks unterbrochen wurden und ein Aufruf des Führers und Reichskanzlers an die Wehrmacht verlesen wurde, der beinhaltete, dass Hitler noch an diesem Morgen der Wehrmacht den Auftrag gegeben hatte, Polen anzugreifen. Für den übergroßen Teil der Deutschen kam diese Kriegserklärung an Polen vollkommen unerwartet. Die Menschen waren wie betäubt, als sie diese schrecklichen Nachrichten hörten. Überall in der Stadt bildeten sich spontan kleine Gruppen von Menschen, die mit ernsten und gespannten Gesichtern die möglichen Konsequenzen dieses neuen Krieges besprachen. Man hatte noch so gehofft, dass – wie schon vorher in jenem Jahr – im allerletzten Moment ein Krieg durch Diplomatie verhindert werden könnte. Aber

nach der Verlesung des Aufrufs Hitlers an die Wehrmacht und erst recht nach seiner Ansprache vor dem versammelten Reichstag im Gebäude der Kroll-Oper war dieser Hoffnung jede Grundlage entzogen worden. Als Hitler gegen zehn Uhr morgens an diesem Freitag den Versammlungssaal in der Kroll-Oper betrat, wurde er von den Anwesenden laut bejubelt. Hitler war an jenem Morgen das erste Mal in einer speziellen feldgrauen Uniform mit dem SS-Zeichen auf dem Ärmel gekleidet. Man lauschte gespannt, als er – anfangs zögerlich – mit seiner üblichen tiefen, heiseren Stimme seine Anklagen gegen Polen Punkt für Punkt aufzählte, wobei er augenscheinlich immer wütender zu werden schien. Der Schauspieler übte sich ein … In der Aufregung vergaß er jedoch, wann die Feindlichkeiten tatsächlich begonnen hatten. So rief er, dass „seit 5.45 Uhr" zurückgeschossen werde. Korrekt wäre 4.45 Uhr gewesen.

Foto links: Bei Paraden konnte Hitler stundenlang (!) seinen rechten Arm zum Hitlergruß ausgestreckt halten. Hierfür übte er täglich mit Gewichten.

Foto oben: Am 1. September 1939 verkündete Hitler in der Kroll-Oper, dass ab 5.45 Uhr deutsche Truppen in Polen eingedrungen waren. Durch die Aufregung vertat er sich um eine Stunde: Es war bereits um 4.45 Uhr losgegangen.

Am 1. September 1939 marschieren deutsche Truppen in Polen ein. Hier beseitigen deutsche Soldaten demonstrativ einen polnischen Grenzpfosten mit links dem polnischen Adler darauf.

Sehr schnell rücken deutsche Truppen, unterstützt durch Panzer und Flugzeuge, nach Polen vor. Der „Blitzkrieg" war geboren.

Deutsche Infanteristen mit Gewehr und Handgranate im Anschlag.

Hitler in seinem Wohnzimmer in der alten Reichskanzlei bei der Diskussion des bevorstehenden Angriffs auf Norwegen mit v.l.n.r. Goebbels, Göring, Hitler, General Kesselring, Großadmiral Raeder, General von Brauchitsch und General Keitel.

Foto links: Brennende Schiffe im Hafen von Narvik, nachdem dieser von den Deutschen erobert wurde.

Foto unten: Angehörige der SS-Leibstandarte Adolf Hitler während einer Gefechtspause irgendwo in Frankreich.

Foto links: Gnadenlos bombardiert die Luftwaffe Warschau, das bald in großen Teilen in Brand stand.

Foto unten: Hitlers Siegesparade in Warschau am 5. Oktober 1939.

Ein deutscher Stuka-Bomber über Polen.

Göring saß am Abend des 31. August 1939 in seinem Sonderzug, als ihn der Bericht erreichte, dass Hitler definitiv beschlossen hatte, Polen am folgenden Tag in aller Frühe anzugreifen. Außer sich vor Wut, voller Enttäuschung und Angst vor dem, was kommen sollte, rief er Außenminister von Ribbentrop in Berlin an und schrie ihn an: „Jetzt hast du den verdammten Krieg! Das ist alles deine Schuld!" Und dann warf er den Hörer auf den Haken.

Mit einer Übermacht an Material und Mannschaften fiel Deutschland von Westen her in Polen ein, während zu allem Überfluss die Sowjetstreitkräfte am 17. September aus dem Osten in das Land einmarschierten. Nach der verwüstenden Bombardierung der polnischen Hauptstadt Warschau durch die deutsche Luftwaffe kapitulierte Polen am 27. September. Deutsche und Russen verteilten die polnische Beute unter sich. Mit der schnellen Eroberung Polens hatte Hitler der Welt das erste Mal die beeindruckende Schlagkraft der deutschen Armee gezeigt. Für die polnische Bevölkerung war ein Alptraum angebrochen, der Millionen unschuldiger Polen das Leben kosten würde und das Land in einem weit gehenden Zustand der Verwüstung hinterlassen sollte.

Das brennende Rotterdam, nachdem die Stadt am 15. Mai 1940 von deutschen Bombern angegriffen worden war. Da die Kapitulation der Niederlande 20 Minuten zu spät bei der Führung der Luftwaffe ankam, konnte eine Bomberstaffel, die auf dem Weg war, die Stadt zu bombardieren, nicht mehr zurückgerufen werden.

Göring (mit weißer Mütze) besucht am 20. Mai die noch immer qualmenden Ruinen des bombardierten Rotterdams.

General Keitel, Hitler und Göring im Führerzug auf dem Weg zu Hitlers Hauptquartier in den Ardennen nahe der belgisch-französischen Grenze.

Krieg mit England und Frankreich

Am Freitag, dem 1. September 1939 um 04.45 Uhr, war Deutschland in Polen eingefallen. Bereits im Lauf des Tages waren die ersten Erfolgsmeldungen der Wehrmacht und der Luftwaffe im Großdeutschen Rundfunk zu hören, der übrigens über alle gleichgeschalteten Sender ausschließlich Marschmusik sendete, nur unterbrochen von kurzen Mitteilungen. Am 2. September strömten neue Erfolgsmeldungen über den Verlauf des Krieges in Polen herein. Mussolini unternahm noch einen letzten Versuch, eine Friedenskonferenz mit dem Ziel einer Vereinbarung zu organisieren. Aber das war nun alles zu spät …

Sonntag, der 3. September, war ein strahlend schöner Tag, und unter normalen Umständen wären die Berliner in Massen zu den Wäldern und Seeen rund um Berlin geströmt, aber der Tag verlief ganz anders. Die meisten Menschen blieben zu Hause oder besuchten ihre Familie. Sie waren verwirrt, ernst und ängstlich und erkannten intuitiv, dass sie an der Schwelle eines großen, modernen Weltkrieges mit allen furchtbaren Folgen standen. In der Wilhelmstraße und auf dem Wilhelmplatz hatten sich am Morgen schon früh Journalisten und Fotografen versammelt. Auch standen dort verschiedene Grüppchen von Berlinern. Um 09.00 Uhr ließ sich der britische Botschafter Henderson beim Außenministerium anmelden, um ein Ultimatum seiner Regierung zu

überreichen. Da von Ribbentrop in dem Moment bei Hitler im Wintergarten der alten Reichskanzlei war, nahm Chefübersetzer Dr. Paul Schmidt das Ultimatum von Henderson in Empfang. Im Ultimatum stand, dass England sich ab 11.00 Uhr britischer Sommerzeit im Kriegszustand mit Deutschland betrachte, wenn bis zu diesem Zeitpunkt keine befriedigende Erklärung der deutschen Regierung erfolgt sei, dass Deutschland sich sofort aus Polen zurückziehen würde. Nachdem er dieses Ultimatum in Empfang genommen hatte, eilte Schmidt zur alten Reichskanzlei. Dort konnte er sich nur mit Mühe durch die vielen Besucher drängen. Als Schmidt endlich den Wintergarten betrat, traf er nur Hitler und von Ribbentrop an. Hitler lehnte über einem großen Tisch, während von Ribbentrop an einem der hohen Fenster stand. Beiden sahen Schmidt erwartungsvoll und mit Spannung an. Langsam begann Schmidt, das britische Ultimatum zu übersetzen und vorzulesen. Als er damit fertig war, entstand eine beklemmende Stille, die nach einiger Zeit durch Hitler unterbrochen wurde, als er von Ribbentrop anschnauzte: „Und was jetzt?" „Ich nehme an", sagte von Ribbentrop ruhig, „dass die Franzosen in einer Stunde auch mit so einem Ultimatum kommen werden." Kurz nachdem Schmidt den Raum verlassen hatte, kam Göring herein, der nur bemerkte: „Gott sei uns gnädig, wenn wir diesen Krieg verlieren." Um 11.00 Uhr überreichte der französische Botschafter Coulondre von Ribbentrop ein entsprechendes Ultimatum.

Anhand einer Straßenkarte verfolgt Hitler gespannt den Aufmarsch seiner Truppen in Frankreich. Ganz rechts SS-Obergruppenführer Wolff, der Verbindungsmann der SS zu Hitler im Führerhauptquartier.

Deutsche Panzer rollen in die Vorstädte von Paris. Es waren insbesondere die „blitzschnellen" Panzer, die Deutschland anfänglich in den so genannten Blitzkriegen so siegreich machten.

Nord- und Westeuropa werden überrannt

Nach der Kapitulation des polnischen Heeres am 27. September und der darauf folgenden großen Siegesparade der deutschen Truppen für ihren Führer blieb es sichtlich ruhig an der Westfront. England und Frankreich befanden sich zwar im Krieg mit Deutschland, aber von großartigen militärischen Bewegungen war keine Rede. Bis zur deutschen

Frühjahrsoffensive 1940 blieb der Krieg an der Westfront vorläufig ein theoretischer. Die Franzosen befanden sich hinter ihrer „uneinnehmbaren" Maginot-Linie, während die Deutschen hinter ihrer Siegfried-Linie lagen. Man konnte einander mit Ferngläsern gut beobachten, aber kein Schuss fiel. Man sprach darum auch schon von einem „phony war" oder einem Sitzkrieg.

Um eine alliierte Blockade wie im Ersten Weltkrieg zu vermeiden, hatte die deutsche Admiralität auf die Eroberung von Dänemark und Norwegen gedrungen. Hitler hatte anfänglich nur wenig für diesen Plan übrig. Besonders die norwegische Neutralität war seiner Meinung nach sehr wichtig. Schiffe mit schwedischem Eisenerz, das über den norwegischen Hafen Narvik nach Deutschland verschifft wurde – übrigens ein für die deutsche Kriegswirtschaft absolut unentbehrlicher Grundstoff –, konnten den Seeweg zwischen Narvik und Deutschland zum großen Teil durch norwegische Territorialgewässer zurücklegen. Als aber im Februar 1940 ein deutscher Torpe-

Deutsche Truppen am Triumphbogen im Zentrum von Paris. Per Lautsprecherwagen (rechts) wurden die Pariser aufgefordert, ruhig zu bleiben, und erste Besatzungsverordnungen wurden verkündet.

Triumphzug in Berlin

Berlin, Samstag, 6. Juli 1940. Die ganze Stadt ist schwarz von Menschen, denn Hitler hält an diesem Tag seinen triumphalen Einzug, um seinen Sieg über Frankreich und die übrigen überrannten Länder Westeuropas zu feiern. Der Sonderzug des Führers wird gegen 15.00 Uhr im Anhalter-Bahnhof im Zentrum von

dobootjäger in einen norwegischen Fjord einlief und starke Hinweise darauf deuteten, dass England Truppen in Norwegen stationieren würde, um Deutschland vom schwedischen Eisenerz abzuschneiden, änderte Hitler seine Meinung und gab den Befehl zum Angriff.

Am 9. April drang das deutsche Heer in Dänemark ein. Zur gleichen Zeit setzten deutsche Marinefahrzeuge in den wichtigsten norwegischen Häfen Narvik, Bergen und Trondheim Truppen an Land. Fallschirmspringer besetzten die Flughäfen und innerhalb weniger Stunden die Hauptstadt Oslo – um beide Länder „vor einer drohenden Invasion der Engländer" zu beschützen. Unter dem gleichen Vorwand – angeblichem Schutz vor der drohenden Besetzung durch England und Frankreich – fielen deutsche Truppen im Mai 1940 gleichzeitig in den Niederlanden, Belgien und Luxemburg ein. Kurze Zeit später war Frankreich an der Reihe. Nach einem schnellen Feldzug wurden diese Länder besetzt. Am 25. Juni 1940 waren die Kämpfe beendet, und an allen Fronten schwiegen die Kanonen. Der größte Teil Kontinentaleuropas befand sich nun im Griff von NS-Deutschland, wobei zu diesem Zeitpunkt noch niemand vorhersehen konnte, welche Folgen dies alles mit sich bringen würde. Vom 22. Juni 1940 bis 22. Juni 1941 stand England allein da. Aber die Britischen Inseln blieben unbesetzt, und das war teilweise auch Hitlers eigenes Werk. Es gibt zwei Erklärungen dafür: Die Erste ist ganz einfach, dass es Deutschland an Fahrzeugen, Waffen und Mannschaften fehlte, um eine Invasion Englands in großem Maßstab auszuführen. Und die zweite Erklärung liegt sogar noch mehr auf der Hand, nämlich dass Hitler immer davon ausging, dass England neutral bleiben wollte oder sogar einen Friedensvertrag mit Deutschland schließen würde. Die mit viel Aufwand angekündigte deutsche Invasion im Sommer 1940 war dann auch nie eine echte Option für Hitler.

Berlin erwartet. Dort hat sich die komplette Regierungs- und Armeespitze bereits versammelt. Gut 40 Kameras der „Wochenschau" halten Hitlers Ankunft aus verschiedenen Blickwinkeln. Obendrein sind alle deutschen Radiosender und die meisten Sender der eroberten Gebiete gleichgeschaltet, wobei die laufenden Radioprogramme zeitweise unterbrochen werden, um einen aktuellen Bericht von den Ergeignissen in Berlin zu geben. Die Bahnhofshalle und die Bahnsteige sind überschwemmt von riesigen Hakenkreuzfahnen, die sich langsam im Rhythmus des Windes bewegen. Genau um drei Uhr kündigt Fanfarenschall die Ankunft des Führer-Sonderzuges an, der langsam in den Bahnhof einrollt. Hitlers Waggons fahren verschiedene Fahrzeuge mit schweren Flugabwehrkanonen (Flak) voraus. Der Jubel ist ohrenbetäubend und übertönt sogar die schallenden Trompeten des großen Musik- und Trompetenkorps der SS-Leibstandarte Adolf Hitler. Speziell ausgesuchte Jungen und Mädchen der Hitlerjugend haben den Bahnsteig mit Blütenblättern bestreut

Mit begierigem Blick schaut Göring am Strand von Calais auf die nächste Beute: England, dessen weiße Kalkfelsen an diesem strahlenden Tag sogar mit bloßen Augen zu sehen sind.

Am 22. Juni 1940 unterzeichnet Frankreich in einem Eisenbahnwaggon in Compiègne den Waffenstillstand mit Deutschland. Vor dem Hereingehen posieren v.l.n.r. Hess, Hitlers Stellvertreter als Führer der NSDAP, General von Brauchitsch, Großadmiral Raeder, General Keitel, Hitler, Göring, Hitlers Chefadjutant Bruckner und Außenminister von Ribbentrop.

Foto links: Im Waggon v.l.n.r. von Ribbentrop mit erhobenem Kinn, Fotograf Hoffmann, Großadmiral Raeder, Göring, Hitler und General Keitel.

Nach der Kapitulation Frankreichs am 22. Juni 1940 kehrt Hitler Anfang Juli nach Berlin zurück. Die gesamte Route, die der Führer zurücklegt, ist mit Blumen bestreut. Hitlers Popularität befindet sich auf dem Höhepunkt.

und rennen nun jubelnd mit dem einfahrenden Zug vor. Als Hitler aussteigt, ist die Hysterie innerhalb und außerhalb des Bahnhofs komplett. Nachdem er die versammelten Minister, Parteiführer und hohen Offiziere der Wehrmacht begrüßt hat, kommt Hitler mit seinem Gefolge endlich aus dem Bahnhof. Unter Gejubel steigt er in sein bereit stehendes Fahrzeug. Die Menschen sitzen sogar auf den Dächern, in den Bäumen und auf Laternenpfählen. Endlich erreicht die Autokolonne die Wilhelmstraße, wo sie bei Nr. 76, der alten Reichskanzlei mit Hitlers Privatwohnung, durch die offenen Eingangstore in den geräumigen Vorhof einbiegen. Als Hitlers Fahrzeug die Einfahrt der alten Reichskanzlei erreicht,

wird auf dem Dach des Gebäudes die Führerstandarte, Hitlers persönliche Standarte, als Zeichen der Anwesenheit des Staatsoberhauptes gehisst. Die Menge ruft und jubelt auch noch, nachdem Hitler das Gebäude betreten hat. Immer mehr Menschen strömen herbei, und der ganze Wilhelmplatz inklusive aller einmündenden Straßen ist durch die Massen völlig verstopft. Nach etwa zehn Minuten erheben sich massenhafte Sprechchöre, wie „Wir wollen unseren Führer sehen!" Das dröhnende Getöse dieser Sprechchöre wird noch verstärkt durch die Akustik der umgebenden Gebäude. Aber das Warten und das Rufen werden belohnt, denn nach einer Viertelstunde erscheint der Führer auf dem Führerbalkon im ersten Stock der alten Reichskanzlei. Die Menschen brechen nun durch die Absperrungen und rennen massenweise bis unter den Balkon, auf dem Hitler und Göring stehen. Hitler scheint nicht ganz bei der Sache zu sein, denn in Gedanken ist er schon mit dem nächsten Krieg beschäftigt. Dieser soll dann – im Gegensatz zum Krieg im Westen – ein echter Vernichtungsfeldzug in einem Umfang werden, den die Welt bis dahin noch nicht gesehen hatte. Diesen nächsten Krieg hatte er immer schon gewollt, da er durch ihn seine wichtigsten Ziele verwirklichen konnte, wie die Vernichtung des europäischen Judentums und des Bolschewismus sowie die Eroberung von Lebensraum im Osten, aus dem dann ein riesiges, autarkes Deutsch-Germanisches Imperium erwachsen sollte, das sich vom Atlantik bis zum Ural und von Narvik im hohen Norden bis an das Kaspische Meer im tiefen Süden erstrecken würde.

Nach Ankunft in der alten Reichskanzlei zeigen sich Hitler und Göring einer ausgelassenen Menge vom Führerbalkon aus und lassen sich den Jubel gern gefallen.

Wie während der Blitzkriege geht auch jetzt das Leben in Berlin seinen normalen Gang. Die Terrassen am Ku'damm sind überfüllt, und die Menschen genießen das schöne Wetter. Nur wenige machen sich klar, welche Katastrophe auf sie zukommt.

*In Speer fand Hitler nicht nur einen fähigen Archi-
tekten, sondern auch einen äußerst umtriebigen und
kundigen Organisator für seine Waffen- und
Kriegsindustrie.
Von allen engen Mitarbeitern stand Speer Hitler
menschlich gesehen am nächsten.
In Speer sah er die Erfüllung seiner eigenen Träume,
als Architekt kolossale Bauwerke zu errichten, die
wie im klassischen Altertum Tausende von Jahren
bestehen sollten.*

13 MANAGER DES BÖSEN

Blitzkriegswirtschaft

Hitler strebte nach der Schaffung eines gewaltigen germanischen Imperiums, das den größten Teil des europäischen Kontinents umfassen sollte. Die Eroberung von Lebensraum war eines der wichtigsten Ziele des Nationalsozialismus. Die Erfahrungen aus dem Ersten Weltkrieg hatten sowohl Hitler als auch die deutsche Heeresführung davon überzeugt, dass ein lang andauernder und entkräftender Krieg mit einer Wirtschaftsblockade für das Reich auf Dauer fatal wäre. Darum musste – koste es, was es wolle – ein langer Krieg verhindert werden. Hitler war davon überzeugt, dass die Eroberung von Lebensraum mittels kurzer, schneller und überraschender Angriffskriege gegen einzelne Gegner erreicht werden musste. Er hatte so viel Vertrauen in dieses Konzept des Blitzkrieges, dass er auf die Alternative – einen langen Krieg gegen mehr als einem Gegner – überhaupt nicht vorbereitet war.

Aus Nachkriegsstudien kann man ersehen, dass Deutschland sich am Vorabend des Zweiten Weltkrieges unzureichend auf die Kriegsführung vorbereitet hatte und dass erst seit 1942 im Land eine echte Kriegswirtschaft herrschte. In Wirklichkeit war das Reich während der Jahre 1933–1939 nur vorbereitet auf das Führen von Blitzkriegen. Dies beinhaltete, dass die Wirtschaft rasend schnell von z. B. der Panzer- auf die Flugzeugproduktion und von Konsumgütern auf militärische Güter umschalten konnte. Bei Ausbruch des Zweiten Weltkrieges gab es im Bereich der Rüstungsindustrie eine Reihe von Instanzen, die untereinander in einen erbitterten Konkurrenzkampf verwickelt waren, durch den viel kostbare Energie

Als Minister dirigierte Speer nicht nur die Organisation Todt, sondern auch den nach ihm benannten Baustab Speer, der Arbeitskräfte in die eroberten Gebiete brachte, um die verwüstete Infrastruktur so schnell wie möglich wiederherzustellen.

Foto links: Die Blitzkriegswirtschaft funktionierte perfekt, so lange der Krieg nur von kurzer Dauer war. In diesem Konzept konnten sich die Betriebe rasend schnell von Friedens- auf Kriegsproduktion umschalten. So konnte z. B. die Produktion von Rohren für zivile Zwecke innerhalb kürzester Zeit auf die Herstellung von Waffenhülsen umgestellt werden.

Foto rechts: Männer des Baustabes Speer sind in Polen dabei, zerstörte Bahngleise zu reparieren

verloren ging. Diese Instanzen waren vor allem das Wirtschaftsministerium unter Minister Funk, das Wehrwirtschafts- und Rüstungsamt unter General Thomas und die schwerfällige, bürokratische Organisation des zweiten Vierjahresplanes unter der Leitung von Göring. Schon bald kam das Reichsministerium für Bewaffnung und Munition unter der Führung von Dr. Todt als vierte Instanz dazu. Daneben gab es noch den Ministerrat für die Reichsverteidigung, der Verordnungen mit Gesetzeskraft ausfertigen konnte. Es fehlte aber an einer zentralen Planungsinstanz in Hinsicht auf die Kriegsproduktion.

Der Baustab Speer

Einige Wochen nach dem Angriff auf die Sowjetunion besuchte Hitler seinen Generalbauinspektor für die Reichshauptstadt (GBI), Albert Speer, in dessen prächtigem Büro in der früheren Kunstakademie neben dem feinen Hotel Adlon am Pariser Platz 4. Und wie üblich kam Hitler durch den Garten ins Gebäude, wo Speer bereits auf ihn wartete. Die Gärten der Kunstakademie und der Reichskanzlei waren über weitere Gärten miteinander verbunden. Diesen Gang von etwa zehn Minuten benutzte Hitler gern dazu, um auch seinen Schäferhund Blondie herauszulassen. Speer bot ihm

Der Baustab Speer in Aktion in Frankreich: Kaputte Straßen werden erneuert.

mysteriösen Flugzeugunglück auf dem Flugplatz der Wolfsschanze beim Städtchen Rastenburg (gegenwärtig Ketrzyn) ums Leben. Und zu seiner Überraschung ernannte Hitler ihn etwa fünf Stunden nach dem Unglück zum Nachfolger Todts in all dessen Funktionen. Obendrein wurde Speer auch noch zum Generalbevollmächtigten für die Regelung der Bauwirtschaft ernannt. Diese letzte Funktion klingt unschuldig, aber bedeutete in Wirklichkeit Mord in großem Maßstab. Denn Speer wurde jetzt auch der höchste Herr über Herstellung, Einsatz und Verteilung aller Baumaterialen sowohl in Deutschland als auch in den besetzten Gebieten. So musste nun etwa der Leiter des SS-Bauwesens, SS-Gruppenführer Dr. Hans Kammler, für das Bauen von Konzentrations- und Vernichtungslagern, aber auch für den Ausbau bestehender Lager, für den Bau von Gaskammern und Krematorien usw. bei Speer um Erlaubnis fragen. Mit Speer an der Spitze der deutschen Rüstungs- und Kriegsproduktion begann ein neuer Zeitabschnitt, in dem unter seiner Leitung die gesamte Rüstungsindustrie zentralisiert werden sollte. Dr. Todts Büros lagen am Pariser Platz 6 und grenzten an die von Speer als Generalbauinspektor (GBI). Mit der Übernahme der Ämter von Todt sollten Speers Büros einen großen Teil des Pariser Platzes in Beschlag nehmen. So wurden die angrenzende, leer stehende amerikanische und die gegenüber liegende französische Botschaft gleichermaßen von Speer benutzt. Die ersten Vorbereitungen für die Organisation eines zentralen Planungsapparates hatte der verunglückte Dr. Todt schon im Dezember 1941 getroffen. Aufgrund dessen gelang es Speer am 4. April 1942, Hitlers Zustimmung für die Einrichtung eines Amtes für zentrale Planung zu erhalten. Die zentrale Planung erwies sich als äußerst wirksam und effizient. Statt der regelmäßigen Besprechungen zwischen Heer, Luftwaffe, Marine, Reichsbahn, Industriegruppen und diversen Reichsstellen, bei denen es in der Vergangenheit ein ständiges Tauziehen um die Grundstoffzuteilungen oder Verteilung der

eine Tasse Tee an, aber der Führer wollte erst in den großen Keller, wo das riesige Modell von Germania aufgestellt war. Und wie üblich ließ Speer ihn die neuesten Veränderungen sehen, die Hitler dann wieder kommentierte. Die zukünftige Hauptstadt musste seiner Meinung nach „wehrhaft" aussehen, und er drängte Speer dazu, doch vor allem den Fortgang der Bestellungen für ausländischen Naturstein scharf im Auge zu behalten, Kriegswirtschaft hin oder her. Während der Besichtigung des Modells teilte Hitler Speer mit, dass der Architekt mehr Befugnisse als nur für Berlin erhalten sollte und dass sein GBI-Büro in „Baustab Speer" umbenannt werden sollte. Der Baustab sollte die Kriegsproduktionsbetriebe in ganz Deutschland und im besetzten Westeuropa errichten, Bunker für Berlin bauen und Bombardierungsschäden an der Infrastruktur beseitigen, auch in den besetzten Gebieten inklusive der Sowjetunion. Einige Monate später, im November 1941, stellte Hitler selbst Speer an die Spitze eines seiner größten Projekte: den Bau einer Reihe prächtiger neuer Städte im eroberten Teil der Sowjetunion. Diese sollten von Deutschen bewohnt werden, die sich dort eine neue Existenz aufbauen konnten.

Minister für Rüstung und Kriegsproduktion

Es war reiner Zufall, dass Albert Speer sich am berüchtigten 8. Februar 1942 in Hitlers Hauptquartier, der Wolfsschanze in Ostpreußen, befand. Dieser Tag sollte der wichtigste in Speers Leben werden, denn um 07.55 Uhr kam Hitlers mächtiger Rüstungsminister, Dr. Fritz Todt, bei einem

Am 10. Februar 1942 hielt Speer, der frisch gebackene Minister
für Rüstung und Munition, eine Ansprache vor seinen versammelten Mitarbeitern auf dem Hof seines Ministeriums am
Pariser Platz, dicht beim Brandenburger Tor. Trotz heftigen
Schneetreibens beendete Speer seine Rede ohne Mantel.

Transportmittel gab, trat nun die zentrale Planungsinstanz
auf. Speers Ministerium übernahm die gesamten Rüstungsaufträge von der Wehrmacht und bestimmte, welche Betriebe
diese ausführen sollten und welche Produktionsmethoden
dabei angewendet werden sollten.

Speer hatte kaum fünf Tage Zeit, um sich darüber klar zu
werden, wie er sein Ministerium führen wollte. Er entwarf
ein für die Zeit völlig neues Organisationsschema für seine
Behörde (siehe Bild unten). Die vertikalen Kolonnen dieses
Schemas bezogen sich auf verschiedene Kategorien von End-
produkten, wie Panzer, Munition, Schiffe, Maschinen usw.
Diese senkrecht stehenden Säulen wurden durch zahlreiche

Speer (2. v.l.) und Hitler (3. v.l.) vor dem Prototypen eines
Hubschraubers. Der Pilot, der den Helikopter demonstrieren soll,
steht ganz links. Ganz rechts steht General Keitel.

Während eines der
Interviews, welche
die Verfasser dieses
Buches mit Speer
in den Jahren
1979–1981 führten,
zeichnete Speer das
neue Organisations-
schema seines
Ministeriums
für Rüstung und
Munition auf.
Hitler war davon
tief beeindruckt
und gab Speer
weit reichende
Vollmachten.

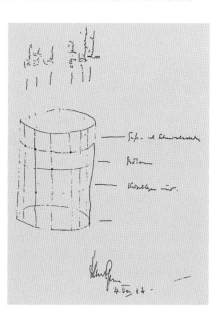

Hitler hatte stets großes Interesse an Technik und allem, was mit Waffen zu tun hatte. So zeichnete er oft neue Kanonen, Panzer, Flugzeuge, Schlachtschiffe und auch Bunker. Hier ist er bei einem Prototypen eines neuen Panzers zu sehen. V.l.n.r. General Keitel, Hitler, Speer, ein Offizier des Begleitkommandos und Porsche (in Zivil).

Kreise umringt, die jeder für sich eine Gruppe für die für alle Geschütze, Panzer, Flugzeuge und andere Rüstungsgegenstände benötigten Zulieferungen darstellten. In den Gruppen konnte dann die Herstellung von beispielsweise Gussstücken, Kugellagern oder von elektrotechnischen Ausrüstungen bestimmt werden. Als Architekt war Speer an dreidimensionale Zeichnungen gewöhnt, und es ist deshalb nicht verwunderlich, dass er auch dieses neue Organisationsschema in dieser Perspektive zeichnete. Die Vielzahl miteinander konkurrierender Rüstungsbetriebe wurde analog zu dem neuen Schema zusammengefügt und in Fachgruppen aufgeteilt, an deren Spitze erfahrene und befähigte Fachleute und Techniker mit weit reichenden Befugnissen standen. Nur Fachwissen und die Bereitschaft, sich ganz und gar einzusetzen, zählten für Speer. Daneben versammelte er einen kleinen Stab von im Allgemeinen jungen Industriemanagern um sich, die dafür sorgen sollten, dass die Zusammenarbeit mit verschiedenen Industriebranchen besser funktionierte. Obendrein beseitigte er zahlreiche Zwischenpositionen in der Hierarchie und sorgte für klare, oft weit gehende, aber zugleich auch deutlich abgegrenzte Zuständigkeiten, sodass

Konkurrenzgerangel untereinander der Vergangenheit angehörten. Dazu konzentrierte und beschränkte Speer die Produktion von Konsumgütern drastisch. Deutschland bereitete sich auf den „totalen Krieg" vor. Weiter reduzierte Speer kräftig die Zahl der Prototypen von Waffen. Schon in den ersten Monaten der „Periode Speer" (März–Juli 1942) stieg die Produktion von Waffen und Munition um ungefähr 60%. Ab Mitte 1942 konzentrierte sich die Waffenproduktion vor allem auf Panzer und Flugzeuge: Innerhalb eines halben Jahres stieg die Anzahl hergestellter Panzer um 25%, die der Flugzeuge um 60%. Im Sommer 1944 wurde für einen Teil des Kriegsmaterials sogar die Produktionsspitze erreicht. Setzen wir den Index der totalen Waffenproduktion im Jahr 1942 auf 100, dann betrug dieser 1943 229 und 1944 sogar 332! Die Anzahl eingesetzter Arbeitskräfte stieg dabei hingegen nur um 30%.

Die totale Kriegswirtschaft

Berlin, 18. Februar 1943, im Sportpalast an der Ecke Potsdamer Straße und Palaststraße. Das große, überdachte Stadion für große Veranstaltungen ist bis obenhin voll. Alle 15.000 Sitzplätze sind besetzt, denn Dr. Joseph Goebbels, Minister für Propaganda und Volksaufklärung, soll an diesem Abend eine lang erwartete Rede über die internationale Situation und insbesondere über die Katastrophe der 6. Armee bei Stalingrad halten. Überall in der riesigen Halle hängen Transparente mit Losungen wie „Führer befiehl, wir folgen". Die Atmosphäre ist aufgeheizt, als der „kleine Doktor" hinkend zum Rednerpult geht. Es sollte die wichtigste Rede seiner gesamten Karriere werden. Er rief in seiner Ansprache die Anwesenden auf zum „totalen Krieg". Gegen Ende seines Vortrages stellte er zehn rhetorische Fragen, etwa: „Die Engländer behaupten, dass das deutsche Volk sein Vertrauen in den Führer verloren hat", worauf das Publikum wie ein Mann aufsprang und im Chor schrie: „Führer befiehl, wir folgen!" Die Menschen klatschten, schrien, riefen nach dem Führer, stampften mit ihren Füßen – kurzum, es war eine wahre Kakophonie. Und

Eine verwüstete Erdölraffinerie bei Braunschweig. Die Bombardierung der deutschen Kriegsindustrie zwang die Deutschen, die Produktion in unterirdische Fabriken zu verlegen.

Foto links: „Hätten die Alliierten in einem früheren Stadium des Krieges die deutsche Waffenindustrie und Erdölraffinerien systematisch bombardiert, dann wäre der Krieg viel eher zuende gewesen", so Speer während des Interviews, das die Autoren dieses Buches mit ihm im Mai 1981 in Heidelberg führten. Auf dem Foto v.l.n.r. Frau Speer, Speer und Autor Dr. A.P. van de Bovenkamp.

Eingang zu einer unterirdischen Waffenfabrik.

Goebbels orchestrierte und bespielte diese Massenhysterie mit meisterlicher Hand. Dann stellte er die Frage: „Ist Ihr Vertrauen in den Führer größer, loyaler und stärker denn je? Sind Sie bedingungslos bereit, ihm auf all seinen Wegen zu folgen und alles zu tun, um den Sieg zu erringen?" Aus 15.000 Kehlen wurde „Ja" gebrüllt, das dröhnend durch den großen Saal rollte ebenso wie aus den Lautsprechern der Radiohörer in Deutschland und in den besetzten Gebieten. Denn der Großdeutsche Rundfunk strahlte die Rede live aus, wofür alle laufenden Radioprogramme unterbrochen wurden. Goebbels beschloss seine zweistündige Rede, die wohl zweihundertmal durch Gejubel, Geklatsche, zustimmendes Geschrei und donnernden Applaus unterbrochen wurde, mit dem Slogan: „Nun Volk steh auf und Sturm brich los!" Die Menge explodierte beinahe und brach in Jubel aus, während Teile des Publikums die Nationalhymne „Deutschland, Deutschland über alles" zu singen begannen und andere das Horst-Wessel-Lied der Partei anstimmten. Goebbels war es geglückt, die Stimmung in der Bevölkerung, zumindest vorläufig wieder in den unerschütterlichen Glauben an den „Endsieg" zu drehen.

Speers Demaskierung
Am 1. September 1981 starb Albert Speer in London an einem Herzanfall. Während der Vorbereitungen für ein BBC-Interview über seine Rolle in der deutschen Kriegswirtschaft fühlte sich Speer plötzlich unwohl, worauf er sofort und mit Eile in ein Krankenhaus gebracht wurde, wo die Ärzte trotz Wiederbelebungsversuchen schon bald seinen Tod feststellen mussten. So endete das Leben eines Mannes, der nach Hitler als einer der Hauptverantwortlichen für die zerstörerische deutsche Kriegswirtschaft angesehen werden kann. Man kann es als ein wahres Wunder bezeichnen, wie Speer es trotz seiner enormen Verwicklung in die Untaten des NS-Regimes doch schaffte, seinen Kopf aus der Schlinge zu ziehen und mit gerade einmal 20 Jahren Gefängnis davonzukommen. Als wir ihn während unseres Interviews fragten, ob er damit übereinstimmte, dass – wenn die Alliierten damals gewusst hätten, was heute bekannt ist – er sicher die Todesstrafe erhalten hätte, hüllte er sich in vielsagendes Schweigen. Durch sein

Zutun wurde der Zweite Weltkrieg um gut zwei Jahre verlängert. Dabei dürfen wir nicht vergessen, dass gerade im letzten Jahr mehr Opfer gefallen sind als in allen vorhergehenden (fünf) Kriegsjahren zusammen! Bis fast zum Schluss hatte Speer ein besonderes Band mit Hitler, der in ihm einen „musischen Menschen" sah und einen „Gleichen", wenn es

Sauckel, der fanatische Gauleiter der Provinz Thüringen, wurde 1942 von Hitler zum „Bevollmächtigten für den totalen Arbeitseinsatz" ernannt. Es war Sauckel, der Speer viele Millionen Zwangsarbeiter aus den besetzten Gebieten liefern sollte, die sich oft unter barbarischen Umständen buchstäblich zu Tode arbeiten mussten. Nach dem Krieg wusste der gut aussehende Speer die Schuld völlig auf Sauckel zu schieben der, im Gegensatz zu Speer, zum Tode verurteilt wurde.

Foto links: Ein seltenes Foto, auf dem Speer (ganz rechts) zusammen mit Gauleiter Eigruber im dem berüchtigten KZ Mauthausen bei Linz in Österreich zu sehen ist.

Eine Gruppe von KZ-Gefangenen vor dem Abmarsch zu ihrer Zwangsarbeit.

Foto oben: Endlose Kolonnen von Zwangsarbeitern mussten in den Granitgruben beim Lager Mauthausen schwere Blöcke für die großen Bauwerke von Speer die lange „Totentreppe" hochschleppen. Viele Tausend kamen in diesem Lager ums Leben.

Ein Blick in eine Baracke eines der KZs, auf dem gut zu sehen ist, unter welch erbärmlichen Umständen die Unglücklichen leben mussten.

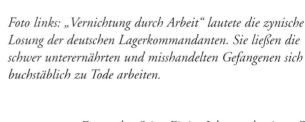

Foto links: „Vernichtung durch Arbeit" lautete die zynische Losung der deutschen Lagerkommandanten. Sie ließen die schwer unterernährten und misshandelten Gefangenen sich buchstäblich zu Tode arbeiten.

Foto rechte Seite: Einige Jahre nach seinem Tod am 1. September 1981 kamen Dokumente zum Vorschein (insbesondere aus der ehemaligen Sowjetunion und der DDR), die unumstößlich die enorme Schuld und Verwicklung Speers an den Untaten des NS-Regimes bewiesen. Auf dem Foto Autor Dr. H. van Capelle im Mai 1981 im Gespräch mit Speer im Garten von dessen Haus in Heidelberg.

um Architektur und Organisationstalent ging. Und durch das besondere Band mit dem beinahe mythischen Führer verstand es Speer auf schlaue Art, seine Machtposition – oft auf Kosten anderer – enorm auszubauen. Ab Anfang 1943 wusste er, dass der Krieg verloren war, und ab dieser Zeit bereitete er sich umsichtig, aber systematisch auf die Zeit nach dem Krieg vor, wenn er sich würde verantworten müssen. Hierhin passt unter anderem seine Haltung eines „unpolitischen Technokraten und Superorganisators", der eigentlich nur seine Pflicht für Volk und Vaterland tat. Auch die Ablehnung von Hitlers Politik der „verbrannten Erde", der angebliche Plan, Hitler mit Giftgas zu töten, seine halbherzige Haltung gegenüber den Verschwörern des 20. Juli 1944, seine angebliche „Fehde" mit Himmlers SS und seine vermeintliche Abwesenheit auf der Konferenz von Posen am 6. Oktober 1943, auf der Himmler vor dem Leitungskader eine Rede über die Vernichtung der Juden hielt und auf der Speer noch am gleichen Morgen eine Ansprache gehalten

hatte, waren Teil der Verhüllung seiner wirklichen Rolle in Hitler-Deutschland. Das Bild des unpolitischen Fachmanns hatte Speer schon 1945/46 während des Nürnberger Prozesses von sich gezeichnet. Und da bestimmte belastende Dokumente zu dieser Zeit noch nicht ans Tageslicht gekommen waren, entkam dieser charmante, kultivierte, gut aussehende, damals gerade 41-jährige Technokrat und Intrigant der Schlinge. Dann bedenke man, dass Fritz Sauckel, der ungebildete, unkultivierte ehemalige Matrose auf großer Fahrt, aber im Dritten Reich emporgekommen zum Gauleiter und Hauptsklaventreiber, die Todesstrafe für das Transportieren von Millionen Zwangsarbeitern für die deutsche Kriegsindustrie erhielt. Aber wem unterstand die Kriegsindustrie? Wer spornte Sauckel andauernd an, ihm noch mehr Arbeitskräfte zu liefern, und wer schloss einen Handel mit SS-Chef Himmler ab, um auch noch Hunderttausende KZ-Gefangene als moderne Sklaven zu gebrauchen? Die Antwort ist: Albert Speer!

Seit Speers Tod 1981 wurden viele belastende Dokumente über ihn gefunden, und ihre Aussage ist niederschmetternd. Von dem Bild „Gentleman unter Mördern" bleibt nichts mehr übrig. Eher kann von einem Supermörder, einem wahren Wolf im Schafspelz gesprochen werden. Denn der so genannte unpolitische, technokratische Speer, der nichts mit den Untaten des Regimes zu tun haben wollte, war in Wirklichkeit einer der Antreiber des Holocaust. Er teilte persönlich Materialien für den Ausbau von Auschwitz zu, bereicherte sich in großem Maßstab an „arisiertem (von Juden gestohlenem) Vermögen", zeigte Konkurrenten, die ihm im Weg standen, bei der Gestapo an und unterstützte aktiv die Terrormaßnahmen gegen die Zwangsarbeiter.

Vor noch nicht allzu langer Zeit tauchten Dokumente auf, die andeuten, dass Speer und seine Mitarbeiter für den Bau der Gaskammern in Auschwitz/Birkenau und Sachsenhausen Stahl und Steine zugewiesen haben. In Prag ist ein seltenes Dokument mit einer detaillierten Kostenaufstellung für den Bau von „300 Baracken und anderen notwendigen Versorgungs- und andersartigen Projekten" in Auschwitz aufgetaucht. Das Papier datiert vom Herbst 1942 und handelt von der Verteilung der durch Speer zuerkannten Baumaterialien an Auschwitz in Höhe von 13,7 Millionen Reichsmark. In der Akte ist auch deutlich zu lesen, dass die Materialien auch für die Durchführung der berüchtigten „Sonderbehandlung" verwendet werden sollten, wie die Nationalsozialisten euphemistisch die Massenliquidation der Juden und anderer Opfer des Regimes nannten.

*Nachdem die deutsche Kriegswalze im rauen und strengen
russischen Winter festgelaufen war, kehrte sich das militärische
Los gegen Deutschland. Der Anfang vom Ende begann.*

14 SIEGE UND NIEDERLAGEN IM OSTEN

Mussolini macht Schwierigkeiten

Anfang Januar 1941 hatte Hitler in aller Eile ein Treffen seiner höchsten militärischen Berater anberaumt. In seiner üblichen Ausführlichkeit setzte er seinen Militärbefehlshabern die Strategie für die kommende Zeit auseinander. Seine größte Sorge war offensichtlich Italien. Denn das Land hatte – ohne Hitlers Mitwissen – von Albanien aus, das seit einiger Zeit italienisch war, einen plötzlichen Angriff auf Griechenland unternommen. Nun drohten dem Duce schwere Verluste, denn die Griechen schlugen die Italiener sogar bis nach Albanien zurück. Obendrein hatten die Briten sich auf Kreta festgesetzt. Die für Deutschland so wichtigen Ölfelder in Rumänien kamen dadurch in den Bereich der britischen Bomber. Hitler hatte darum beschlossen, den Italienern zu Hilfe zu kommen: 24 Divisionen sollten aus Bulgarien nach Griechenland einfallen, und Kreta sollte durch eine gewagte Operation von Fallschirmspringern erobert werden. Da die Italiener nicht nur auf dem Balkan, sondern auch in Afrika schwere Verluste erlitten (die Engländer hatten den italienischen Angriff auf Ägypten abgewehrt und schlugen die Ita-

liener bis tief nach Libyen zurück), beschloss Hitler, dass unter dem Befehl von General Erwin Rommel eine leichte Division und eine Anzahl Einheiten der Luftwaffe nach Nordafrika geschickt werden sollten.

Operation Barbarossa

Am frühen Sonntag, dem 22. Juni 1941 um 03.05 Uhr, eröffnet die deutsche Artillerie ein wahres Sperrfeuer über der russischen Grenze. Sie zielen auf Kommunikationszentren, Brennstoff- und Munitionsdepots, Brücken, Eisenbahn- und Verkehrsknotenpunkte, Grenzposten und Baracken, die ohne Gnade dem Erdboden gleich gemacht wurden. Kurze Zeit später ziehen zwischen dem nördlichen Eismeer und dem

Mussolini mit Hitler und Göring im Mai 1941 bei der Ankunft in Hitlers Hauptquartier, der Wolfsschanze in Ostpreußen, um den bevorstehenden Angriff auf die Sowjetunion zu besprechen. Durch seine militärischen Eskapaden in Griechenland hatte Mussolini zum großen Ärgernis Hitlers dessen geplanten Angriff auf Russland um viele Wochen verzögert.

Hitler mit seinen engsten militärischen Mitarbeitern am frühen Morgen des 22. Juni 1941, nachdem die Wehrmacht Russland angegriffen hatte. Links General Keitel, Chef des Oberkommandos der Wehrmacht, und rechts General Jodl, Chef des Wehrmachtsführungsstabes.

Schwarzen Meer über eine Front von gut 3.000 km mehr als drei Millionen (!) deutsche Soldaten, unterstützt durch finnische, rumänische und ungarische Truppen, in schier endlosen motorisierten Einheiten und Panzerkolonnen in der Sowjetunion ein. Es ist das mächtigste Heer, das die Menschheit je gesehen hat. Hitler nannte den Feldzug gegen Russland „Operation Barbarossa", nach dem legendären Kaiser des Heiligen Römischen Reiches, Friedrich I. „Barbarossa". Der Titanenkampf, der jetzt ausbrach und jedes Vorstellungsvermögen überstieg, sollte ausschlaggebend für den Ausgang des Zweiten Weltkrieges sein und auch die Karte Europas für die nächsten 50 Jahre bestimmen. Eigentlich hätte der Angriff etwa fünf

In Berlin verkündete Goebbels allen deutschen Radiosendern am 22. Juni 1941, dass Deutschland und seine Bundesgenossen mit gut drei Millionen Soldaten in die Sowjetunion eingedrungen waren. „Ein moderner Kreuzzug gegen den Bolschewismus, der völlig vom Erdboden verschwinden sollte," so Goebbels.

Vorrückende deutsche Panzereinheiten fanden anfangs wenig Widerstand bei den oft komplett überraschten Russen vor.

Ein deutscher Spähtrupp bei einem brennenden Gebäude, in dem russische Heckenschützen saßen.

Foto oben: Flüchtlingsströme bei einem brennenden Dorf.

Foto links: Ein deutscher Infanterist während einer kurzen Gefechtspause.

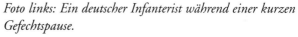

Foto oben: Menschen in Todesangst flehen um ihr Leben, da die russische Propaganda ihnen weisgemacht hatte, dass die Deutschen sie sofort ermorden würden.

Foto links: Eine ratlose Frau schaut auf ihr brennendes Haus.

179

Häuserkampf in den Vorstädten von Stalingrad.

Die Hakenkreuzfahne auf einem eroberten Haus in Stalingrad.

Ein russischer Maschinengewehrposten bei Stalingrad.

Wochen eher stattfinden sollen, aber da Hitler seinem Verbündeten Italien in Griechenland zu Hilfe kommen musste, wurde der Angriff auf den 22. Juni verschoben – eine Verzögerung mit katastrophalen Folgen, wie in den kommenden Monaten deutlich werden sollte. Zufälligerweise, wie Goebbels etwas beunruhigt bemerkte, war Napoleon 129 Jahre früher an genau dem gleichen Tag über die russische Grenze gezogen ...

Nie zuvor waren Panzerkolonnen so schnell vorgerückt. Anfänglich schien es, als ob Hitlers alter Traum, die Ausrottung des Sowjetkommunismus und die Vernichtung des Sowjetstaates, verwirklicht werden sollte. Der große Sieg in der Schlacht bei Kiew, in der die Deutschen allein 665.000 Russen gefangen nahmen, schien eine Bestätigung des militärischen Genies des Führers. Etwas mehr als drei Monate nach dem Einfall in Russland verkündete Hitler triumphierend: „Hinter unseren Truppen liegt nun schon ein Gebiet, das zweimal so groß ist wie das Deutsche Reich, als ich es 1933 übernahm. Ich spreche dies heute aus, da ich nun sagen darf, dass dieser Gegner so gut wie gebrochen ist und sich nie mehr erheben wird."

Ende Juli hielten die deutschen Armeen für kurze Zeit an, während Hitler und seine Generäle darüber diskutierten, was

Hitler in der Wolfsschanze mit seinem wichtigsten militärischen Berater, General Keitel, dem Leiter des Oberkommandos der Wehrmacht.

Schon im frühen Herbst machten schwere Platzregen die Wege unbegehbar.

Oktober wieder aufgenommen. Wieder gab es große deutsche Siege. Eine dreiviertel Million russischer Soldaten wurde in Kriegsgefangenschaft geführt. Der Weg nach Moskau war nun offen. Am 20. Oktober 1941 befanden sich die deutschen Stoßtruppen 25 Kilometer vor der russischen Hauptstadt. Ende November 1941 waren beinahe zwei Drittel der russischen Armee geschlagen, wobei gut 3 Millionen Soldaten in Kriegsgefangenschaft geraten oder gar gefallen waren. Aber die Rote Armee wurde beständig mit Verstärkung aus Sibirien wieder ergänzt: Elitetruppen, die hervorragend für den schnell hereinbrechenden Winter ausgerüstet waren. Einige deutsche Spähtrupps konnten sogar am 2. Dezember durch die russischen Linien brechen und die Außenbezirke der Stadt erreichen, wo sie eine Straßenbahnremise eroberten und in der Ferne sogar die Türme des Kremls in der Sonne glänzen sahen. Aber sie kamen nicht weiter, da die Sowjets am 5. Dezember mit einem Gegenangriff der Elitetruppen aus Sibirien begannen. Das Thermometer fiel auf 30 Grad unter Null und später sogar auf -50 Grad. Die deutschen Truppen waren auf diesen Abfall der Temperaturen überhaupt nicht vorbereitet. Ihre Kleidung war viel zu dünn, und ihre Stiefel waren nicht gefüttert – mit der

nun zu geschehen hatte. Die Generäle wollten direkt auf Moskau marschieren, wie es der Plan des brillanten Strategen General Marx auch vorgab. Aber Hitler drängte darauf, dass Leningrad und die Ukraine zuerst erobert werden mussten und dann erst Moskau. Am 23. August bekam er seinen Willen, und das war das erste Mal, dass er sich mit seiner Strategie gegen die seiner militärischen Befehlshaber durchsetzte. Später sollten die deutschen Generäle behaupten, dass Deutschland durch genau diese Entscheidung den Krieg verloren hatte. Der Marsch auf Moskau wurde erst im

Eine deutsche Panzerbesatzung verlässt ihr Fahrzeug, nachdem es von einem russischen Geschütz getroffen wurde.

Wendepunkt Stalingrad

1942 erreichte die 6. Armee unter Befehl von General Paulus Stalingrad. Sowohl im Norden als auch im Süden der Stadt bezogen die Deutschen Stellung. Stalingrad wurde zu einem Prestigeobjekt. Stalin erklärte, dass jeder Meter Boden bis zum Äußersten verteidigt werden sollte, während Hitler am 2. Dezember 1942 ausrief, dass eine Eroberung der Stadt „aus psychologischen Gründen dringend nötig war". Stalingrad war der wichtigste Zugangshafen zu den Ölfeldern des Kaukasus, die für einen weiteren Vormarsch der Wehrmacht unentbehrlich waren. Die Stärke der Deutschen ging allerdings zuende. Hitler ging ein großes Risiko ein, als er die nördliche Flanke des Aufmarsches vor Stalingrad nur schwach schützte,

Folge, dass allein schon durch die Kälte Tausende starben. Fahrzeuge und automatische Waffen verweigerten den Dienst, da das Schmierfett der Kugellager einfror. Der Angriff auf Moskau war zum Stehen gekommen. Die Russen waren zu jedermanns Überraschung, inklusive ihrer eigenen, für das Erste zu stark für die Deutschen gewesen und konnten sie vor die Tore Moskaus zurücktreiben. Beinahe gleichzeitig mit dem russischen Gegenangriff auf die Deutschen vor Moskau, am 7. Dezember 1941, überfielen die Japaner die amerikanische Flotte in Pearl Harbor. Vier Tage später unterstützte Hitler seine Bundesgenossen und erklärte Amerika den Krieg. Dies war ein Fehler erster Ordnung. Ohne Hitlers Kriegserklärung wäre es Präsident Roosevelt schwer gefallen, dem Krieg in Europa eine höhere Priorität zu verleihen, und er hätte sich vielleicht nur auf die Kriegserklärung gegen Japan beschränken müssen. Hitler begriff dies offensichtlich nicht. Er hatte wohl gedacht, dass die Vereinigten Staaten genug mit Japan zu tun hätten und deshalb in Europa nicht intervenieren würden.

Die Deutschen waren schlecht vorbereitet auf den harten russischen Winter, denn Hitler wollte die Sowjetunion vor dem Einbruch des Winters erobern. Hier eine deutsche Motorradordonnanz mit einer improvisierten Gasmaske als Schutz gegen die eisige Kälte.

Fotoreportage einer deutschen Verbindungseinheit, die im rauen russischen Winter zerstörte Telefonverbindungen wiederherstellen musste. Mensch und Tier wurden hart auf die Probe gestellt.

und er wurde dafür gleich bestraft. Hitlers Weigerung, sich aus Stalingrad zurückzuziehen, wird ihm oft vorgeworfen. Aber die besten militärischen Erkenntnisse scheinen diese Kritik nicht zu stützen, zumindest nicht den Beschluss, sich nicht zurückzuziehen, so lange die Truppen noch nicht umzingelt waren. Indem er sich weigerte, sich zurückzuziehen, gab Hitler dem Heer die Gelegenheit, sich neu zu gruppieren und eine Verteidigungsfront aufzubauen, was den russischen Vormarsch zum Stehen brachte. Aber Hitlers hartnäckige Weigerung, auch noch bei der drohenden Umzingelung von Stalingrad einen Rückzug zu erlauben, sollte zur ersten größeren militärischen Katastrophe Deutschlands führen und die Aura der Unbesiegbarkeit der Wehrmacht durchbrechen. 1942 brachen die Russen bei Stalingrad durch die deutschen Linien und konnten Hitlers Trupppen umzingeln. Am 31. Januar 1943 ergab sich Paulus, der noch kurz zuvor von Hitler zum Feldmarschall ernannt worden war, mit 91.000 in Lumpen gehüllte Überlebende – das war alles, was von den einst 300.000 Mann übrig geblieben war, der einst stolzen 6. Armee, die strotzend und strahlend vor Selbstvertrauen in Stalingrad einmarschiert war. Nur 5.000 Soldaten sollten viele Jahre später nach Deutschland zurückkehren.

Nach Stalingrad und noch mehr nach dem russischen Sieg in der Panzerschlacht bei Kursk im Juli 1943 veränderte sich Hitlers Zielsetzung. Er war nicht länger darauf aus, den Krieg zu gewinnen und aus Deutschland eine Weltmacht zu machen. Sein Ziel war nun, den Krieg in Gang zu halten, bis die Gegner so geschwächt wären oder untereinander in Streit gerieten und er über einen Friedensschluss verhandeln konnte.

Hitlers Fehleinschätzungen

Oft wird Hitler vergeworfen, dass der Überfall auf die Sowjetunion undurchdacht und töricht war und dass er damit gegen seine eigenen Prinzipien verstieß, nie einen Zweifrontenkrieg zu führen. Aber da er fürchtete, dass Russland militärisch immer stärker werden würde, und davon überzeugt war, dass das Land schnell erobert werden konnte, entschied er sich für den Angriff. Eine schnelle deutsche Eroberung der Sowjetunion würde seiner Meinung nach die Engländer dazu bringen, doch noch Frieden mit Deutschland zu schließen. Praktisch gesehen war Deutschland 1941 hochgerüstet für einen Krieg mit Russland. Es hatte nahezu keine Flotte und keine adequate und auf große Truppentransporte eingestellte Luftwaffe, um England erobern zu können. Aber Deutschland hatte sehr wohl ein großes, siegreiches Heer. Und Russland war das einzige größere Land, gegen das man es in großem Maßstab einsetzen konnte. Fast alle militärischen Fachleute dachten anfänglich, dass die russische Kampagne sogar noch einfacher werden würde als die in Frankreich und dass die Gefechte nur wenige Wochen dauern würden. Kein einziger deutscher General sprach seine Zweifel darüber aus, wie es einige vor dem Angriff gegen Frankreich getan hatten. Das britische Kriegsministerium gab der russischen Armee sogar nur zehn Tage. Cripps, der englische Botschafter in Moskau, vermutete einen Monat, und der Nachrichtendienst der USA schätzte auf minimal einen bis maximal drei Monate. Stalin selbst dachte einige Wochen nach dem deutschen Einfall schon, dass der Krieg für Russland verloren war. So sagte er: „Alles, wofür Lenin gearbeitet hat, ist für alle Zeit zunichte." Die deutschen Generäle nahmen mit Hitler an, dass der Sieg leicht werden würde, und so wurde der Überfall schlecht vorbereitet. Man hatte wenig unternommen, um sich über die Stärke Russlands oder die Umstände, unter denen der Krieg geführt werden musste, zu informieren. Wenn Hitler einen Fehler gemacht hat, dann, sich anfänglich zu sehr auf den deutschen Generalstab zu verlassen, der angeblich der beste in Europa sein sollte.

Als die Niederlagen an der Ostfront immer unwiderruflicher wurden und sich die Wehrmacht über eine breite Front zurückziehen musste, hoffte Hitler auf neue Waffen, um das militärische Los noch wenden zu können und den unabwendbaren Untergang aufzuhalten. Und in dieser Hinsicht hatte er beinahe Erfolg. Die deutsche Kriegsproduktion nahm bis Herbst 1944 beständig zu. Die V1- und V2-Raketen verursachten großen Schaden und hätten London vielleicht unbewohnbar gemacht, hätte es mehr davon gegeben. Die neuen U-Boote wurden ab 1944 produziert, und die Alliierten hatten dagegen noch keine Abwehr. Deutschland war das einzige Land, das Düsenflugzeuge entwickelt hatte, die im Lauf der Zeit die Herrschaft der Lüfte erobert hatten. Noch viel gefährlicher waren die Entwicklungen auf dem Gebiet der Kernspaltung. Dass die Deutschen hieran gearbeitet haben, wurde bis kurz nach dem Zusammenbruch Deutschlands ins Reich der Fabeln verwiesen. Aber neue Dokumente, insbesondere aus geheimen russischen Archiven, bringen nachprüfbare Beweise, dass die Deutschen sehr wohl an der Atombombe

arbeiteten. In Thüringen ist so gut wie sicher eine leichte Kernwaffe getestet worden. Dies wird durch radioaktiven Niederschlag bestätigt, der in dem betreffenden Gebiet noch immer nachweisbar ist. Diese Bombe war sicher lange nicht so stark wie die Bomben, die auf Hiroshima und Nagasaki fielen, aber stark genug, um ein Gebiet von etwa 500 bis 700 m völlig leerzufegen. Aber wegen des unerwartet schnellen Vormarsches der Russen mussten die Versuche aufgegeben werden.

Hitler hatte einen ernsthaften Mangel als militärischer Befehlshaber: Er mischte sich in zu viele Details ein, insbesondere gegen Ende des Krieges. Er negierte Informationen einfach, die im Gegensatz zu seiner Meinung standen. Als politischer Stratege machte er noch viel größere Fehler. Er wusste nicht, wie er zu einem Kompromiss oder einer Versöhnung kommen konnte, und er versuchte nicht einmal, zu verhandeln. Zu Beginn des Krieges erreichte er mit seinem Blitzkriegskonzept einen Sieg nach dem anderen. Aber als der Blitzkrieg im eisigen russischen Winter festzulaufen begann, lief auch sein Konzept fest.

Bei Stalingrad erlitten die Deutschen ihre erste große Niederlage, bei der die gesamte 6. Armee unter Führung von Generalfeldmarschall Paulus kapitulieren musste. Hier einige der vielen tausend durchgefrorenen und verzweifelten deutschen Kriegsgefangenen, die einer ungewissen Zukunft entgegengingen.

15 ZERSTÖRERISCHE BOMBENANGRIFFE

Blutroter Himmel

Berlin wurde zum ersten Mal in der Nacht des 26. August 1940 bombardiert. Es war mehr ein symbolisches Bombardement, das wenig Schaden anrichte, aber der psychologische Schock war enorm. Berlin wurde vor allem in den letzten zwei Jahren des Krieges oft Tag und Nacht bombardiert, wobei die Amerikaner tagsüber und die Briten nachts flogen. „Der Himmel über Berlin färbt sich in einer tristen Schönheit blutrot", notierte Goebbels am 27. November 1943 in sein Tagebuch. „Ich kann es einfach nicht mehr mitansehen." In den vergangenen Wochen hatte das Regierungsviertel rund um die Wilhelmstraße und den Wilhelmplatz gebrannt, ebenso die Kaiser-Wilhelm-Gedächtnis-Kirche und der Zoo. Als Goebbels die Betroffenen besucht, ist er gerührt und erstaunt über den begeisterten Empfang, der ihm zuteil wird. Es ist keine Feindseligkeit festzustellen, und die Menschen nehmen das Chaos mit einem gewissen Humor – ausgerechnet in Berlin, das anfangs so sehr gegen die Nationalsozialisten war.

Aber nicht nur in Berlin, sondern überall, wo die Bevölkerung unter den Bombenangriffen zu leiden hatte, schien die Moral der Menschen eher gestärkt als geschwächt zu sein, da man sich wie ein Mann gegen den Feind wandte, der dieses Elend aus der Luft anrichtete. Dabei glaubte man im Zweifel eher dem eigenen Regime, und so würde sich das Volk sicher nicht erheben. Es waren vor allem die Kinder, die unter den grausamen Bombardierungen litten. So erzählten Kinder über Schreckenserlebnisse: „Die zwei Schwestern ohne Kopf, Passanten, die als brennende Fackeln vorbeiliefen, verkohlte Leichen, auf die Größe einer Puppe eingeschrumpft, der Leichnam eines Freundes ohne Kopf, der einige Meter weiter weg lag, ein ganz verkohlter Soldat, der noch aufrecht an einem Gebäude lehnte, oder der Junge, der sich fassungslos mit einem großen verdeckten Eimer abschleppt, in dem … die verkohlten Reste seiner Eltern sind …"

Während des Zweiten Weltkrieges wurde in Berlin jedes fünfte Gebäude verwüstet, in der Innenstadt sogar jedes zweite, und die Stadt verwandelte sich in einen endlosen und trostlosen Trümmerhaufen. Bei den rund 310 Luftangriffen wurden etwa 50.000 Menschen getötet, beim schweren Angriff am 3. Februar 1945 allein 20.000. Nochmals 30.000 Berliner kamen während der Gefechte um Berlin im Frühjahr 1945 ums Leben.

Während einer kurzen Pause während der Bombardements flüchten Menschen aus den Schutzkellern auf die Straße, da die Flammen den ganzen Sauerstoff verzehrt haben. Allein in Berlin kamen als Folge des Bombenhagels, der Tag und Nacht andauerte, rund 50.000 Menschen ums Leben.

Ab Mitte 1943 konnte die Luftwaffe nur noch wenig gegen die britischen und amerikanischen Bomber ausrichten, die den deutschen Luftraum beherrschten. Auf diesen Fotos ist zu sehen, wie ein deutscher Jäger nach einem Treffer in der Luft explodiert.

Die Ingenieure der Zerstörung

Der so genannte strategische Bombenkrieg, bei dem man mit Hilfe der Bombardierungen ein vorher lokalisiertes Ziel zerstören will, wurde im Zweiten Weltkrieg zum ersten Mal in großem Maßstab angewendet. Das Konzept war mehr oder weniger die Idee Winston Churchills. Als damaliger Rüstungsminister hatte er für das Jahr 1919 ein Bombardement von Berlin mit tausend Flugzeugen vorgeschlagen. Aber durch die Kapitulation Deutschlands 1918 wurde dieser Plan nie verwirklicht. Unter dem Eindruck der Zerstörungen in London und Coventry hatten Churchill, sein Luftwaffen-Stabschef Portal und der Stabschef des Bomber Commands, Harris, beschlossen, mittels der Bombardierungen („maximum use of fire") die deutschen Bevölkerungszentren zu

zerstören. Als sich in England Brandschutztechniker der Feuerwehren bei der Royal Air Force meldeten, wurde eine neue Wissenschaft geboren. Die Feuerbekämpfung und das Feuerlegen befassen sich mit dem gleichen Thema, nämlich mit der Brennbarkeit von Materialien. Zusammen mit Chemikern, Mathematikern, Statistikern und operationalen und Luftfoto-Experten, gingen die Brandingenieure ans Werk, um verschiedene Typen von Brandbomben zu entwickeln, die eine möglichst große Wirkung hatten. Es wurden Tests mit

verschiedenen Sorten Mobiliar, Kleidung, Nahrungsmitteln, Gardinen, Bodenbelägen usw. gemacht, um den Effekt der Bomben zu testen. So wurden Brandbomben aus einer Kombination von Dynamit, Gummi, Phosphor, Benzin u. a. entwickelt.

Ein „Problem" – und das war insbesondere in Berlin der Fall – stellten die starken Brandschutzmauern zwischen den Häuserblöcken dar. Diese Brandmauern verhinderten größtenteils, dass das Feuer auf die angrenzenden Häuser überging. Um sie zum Einsturz zu bringen, wurden daher so genannte Minenbomben abgeworfen.

Bis zum Kriegsende arbeitete man stets weiter an der Perfektionierung der verschiedenen Bombentypen und an den Kombinationen, in denen sie abgeworfen werden sollten, um die größtmögliche Zerstörerung zu erzielen. Die „erfolgreichste" Bombe war die 55 cm große Elektro-Dynamitstab-Brandbombe. Abgeworfen in einer Kombination mit den „Blockbustern", verursachte sie gigantische Feuerstürme, die alles hinwegfegten, und so war diese Kombination die effektivste und mörderischste Waffe im Bombenkrieg.

Bericht aus dem Schutzkeller

Die Berliner verbringen endlose Zeit in den Bunkern, Schutzkellern und oft auch

Britische Brandexperten experimentierten jahrelang mit der perfekten, aber auch perfiden Mischung für verschiedene Bomben, die so viele Opfer wie möglich verursachen sollten.

in normalen Kellern unter ihren Häuserblöcken. Viele führen ein Tagebuch, mit dem sie versuchen, sich von den Schrecken, Ängsten und Entbehrungen freizuschreiben und für

Foto links: Bei den alliierten Luftangriffen auf Berlin wurden rund 50.000 Menschen getötet, darunter sehr viele Frauen und Kinder.

Foto rechts: Ab Mitte 1943 verbrachten die Berliner einen großen Teil ihrer Zeit in den Schutzkellern. Die meisten Opfer kamen durch Ersticken um, da die draußen wütenden Brände allen Sauerstoff aufsaugten und Schutt die Ausgänge versperrte.

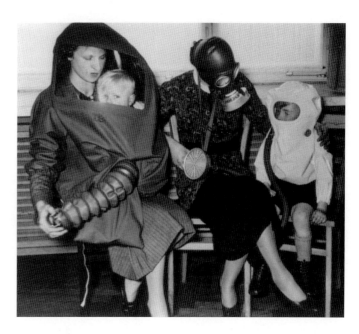

später zu bewahren. So auch eine junge Schülerin, die nach dem schweren Luftangriff am 18. März 1945 in ihr Tagebuch schreibt: „Der Raum ist angefüllt mit Gerede und Lachen. Aber über allem ist die nervöse Spannung zu fühlen. Da, ein Einschlag! Die Flak beginnt zu schießen. Die Erschütterungen werden stärker und stärker. Das Gerede wird weniger, und das Lachen verstummt. Plötzlich gibt es eine ohrenbetäubende Explosion! Das Licht flackert, und der Raum schwankt hin und her. Ängstlich kriechen wir zusammen. Die alte Frau mir gegenüber beginnt langsam zu beten … Schlag auf Schlag. Jeder von uns fühlt das Nahen des Todes. Vielleicht noch drei Minuten, noch zwei, vielleicht auch nur eine! Die junge Frau neben mir starrt mit leerem Blick vor sich hin. Sie hat eigentlich schon mit ihrem Leben abgeschlossen, wie wir alle. Da! Durch eine kleine Ritze in der Tür dringt Rauch herein! Es ist nur ein kleiner Faden, und doch ist die

muffige Kellerluft im Nu voller Rauch. Eine Frau beginnt zu schreien ‚Wir sind verloren!', greift nach ihrer Tasche und eilt zu der Tür, die tiefer in die Kellergewölbe führt. Viele folgen ihr. Und als der Raum schwarz vor Rauch ist, halten es auch die Letzten nicht mehr aus. Noch immer dröhnt und zittert der Boden von den Einschlägen … Dann ruft jemand, dass der Ausgang durch Trümmer versperrt ist. Kurz darauf schreit ein Mann: ‚Über uns brennt es, wir müssen hier raus!' Kinder kreischen, und Frauen heulen; eine lähmende Ratlosigkeit ergreift Besitz von uns allen. Was wird jetzt geschehen? Rauch dringt jetzt auch in den hintersten Raum vor. Die Luft ist feucht und warm, und der brennende Rauch beißt in den Augen; wir stehen dicht zusammen! Der Tod ist jetzt bei uns. ‚Die Notausgänge sind versperrt', sagt der Mann vom Luftschutz zu uns. ‚Wir müssen warten, bis sie freigemacht sind.' ‚Warten, warten, bis wir erstickt sind', stöhnt eine junge Frau, die ihr Kind ängstlich gegen sich drückt. Da, ein frischer Luftzug! Ein Ausgang ist frei. Wie kann man das Glück beschreiben, wenn man dem Tod wiedermal entkommen ist. Jeder drängt nach vorne. Einsturzgefahr! Niemand von uns weiß, ob das Bombardement schon vorbei ist, denn alle Sirenen sind kaputt. Wir gehen nach oben. Über uns und um uns herum steht alles in Brand …"

Weniger Tote als erwartet

Im Nachhinein können wir feststellen, dass die Bombardierungen im großen Maßstab weniger Wirkung hatten, als Luftmarschall Harris und seinem Bomber Command vor Augen stand: Die Moral der Bevölkerung wurde nicht gebrochen, und die Anzahl an Toten als Folge der Bombenangriffe versetzte der Kriegsindustrie nicht den Genickschuss. Bis heute bleibt unklar, warum sich die Alliierten, vor allem Churchill und „Bomber" Harris, für die massenhaften Terrorbombardierungen der deutschen Zivilbevölkerung mit dem Ziel einer größtmöglichen Anzahl an Opfern entschieden hatten. Churchill: „Es gibt 70 Millionen bösartiger Hunnen. Einige sind zu heilen, aber andere müssen geschlachtet werden." Auch als schon lange deutlich war, dass Deutschland

Nachdem sie stundenlang in den Schutzkellern zugebracht hatten, kamen die Menschen oft verrückt vor Angst heraus.

den Krieg verlieren würde, setzte das britische Bomberkommando die zerstörerischen Angriffe fort. Nach dem Zweiten Weltkrieg erklärte Speer, dass der Krieg schon 1943 sicher beendet gewesen wäre, wenn die Alliierten von Anfang an eine andere Luftkriegsstrategie angewendet hätten. Statt flächendeckender, aber sinnloser Bombardierungen der Städte und anderer dicht bevölkerter Gebiete hätten sie sofort mehr das Prinzip der „Querschnittslähmung" anwenden müssen: eine Konzentration der Luftangriffe auf nur einige, sorgfältig ausgewählte und sehr lebenswichtige Bereiche der deutschen Waffenindustrie, wie die Kugellagerfabriken und die Produktionsstätten für synthetisches Benzin, Gummi und Stickstoff. Als Churchill im Winter 1943 das erste Mal von einer Milzbrandbakterie hörte, war er höchst begeistert. Damals kam eine mit Milzbrandbakterien gefüllte, 1,8 kg schwere Granate britisch/amerikanischer Produktion auf den Markt. Churchill las: „Ein halbes Dutzend Lancasterbomber konnte genug dieser bakteriologischen Waffen transportieren, um bei gleicher Verteilung jeden zu töten, der sich in einem Gebiet von 2,5 Quadratkilometern befand, und dieses Areal danach unbewohnbar zu machen." Churchill reagierte sofort und ließ am 8. März 1944 eine halbe Million Milzbrandbomben in den Vereinigten Staaten bestellen. Aber als Folge der zusammenbrechenden deutschen Fronten und der Zerstörungen der deutschen Kriegsindustrie durch amerikanische Bombardierungen sollte diese Waffe nicht mehr eingesetzt werden. Hitlers Hauptquartiere, die Wolfsschanze, der Berghof und die Reichskanzlei in Berlin, wurden – zur großen Überraschung von Hitler – nie ernsthaft bombardiert. Hätten die Alliierten Hitler eliminieren können, wäre der Nationalsozialismus wie ein Kartenhaus zusammengebrochen, und der Krieg wäre innerhalb kürzester Zeit beendet gewesen. Als

Bomber-Command-Chef Harris während des Krieges wegen zu schnellen Fahrens von einen Polizisten angehalten wurde, der ihn darauf hinwies, dass dabei jemand zu Tode kommen könne, antwortete er lakonisch: „Ach, wissen Sie, ich töte jede Nacht ohnehin Tausende von Menschen …" Oder wie sein Landsmann A. W. Harrison, ein hoher Beamter des britischen Foreign Office (Außenministerium), im Juni 1945 bemerkte: „Bomber Harris muss mehr Opfer auf seinem Gewissen

Die Suarezstraße in Berlin-Charlottenburg direkt nach der russischen Eroberung. Man beachte die enormen Zerstörungen, welche die alliierten Bombardierungen angerichtet hatten.

Die Wolfsschanze, 20. Juli 1944. Das Innere der schwer beschädigten Baracke nach der Explosion der Bombe, die Graf von Stauffenberg in seiner Aktentasche versteckt hatte. Da die Baracke größtenteils aus Holz war, konnte der Druck leichter entweichen. Die Anzahl der Opfer blieb relativ gering.

haben als irgend ein einzelner deutscher General oder Luftmarschall." Das traurigste Symbol des alliierten Terrorbombardements war wohl die Bombardierung der Stadt Dresden am 13. und 14. Februar 1945. Die Stadt wurde dabei größtenteils zerstört, wobei Zehntausende Tote zu verzeichnen waren. Auch der Stolz der Stadt, die Frauenkirche, wurde dabei völlig verwüstet und sollte lange Jahre an diese grauenvolle Nacht erinnern. Aber nach

Die Bendlerstraße mit dem gigantischen Komplex des Oberkommandos der Wehrmacht kurz nach dem Krieg. Von hier aus wurden der Bombenanschlag und der darauf folgende, missglückte Staatsstreich gegen Hitler am 20. Juli 1944 geplant und ausgeführt. Der Hauptverantwortliche Oberst Graf von Stauffenberg, der hier auch sein Büro hatte, wurde noch am gleichen Abend im Innenhof exekutiert.

Der Wilhelmplatz nach dem Krieg. Links das Thüringen-Haus, in dem Gauleiter Sauckel, der Bevollmächtigte für den totalen Arbeitseinsatz und größter Sklaventreiber Europas, seine Büros hatte. Rechts steht die Ruine des berühmten Hotels Kaiserhof, in dem Hitler kurz vor seiner Machtübernahme wohnte und seine Parteibüros hatte.

Jahren der Restaurierung konnte im Herbst 2005 die festliche Einweihung der renovierten Frauenkirche stattfinden. Von symbolischer Bedeutung war dabei das große goldene Kreuz auf der enormen Kuppel der Kirche, das vom Sohn eines der Bomberflieger der Royal Air Force hergestellt wurde, der damals bei dem Angriff dabei war.

Bombenanschlag auf Hitler

In der Wolfsschanze, Hitlers militärischem Hauptquartier tief in den Wäldern Ostpreußens nahe der heutigen polnisch-russischen Grenze. Es ist Donnerstag, der 20. Juli 1944, 12.42 Uhr. Es herrscht eine drückende Hitze, und in der Ferne bilden sich langsam, aber sicher dunkle Wolken eines Gewitters, das im Anzug ist. Plötzlich wird die Stille von einer lauten Explosion durchbrochen, die weithin zu hören ist. Erst weiß man nicht, wo diese genau herkommt, aber schon bald ist jedem im Militärhauptquartier klar, dass etwas in der Baracke, in der der Führer sich aufhält, passiert sein muss. Es scheint in der Tat eine Bombenexplosion zu sein, welche die Baracke, in der Hitler zu der Zeit seine militärische Stabsbesprechung durchführt, größtenteils zerstört hat. In der Baracke mit dem extradicken Betondach werden der massive Eichentisch und zwei schwere Strebepfeiler zerstört, überall fliegt Glas herum, und ein beginnendes Feuer verbrennt zahlreiche militärische Karten. Durch den Explosionsdruck werden die Anwesenden in alle Richtungen geworfen, einige werden sogar durch die Fenster nach draußen geschleudert. Inmitten von Staub und Rauch ertönen Gewimmer und Gestöhne.

Aber so wie die etwa 40 (!) anderen Anschläge auf ihn überlebt Hitler auch diesen. Er kommt mit leichten Schürf- und Prellwunden davon. Schon bald wird bekannt, dass Oberst Graf von Stauffenberg den Anschlag mit einer Bombe, die in einer Aktentasche verborgen war und die er während der Stabsbesprechung unter dem Tisch abgestellt hatte, durchgeführt wurde. Später sollte auch herauskommen, dass von Stauffenberg nicht allein handelte, sondern im Namen einer ganzen Gruppe von Offizieren und Zivilisten, die dem Hitler-Regime ein Ende machen wollte. Mehr als einmal ließ Hitler sich in Gegenwart des Dieners Linge über die Putschisten aus: „Diese Verschwörer haben nichts von Revolutionären. Es sind nicht einmal Rebellen! Hätte dieser Stauffenberg eine Pistole gezogen und mich auf der Stelle niedergeschossen, dann wäre er ein Kerl gewesen. Aber so ist er ein erbärmlicher Feigling!"

Staatsstreich in Berlin

Durch die unklare Berichterstattung aus der Wolfsschanze, ob Hitler nun tot war oder nicht, zögern die Verschwörer, ob sie das Drehbuch für den Staatsstreich durchführen sollen oder nicht. Kostbare Stunden gehen damit verloren, und insbesondere in Berlin zeugt der Staatsstreich von großer Amateurhaftigkeit. So vergessen die Aufständischen schlichtweg, die Radiostationen sowie die Telefon- und Kommunikationszentren in Berlin zu besetzen und die Stadt so von der Außenwelt abzuschneiden, mit allen erdenklichen Folgen. Darum kann Goebbels einfach mit Hitler telefonieren, als sein Ministerium umzingelt wird und Major Remer ihn gefangen nehmen will. Er besitzt die Geistesgegenwart, im Beisein von Remer Hitler anzurufen, der ihm mitteilt, dass er unversehrt ist und Remer auf der Stelle zum General befördert – mit der Befugnis, alles daran zu setzen, den Aufstand niederzuschlagen.

Als bekannt wird, dass Hitler lebt und kaum Verwundungen erlitten hat, laufen bald einige der Drahtzieher der Verschwörung über, in der Hoffnung, so mit dem Leben davonzukommen. Einer von ihnen ist General Fromm, der Befehlshaber der Reservearmee, die eine aktive Rolle bei dem Staatsstreich spielen sollte. Noch spät am Abend des 20. Juli lässt Fromm die wichtigsten vier Verschwörer, unter ihnen von Stauffenberg, festnehmen und dann standesrechtlich erschießen. Er tat dies offensichtlich, um seine Treue gegenüber dem Regime zu beweisen und um die gefährlichsten Zeugen gegen ihn aus dem Weg zu räumen. Im Scheinwerferlicht wurden die

Verurteilten auf einem Innenhof des Bendlerblockes durch ein Exekutionskommando erschossen. Von Stauffenberg stirbt mit dem Ausruf: „Es lebe das heilige Deutschland!"

Hitlers gnadenlose Rache
Hitlers Rache ist schrecklich. Nach Schätzungen kamen als Folge des missglückten Bombenanschlages vom 20. Juli 1944 rund 5.000 Personen um. Tausende weitere wurden in die KZs geschickt. Die Nachforschungen und Hinrichtungen wurden von der Gestapo und dem SD bis zu den letzten Kriegstagen unaufhörlich fortgesetzt. Diejenigen, die in die Hände der Gestapo fallen, werden oft grausam gefoltert, um

Am Tag des Anschlags war Mussolini zu Besuch. V.l.n.r. Mussolini, Reichsleiter Bormann, Übersetzer Dr. Dollmann, Großadmiral Dönitz, der Nachfolger Hitlers nach dessen Selbstmord, Hitler, der seine zitternde rechte Hand ruhig zu halten versucht, Göring, Reichspressechef Dr. Dietrich und SS-General Fegelein, der mit Gretl, der Schwester Eva Brauns, verheiratet war und so mehr oder weniger zu Hitlers „Familie" gehörte. Ein Jahr später ließ Hitler ihn wegen Fahnenflucht exekutieren.

Hitlers Rache nach dem missglückten Bombenanschlag vom 20. Juli 1944 war schrecklich. Gut 5.000 Menschen wurden exekutiert oder aufgehängt und Tausende verschwanden in den KZs. Der Volksgerichtshof unter Leitung des Richters Freisler (4. von rechts) fällte die meisten Todesurteile. Der Schauprozess wurde mit einer versteckten Kamera (hinter der Hitlerbüste durch ein Loch in der rechten Hakenkreuzfahne) aufgezeichnet.

danach zur Aburteilung an den Volksgerichtshof unter Leitung des berüchtigten NS-Richters Roland Freisler überwiesen zu werden. Das Gebäude des Volksgerichthofs befindet sich in der Bellevuestraße 15, einen Steinwurf vom Potsdamer Platz entfernt. Aber die Verhandlungen gegen die Verschwörer vom 20. Juli finden dieses Mal alle in einem der Säle des Berliner Kammergerichts im Heinrich-von-Kleist Park in Berlin-Schöneberg statt.

Am 7. August 1944 ist es dann so weit: Die erste Sitzung des Volksgerichtshofs beginnt. Der Saal ist voller großer Hakenkreuzfahnen, und auch hinter den Richtern hängt ein riesige Hakenkreuzfahne. Davor steht eine große Bronzebüste von Hitler. Der Saal ist mit ausgewählten Zuschauern gefüllt, wie Parteimitgliedern, SS-Angehörigen, Armeeoffizieren und von Goebbels selbst ausgewählten Journalisten. Heimlich hinter einer Hakenkreuzfahne verborgen steht eine Kamera, die nach einem Klopfzeichen von Freisler von einem Kameramann in Gang gesetzt werden kann. Sobald die Kamera läuft, beginnt Freisler die Angeklagten wie ein Besessener anzu-

brüllen, zu schreien und hysterische Sympathiebezeugungen für Hitler von sich zu geben. Das Ziel war es, einen Propagandafilm von dem Prozess zu machen. Aber dieser Film erreichte einen gegenteiligen Effekt: Gegenüber dem zeternden Richter trat umso mehr die ernste und würdevolle Standhaftigkeit der Opfer hervor. Der Film sollte letztendlich nur vor sorgfältig ausgewählten NS-Organisationen und Parteibonzen gezeigt werden. Die Verurteilten wurden am 8. August im Hinrichtungsraum des Gefängnisses Plötzensee in Berlin auf eine außergewöhnlich gemeine Art gehenkt: mit Klaviersaiten, die an Fleischerhaken befestigt wurden, wodurch der Tod quälend langsam eintrat. Dies geschah auf Hitlers ausdrücklichen Befehl: „Sie sollen wie Schlachtvieh aufgehängt werden." Die Hinrichtung wird von Anfang bis Ende gefilmt, damit Hitler sie sehen kann. Auch Fotos werden gemacht. Speer erklärte später, dass er die Fotos auf Hitlers Schreibtisch hat liegen sehen. Es ist sehr wahrscheinlich, dass Hitler den grausamen Film angesehen hat.

Leider entkam Roland Freisler seiner irdischen Strafe. Nachdem er im April 1945 während einer der zahlreichen Luftalarme in seinen Schutzkeller gegangen war, stellte er fest, dass er ein wichtiges Dossier auf seinem Schreibtisch liegen gelassen hatte. Er hastete nach oben, nahm das betreffende Dossier an sich, aber als er sein Arbeitszimmer verlassen wollte, wurde das Gebäude mehrmals voll getroffen. Die Decke stürzte ein, und ein schwerer Balken erschlug Freisler, der selbst tot – mit dem Dossier noch unter seinem Arm – etwas Beängstigendes hatte.

Der Alptraum ist vorbei. Hitler ist vollständig geschlagen und mit ihm der Nationalsozialismus, der letztendlich Millionen unschuldiger Menschen das Leben gekostet und große Teile Europas in eine Wüstenei verwandelt hatte.

16 Untergang im Führerbunker

Endlose Bombardierungen

Berlin, 3. Februar 1945. Das Regierungszentrum und insbesondere die Reichskanzlei stehen unter schwereren Bombardierungen als jemals zuvor. Vor allem die alte Reichskanzlei, der Wintergarten und der große Festsaal haben schwer zu leiden. Überall brechen Brände aus, die Elektrizität, Telefon- und Telexverbindungen fallen aus, Wasserleitungen platzen. Der tief unter dem Garten der Reichskanzlei und nahe dem Festsaal gelegene Führerbunker erzittert in seinen Grundfesten. Durch den sandigen Boden und den hohen Grundwasserstand erreichen die Explosionswellen leicht den Bunker, der dadurch buchstäblich hin- und herschwankt, ohne gleichwohl Risse zu zeigen. Hitler, der gerade mit der täglichen Lagebesprechung beschäftigt ist, kriecht nach jedem schweren Einschlag tiefer in seinen Stuhl. Mit seiner Lesebrille in der Hand und seinem gekrümmten Rücken erscheint er noch älter und verfallener, als er ist. Hitlers größte Angst ist, dass

eine schwere Bombe den Bunker so sehr beschädigt, dass Grundwasser eindringt. Daher kleidet er sich bei einem nächtlichen Luftalarm sofort an, um im Notfall den Bunker schnell verlassen zu können. Hitlers Sekretär und allmächtiger Chef der Parteikanzlei, Reichsleiter Martin Bormann, schreibt über das schwere Bombardement einen Tag später an seine Frau: „Der Angriff von gestern war sehr schwer … Der Garten der Reichskanzlei bietet einen schrecklichen Anblick, tiefe Krater, umgefallene Bäume, und die Wege sind wegen der Unmengen Schutt und Trümmer nicht mehr zu erkennen. Die alte Reichskanzlei und die Wohnung des Führers

Luftaufnahme des großen Komplexes der Reichskanzlei links und rechts der stark verwüsteten alten Reichskanzlei. Halbrechts ist der Adjutantenflügel zu sehen, darin in der Verlängerung zum Garten Hitlers schwer beschädigte Privatwohnung.

Plan des Führerbunkers + Vorbunkers

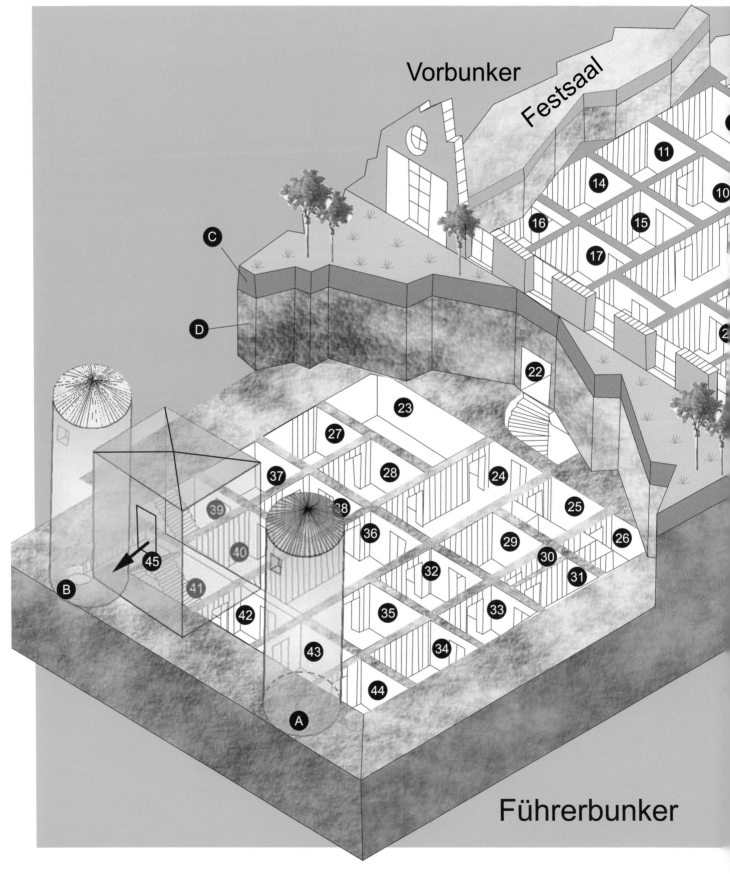

Vorbunker

Festsaal

Führerbunker

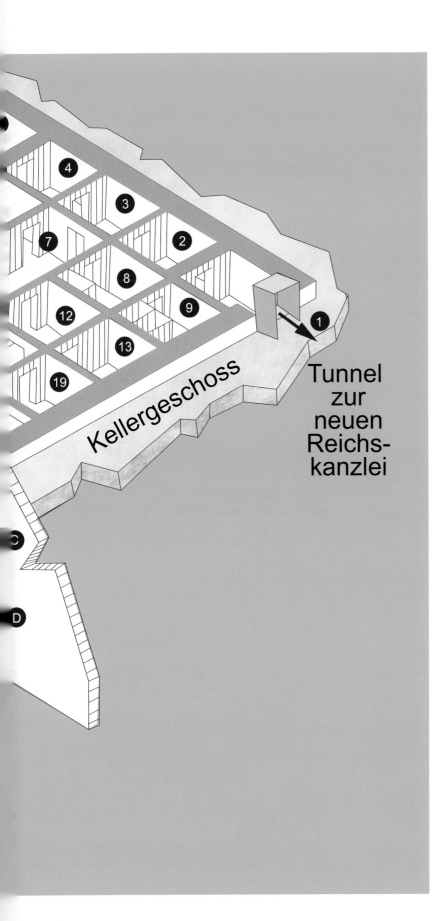

(A) Wachturm/Ventilationsschacht

(B) Wachturm/Ventilationsschacht
(im Anbau)

(C) Gartenebene

(D) Armierter Beton

1 Haupteingang zum Vor- und Führerbunker

2–4 Luftschleusen mit Stahltüren

5 Notausgang zum Keller

6 Maschinenkammern Vorbunker

7 Korridor bzw. Personalkantine

8–9 Toiletten und Waschgelegenheit

10–11 Schlafräume

12–13 Küche und Voratskammer

14–17 Wohn-/Schlafzimmer von Frau Goebbels und Kindern

18–19 Notunterkünfte

20–21 Lagerräume bzw. Notunterkünfte

22 Wendeltreppe zum Führerbunker und Luftschleuse

23 Maschinenkammer Führerbunker

24 Korridor

25–26 Toiletten und Waschgelegenheit

27 Telefon und Telex

28 Meldezimmer für die Luftbewegungen über Berlin

29 Wohn-/Schlafzimmer Eva Braun

30 Ankleidezimmer Eva Braun

31 Badezimmer und Toilette Hitler und Eva Braun

32 Vorraum zu Hitlers Privatgemächern

33 Hitlers Wohn-/Arbeitszimmer

34 Hitlers Schlafzimmer

35 Besprechungszimmer

36 Großer Korridor bzw. Wachtzimmer

37 Schlafzimmer Linge

38 Allgemeiner Aufenthaltsraum

39 Arztzimmer (Schlafzimmer Dr. Morell)

40 Goebbels' Schlaf-/Arbeitszimmer

41 Treppenhaus zum Notausgang Park und Zugang zum Wachturm/Ventilationsschacht (im Anbau)

42 Luftschleuse und Wachlokal Reichssicherheitsdienst (RSD)

43 Aufenthaltsraum RSD-Wachtposten

44 Schlafraum RSD, Zugang zum Wachturm/Ventilationsschacht

45 Notausgang zum Park

wurden wiederholt schwer getroffen, vom Wintergarten und vom Festsaal stehen nur noch Reste der Außenwände, und die Eingangshalle zur Wilhelmstraße, wo wie üblich die Wachtposten der Wehrmacht stehen, ist völlig zerstört … Vor der Reichskanzlei steht ein Wagen, um Wasser zu kochen und sich zu waschen! Und das Schlimmste sind die WCs. Hitlers Bewacher sind Schweine. Sie benutzen die Toiletten andauernd, und nicht einer von ihnen denkt daran, mal einen Topf Wasser mitzunehmen, um abzuspülen. Ab heute Abend bekomme ich im Bunker ein Zimmer, um darin zu arbeiten und zu schlafen …"

Der Vorbunker

Als Hitler 1935 den Auftrag gab, an der Gartenseite der alten Reichskanzlei und im Anschluss an den Speisesaal einen großen Empfangs- bzw. Festsaal mit angebautem Wintergarten zu errichten, wurde auf Andringen von Hitler ebenso beschlossen, unter den Kellern des großen Empfangssaals, auch Diplomatensaal genannt, einen Schutzkeller zu bauen. Der Bau war gegen Ende 1935 vollendet, und im Januar 1936 konnte Hitler, der in der Zwischenzeit die gesamte Macht als Reichspräsident, Reichskanzler, Oberbefehlshaber der Reichswehr und Führer der NSDAP an sich gerissen hatte, im neuen Festsaal den Neujahrsempfang mit dem vollzähligen diplomatischen Korps abhalten.

Der Schutzkeller war ein rechteckiger Betonkoloss von 21,2 x 21,2 Metern mit einer Deckenstärke von 1,6 Metern, 1,2 Meter dicken Wänden und einer Nutzfläche von 18,8 x 19,5 Metern. Später sollte die Decke noch mit einem Meter armiertem Beton verstärkt werden, sodass die gesamte Stärke, inklusive des Daches des Festsaales von 0,75 Metern, nun 3,35 Meter betrug und damit den schwersten britischen und amerikanischen Bomben widerstehen konnte. Der Bunker, der durch den Keller unter dem Festsaal zu erreichen war, verfügte außerdem über einen Notausgang. Schwer gepanzerte, gasdichte Türen führten in den eigentlichen Bunker, der mit einem eigenen Dieselgenerator versehen war, wodurch Beleuchtung, Luftfilterung, Heizung, Wasserpumpen und eine kleine Küche völlig unabhängig funktionieren konnten. Neben einem zentralen Mittelgang, der später als gemeinschaftliches Esszimmer für Hitlers engste Mitarbeiter benutzt werden sollte, der Maschinenkammer, den Toiletten und der Waschgelegenheit zählte der Bunker zwölf kleine Räume von durchschnittlich 3,5 x 3,2 Metern. In einigen dieser Zimmer an der rechten Seite des Ganges sollte später, bis zu ihrem

Die verwüstete alte Reichskanzlei von der Wilhelmstraße aus gesehen. In der Mitte die Überreste des ehemaligen Festsaals.

Eine seltene Nachkriegsaufnahme der Rückseite der größtenteils verwüsteten Reichskanzlei, in der sich u. a. Hitlers Privatwohnung befand:

1. Hitlers Arbeitszimmer
2. Hitlers Wohnzimmer
3. Hitlers Schlafzimmer
4. Hitlers Badezimmer/Toilette
5. Wohn-/Schlafzimmer von Eva Braun
6. Adjutantenflügel mit langem Flur
7. Vorplatz der alten Reichskanzlei
8. Wilhelmstraße
9. Diplomatenflügel mit Prachttreppe
10. Außenministerium
11. Speisesaal
12. Wintergarten
13. Großer Fest-/Bankettsaal, darunter der Vorbunker
14. Stelle, unter welcher der Führerbunker liegt
15. Notausgang des Führerbunkers
16. Wachturm/Ventilationsschacht im Anbau
17. Wachturm
18. Stelle, an der die Leichen Hitlers und seiner frisch gebackenen Ehefrau Eva verbrannt wurden
19. Stelle, an der die Leichen von Goebbels und seiner Frau verbrannt wurden

und Dienstwohnungen der Reichskanzlei an der Hermann-Göring-Straße. An der Mitte der Mauer, die den Park von den Gärten des Außenministeriums trennte, und vertikal zu Hitlers enormem Arbeitszimmer in der neuen Reichskanzlei stand eine prächtige, geräumige Orangerie. Entlang der gesamten Mauer war eine Pergola angebracht, sodass Hitler auch bei schlechtem Wetter seinen täglichen Spaziergang im Park machen konnte.

Der Führerbunker

Hitler, der ständig besorgt um seine Sicherheit war, gab am 18. Januar 1943 Minister Speer den Auftrag, im Garten der Reichskanzlei direkt im Anschluss an den Schutzkeller unter dem Festsaal einen neuen Schutzkeller zu bauen. Dieser sollte genau die gleichen Innenmaße wie der alte Keller haben (18,8 x 19,5 Meter), aber mit einem stärkeren Dach aus armiertem Beton und dickeren Wänden versehen sein. Hitler war der alte Schutzkeller unter dem Festsaal mit einer Deckenstärke von gerade nur 1,6 Metern zu unsicher geworden. Genau neben der Außenmauer des Festsaals wurde ein tiefes Loch von gut 26,7 x 26 x 10 Metern (Länge–Breite–Tiefe) gegraben. Auf dem zwei Meter dicken Fundament aus armiertem Beton wuchs der neue Schutzkeller, auch „Führerbunker" genannt, mit 3,6 Meter dicken Wänden, einem 3,5 Meter dicken Betondach und einer Höhe von rund 2,85 Metern heran. Da der Bunker im Grundwasser lag, wurde eine spezielle Betonsorte verwendet, während der Bau als Ganzes in einer Art Betonwanne lag. Das in die äußere Wanne sickernde Wasser musste mit Pumpen andauernd abgepumpt werden. Um den 2,4 Meter tiefer gelegenen Führerbunker erreichen zu können, musste man durch den alten Schutzkeller zwölf Stufen einer nach links drehenden Wendeltreppe hinabsteigen. Am

Selbstmord und dem Mord an ihren sechs Kindern, Frau Goebbels wohnen. Die Zimmer an der linken Seite wurden zeitweise als Aufenthalts- und Schlafräume, Vorratskammern und Küche für Hitlers Diätköchin, die Wienerin Constanze Manziarly, verwendet.

Ein etwa 75 Meter langer, weiß gekachelter Flur von etwa 2,3 Metern Höhe und 1,2 Metern Breite verband die Keller unter dem Wintergarten bzw. dem Festsaal mit den Vorratskammern unter der neuen Reichskanzlei. Hierdurch konnten Nahrung und Getränke schnell zu den Küchen der alten Reichskanzlei transportiert werden. Am Ende des zentralen Ganges führte eine Betonwendeltreppe zum rund 2,5 Meter tiefer gelegenen eigentlichen Führerbunker, der Hitlers letzte Zuflucht werden sollte und der erst Ende 1944 fertig wurde. Der herrliche Park der Reichskanzlei mit seinem uralten Baumbestand war gleichzeitig mit dem Bau der neuen Reichskanzlei 1938 ganz neu gestaltet und ausgestattet worden. Der Park wurde an drei Seiten durch die Rückseiten von Gebäuden begrenzt, nämlich durch die alte Reichskanzlei an der Wilhelmstraße, die neu erbaute Reichskanzlei entlang der gesamten Vossstraße und durch die SS-Kasernen, Garagen

Ende der Treppe kam man in eine Art Schleuse, wo sich eine gasdichte, gepanzerte Eisentür zum eigentlichen Führerbunker öffnete. Diese Tür führte auf den breiten Mittelgang, dessen Niveau 7,6 Meter unter der Erdoberfläche lag. Der 16 Meter lange Mittelgang war in zwei Teile geteilt: Zuerst kam eine 7,5 Meter lange Diele oder Flur, die an einer 0,5 Meter dicken Betonwand mit einer gepanzerten Tür endete, an der ein Offizier des Begleitkommandos Wache hielt. Direkt rechts vom Eingang lag die Maschinenkammer,

die vollgestopft war mit einem großen Dieselaggregat, Ventilatoren, verschiedenen Pumpen und Fässern mit Dieselöl. Dies war das Reich Hentschels, dem verantwortlichen Monteur und einem der wenigen Nicht-Militärs der Gesellschaft. Anschließend kam ein Raum, in dem sich die Telefonzentrale befand. Diese wurde bedient durch den SS-Obergefreiten Rochus Misch. Dort stand auch das Telex, das in den letzten Wochen insbesondere von Else Krüger, der Sekretärin von Reichsleiter Martin Bormann, benutzt wurde, die so seine Befehle an die Parteileitung weitergab.

An der linken Seite des ersten Korridors befand sich ein Zwinger für Hitlers Schäferhund Blondie und deren Welpen, der Waschraum und die Toiletten für die Wachtposten, Hitlers Diener, die Soldaten und die Besucher. Am Ende dieses Flures führte eine gepanzerte Tür zum zweiten Teil des Zentralganges, nämlich zum 8 Meter langen hinteren Korridor, dem so genannten Wartezimmer. Auf dem Boden lag ein breiter roter Läufer, und an den Wänden hingen einige kostbare Malereien alter Meister, die aus Hitlers Privatwohnung stammten, darunter eine „Madonna mit Kind" und diverse Landschaften. Es standen überall Sessel mit hie und da einem Tisch dabei und eine Couch. In diesem Raum versammelten sich immer die Teilnehmer an den täglichen Lagebesprechungen und diejenigen, die Hitler

Ein amerikanischer Offizier betritt den Vorbunker durch den Keller unter dem großen Fest-/Bankettsaal. Russische Soldaten haben Graffiti auf den Wänden hinterlassen.

Ein amerikanischer Soldat in Hitlers Schlafzimmer im Führerbunker. Rechts der aufgebrochene Tresor mit Teilen der Großen Technischen Enzyklopädie (Blauer Duden), die zu Hitlers Lieblingslektüre gehörte. Wie an den Bügeln zu erkennen ist, ist der Schrank leergeräumt. Unter dem Tischchen beim Bett, auf dem das Buch liegt, das Hitler zuletzt las, wurde ein Teil seines Terminkalenders gefunden.

besuchen wollten. Sie mussten hier warten, bis ein Adjutant oder Diener sie zu Hitlers Wohn- und Arbeitszimmer oder zum Versammlungsraum begleitete. In diesem Raum – mit 4 x 3,6 Metern ein Stück größer als die anderen Zimmer – fanden die täglichen militärischen Besprechungen statt, und er diente auch als Esszimmer für Hitler. In der Mitte stand ein großer Tisch, auf dem während der Besprechungen zahlreiche militärische Karten lagen. An den Wänden standen einige Stühle und ein Sofa mit kariertem Muster. Die rund 20 Teilnehmer an der Lagebesprechung standen dicht beieinander rund um den Tisch, an dem als Einziger Hitler saß. An der rechten Seite des hinteren Mittelgangs oder Wartezimmers führte eine Eisentür zu vier miteinander verbundenen Räumen. Eines dieser Zimmer diente als Behandlungsraum und verfügte über die wichtigsten medizinischen Apparaturen und Instrumente. Zusätzlich diente es als Schlafzimmer von Dr. Morell und später von Hitlers Arzt Stumpfegger. Das zweite Zimmer, in dem Hitlers Leibarzt Morell bis zu seinem Weggang am 22. April gewohnt hatte, wurde das Schlaf- und Arbeitszimmer von Goebbels. Das dritte Zimmer war ein Aufenthaltsraum für das Personal, während der vierte Raum Hitlers Diener Linge und den Ordonnanzen als Schlafraum diente.

An der linken Seite des hinteren zentralen Korridors befand sich eine Eisentür, die in die Privatgemächer von Hitler und Eva Braun führte. Durch diese Tür betrat man erst ein Vorzimmer, das von Heinz Linge als Büro benutzt wurde und außerdem als Servierstelle für Hitlers Mahlzeiten diente, die er im Lageraum einnahm. Von hier aus führte links eine Tür zu Eva Brauns Wohn- und Schlafzimmer und geradeaus eine Tür zu Hitlers Wohn- und Arbeitszimmer. Von dort führte eine Tür zu dessen Schlafzimmer und eine andere zum Ankleidezimmer mit anschließendem Bad und Toilette. Das Ankleidezimmer und das Badezimmer waren auch vom Wohn- und Schlafzimmer Eva Brauns zu erreichen. Das Schlafzimmer des Führers war sparsam möbliert mit einem eisernen Einpersonenbett, neben dem sich, wie in allen Schlafzimmern Hitlers, ein Klingelknopf befand, um seinen

Diener zu erreichen, ein Nachtschränkchen, auf dem sich eine Leselampe befand, und ein Kleiderschrank. Am Fußende stand ein Tresor, in dem Hitler seine wichtigsten Papiere aufbewahrte. Auf dem Fußboden lag ein wertvoller Teppich. Eva Brauns Wohn- und Schlafzimmer, Hitlers vorheriges Ankleidezimmer, war ausgestattet mit Möbeln aus ihrem kleinen Apartment in der ersten Etage der alten Reichskanzlei. Es standen dort ein Einpersonenbett und ein kleiner Tisch, eine Kommode, ein etwas größerer, gemütlicher Sessel mit Korblehne, und auf dem Boden lag ein Teppich mit Blumenmuster. Eva liebte Blumen, und das war nach ihrem Tod, nachdem Hunderte alliierter Soldaten und Besucher den Bunker besichtigt hatten, und nach diversen Plünderungen noch immer sichtbar. Denn als stiller Zeuge stand auf der Kommode noch immer eine Flasche mit einem von Eva im Park gepflückten blühenden Zweig …

Ein amerikanischer Sergeant mit einem enormen Schlüsselbund in seiner Hand sieht sich das Sofa des Besprechungsraumes im Führerbunker an.

Eine hohe amerikanische Delegation im Oktober 1945 zu Besuch im Führerbunker. Sie stehen im großen Korridor. Links die Tür zum Besprechungszimmer und in der Mitte die Tür zur Luftschleuse, die zum Treppenhaus des Notausgangs führt.

Der zentrale und dramatischste Ort im Führerbunker war Hitlers Wohn- und Arbeitszimmer, wo Hitler und Eva Selbstmord begingen. An der hinteren Wand, gegenüber der Tür zum Vorzimmer, stand ein zweieinhalbsitziges Sofa aus blau-weißem Brokat mit allerlei Tierfiguren, vor dem ein kleiner Salontisch umringt von drei Sesseln mit dem gleichen Bezug stand. Rechts vom Sofa war ein Beistelltischchen, auf dem sich ein Radio befand, und direkt rechts von der Eingangstür zum Vorzimmer stand ein kleiner Sekretär, unter dem ein niedriger Hocker halb untergeschoben war. Ein zweiter Hocker komplettierte die Möblierung des Raumes. Über dem Sekretär hing ein Ölporträt des deutschen Malers Anton Graff von Friedrich dem Großen. Es war Hitlers Lieblingsbild, und er hatte es beim Einzug in den Bunker aus seinem riesigen Arbeitszimmer in der neuen Reichskanzlei mitgenommen. Stundenlang konnte er das Porträt anstarren, als ob er beim großen Preußenkönig Inspiration finden wollte. Beim Abschied schenkte Hitler das Bild seinem treuen Chef-Piloten, SS-Gruppenführer Hans Bauer, der es während

des Ausbruchs wieder verlor. Über dem Sofa hing ein Ölbild eines holländischen Meisters mit einer arkadischen Landschaft mit Früchten im Vordergrund. Der Betonboden war bedeckt von einem prächtigen Teppich in zarten Farben.

Am Ende des hinteren Mittelganges befand sich wieder eine gepanzerte, eiserne, gasdichte Schleusentür, die in einen kleinen Raum führte, der als Schlaf- und Aufenthaltsraum der Mitglieder von Hitlers Reichssicherheitsdienst in Gebrauch war. Aus diesem Raum gelangte man, wiederum durch eine gasdichte Eisentür, in ein 3 Meter breites Treppenhaus, dessen 38 steile Stufen zum rund 7,5 Meter höher gelegenen Notausgang in den Garten der Reichskanzlei führten.

Einige Meter von diesem Notausgang entfernt stand ein 8,3 Meter hoher Betonwachturm mit einem Durchmesser von 4 x 4 Metern. Dieser Turm war permanent mit einem Wachtposten besetzt, der durch drei Öffnungen die Gebäude und die Umgebung beobachten konnte und telefonisch Brände, Bombeneinschläge usw. an den Führerbunker durchgab. Ein zweiter Turm war noch im Bau, wurde aber nicht mehr fertig. Das erklärt, warum rund um den Führerbunker noch bis zu dessen Einnahme so viele Baumaterialien, u. a. eine Mischmaschine, Holzplanken, Gerüstteile usw., lagen. Der Führerbunker war – bis auf den Notausgang und die Wachtürme – völlig unsichtbar.

Eine der letzten Aufnahmen Hitlers, aufgenommen an seinem 56. Geburtstag am 20. April 1945 im Garten der Reichskanzlei, rund 50 Meter vom Notausgang des Führerbunkers entfernt. Hinter ihm steht Axmann, der Führer der Hitlerjugend (HJ), der zusammen mit Hitler auf dem Weg ist, einigen Jugendlichen der HJ Orden wegen ihres mutigen Verhaltens im Kampf gegen die vorrückende russische Übermacht zu verleihen.

Umzug in den Bunker

Hitler sollte noch bis Ende Februar 1945 in seinem Schlafzimmer in der alten Reichskanzlei schlafen, bis er als Folge der nächtlichen Bombardierungen Anfang März endgültig sein Zimmer im unterirdischen Bunker bezog. Augenzeugen beschreiben den Bunker als beengt, niedrig und mit einem Wirrwarr aus kleinen Zimmern. Sekretärin Christa Schröder fand die beengten Räume und die niedrige Decke sehr deprimierend. Wenn jemand durch Hitlers Zimmer gehen wollte, mussten die Stühle zur Seite gerückt werden. Christa Schröder: „Als wir nach der nächtlichen Lagebesprechung morgens um 06.00 Uhr von Hitler empfangen wurden, lag er meist erschöpft auf dem kleinen Sofa. Mühsam stand er auf,

Das allerletzte Foto von Hitler, der hier zusammen mit seinem Chef-Adjutanten Schaub den Schaden am Speisesaal der alten Reichskanzlei in Augenschein nimmt. Links ein Durchgang zum Wintergarten.

Der Wachturm des Führerbunkers. Das Foto wurde direkt über Hitlers Gemächern im Führerbunker tief unter der Erde gemacht, im Hintergrund die Säulenkolonnade vor Hitlers Arbeitszimmer in der neuen Reichskanzlei.

Im Interview, das die Autoren dieses Buches mit Traudl Junge, Hitlers jüngster Sekretärin, im August 1984 führten, erzählte sie ausführlich über Hitlers letzte Tage im Führerbunker.

um uns zu begrüßen und sich dann wieder hinzulegen, wobei sein Diener Linge oft ein Kissen unter seine Füße legte. Seine Monologe wurden immer einseitiger, und oft erzählte er uns beim Mittagessen, beim Abendessen und am Morgen dieselben Geschichten, die wir langsam auswendig kannten. So mussten wir in den letzten Wochen immer wieder anhören, wie schlau sein Schäferhund Blondie war oder wie seine Hand sich gebessert habe und weniger zitterte als am Tag zuvor. Der Morgentee dauerte meist zwei Stunden, wonach Hitler aufstand und schleppenden Schrittes zum Hundezwinger lief, wo er Blondie kurz aufsuchte. Die Hündin hatte im März Junge geworfen, von denen Hitler sich eines aussuchte, das er ganz allein aufziehen wollte. Diesen Welpen nahm er oft mit, setzte sich in sein Wohnzimmer mit dem Tier auf seinem Schoß, und während er es lange streichelte, rief er immer wieder sanft seinen Namen: Wolf. Dann brachte er den Welpen wieder zu Blondie zurück, nahm Abschied von uns und zog sich zurück in sein Schlafzimmer, um noch etwas zu schlafen. Das war in der letzten Zeit gegen 08.00 Uhr. Aber viel Schlaf bekam er nicht, denn gegen 11.00 Uhr gaben oft die Sirenen wieder jaulend Luftalarm. Dann stand er immer auf, zog sich von Kopf bis Fuß an und rasierte sich selbst, denn er hatte Todesangst, dass eine schwere Bombe eine der Seitenwände des Bunkers beschädigen könnte, wodurch hereinströmendes Grundwasser alles überschwemmen würde. Bei Luftalarm blieb er nie allein in seinem Zimmer, sondern suchte stets die Gesellschaft der anderen Bunkerbewohner. Der Luftalarm dauerte meist bis zum Mittagessen. Die Lagebesprechung, die immer am Mittag nach dem Essen stattfand, begann oft gegen 15.00 Uhr."

Der Krieg ist endgültig verloren

Am 15. März 1945 hatte Speer ein Memorandum an Hitler verfasst, in dem er deutlich machte, dass die deutsche Wirtschaft innerhalb von acht Wochen unweigerlich zusammenbrechen würde und dass deshalb der Krieg militärisch auch nicht mehr weiterführbar war. Der Inhalt war sehr explosiv und gefährlich, wenn man bedenkt, dass allein schon die Äußerung von Zweifeln am Endsieg den sicheren Tod bedeuten konnte.

Am 18. März wurde Speer gebeten, bei der üblichen nächtlichen Lagebesprechung anwesend zu sein, die wie immer spät am Abend im Führerbunker stattfinden sollte. In seiner Tasche nahm er zwei Exemplare seines explosiven Memorandums mit, von denen er eines Oberst von Below gab. Früher am Tag hatte Speer telefonisch Hitlers persönlichen Adjutanten Schaub gefragt ob er anlässlich seines 40. Geburtstages am darauf folgenden 19. März ein von Hitler signiertes Foto bekommen könne. Speer: „Ich war der Einzige von Hitlers engsten Mitarbeitern, der noch nie danach gefragt hatte. Nun, am Ende seiner Herrschaft und unserer persönlichen Beziehung, wollte ich ihm zu erkennen geben, dass ich mich wohl gegen ihn stellte, aber dass ich ihn doch wie zuvor verehrte und Wert auf ein persönliches Foto legte." Thema der Lagebesprechung am 18. März war u. a. die Verteidigung des Saargebietes, das von General Pattons Armee ernstlich bedroht war. Speer: „Genauso, wie es schon vorher mit den russischen Manganerzgruben passiert war, wandte Hitler sich, nachdrücklich um Unterstützung suchend, an mich mit der Frage: ‚Erzählen Sie selbst mal den Herren, was der Verlust der Saarkohle bedeuten würde.' Spontan rutschte mir heraus: ‚Das würde den Zusammenbruch nur noch beschleunigen.' Perplex und verlegen starrten Hitler und ich einander an. Ich war ebenso überrascht wie Hitler, der nach einer kurzen, peinlichen Stille zu einem anderen Thema überging."

Nach Ende der Lagebesprechung in den frühen Morgenstunden des 19. März, Speers Geburtstag, gratulierte Hitler mit herzlichen Worten dem gerade 40-jährigen Speer und überreichte ihm eine mit einem goldenen Adler mit Hakenkreuz verzierte rotlederne Kassette, in der sich ein in einen silbernen Rahmen gefasstes Foto von Hitler mit persönlicher Widmung befand, wobei Hitler bemerkte, dass das Schreiben ihm in letzter Zeit arg schwer fiel, da seine Hand so zitterte. Aber als Speer die Widmung entziffert hatte, die von ungewöhnlich

Nachdem Speer am 24. April Abschied von Hitler und Eva Braun genommen hatte, ging er zum Mosaiksaal der neuen Reichskanzlei, die er in Hitlers Auftrag sechs Jahre zuvor gebaut hatte. Dort nahm er symbolisch auch Abschied von seinem eigenen Leben.

herzlichem Ton war, dankte er Hitler für dessen Anstrengungen und Leistungen und sprach über die fortbestehende Freundschaft. Er vergaß dabei seine Vorsicht und überreichte Hitler das zweite Exemplar seines Memorandums. Hitler nahm das Papier an, ohne etwas dazu zu sagen, worauf Speer sich von ihm verabschiedete und ihm erzählte, dass er noch in der gleichen Nacht in den bedrängten Westen abreisen wolle. Aber eine Weile später – Speer war noch im Bunker, um ein Fahrzeug mit Chauffeur zu organisieren – wurde er aufs Neue zu Hitler gerufen, der das Memorandum offensichtlich schnell gelesen hatte. Der herzliche Ton war völlig verschwunden, und sichtlich verstimmt schnauzte er Speer an, dass er dieses Mal eine schriftliche Antwort auf sein Memorandum erhalten werde. Und die Antwort blieb nicht lange aus, denn noch am gleichen Tag verkündete Hitler den so genannten

Nero-Befehl. Darin verordnete er in allen Punkten genau das Gegenteil von dem, was Speer in seinem Memorandum von 15. März verlangt hatte, nämlich die Verwüstung aller militärischen, zivilen, Verkehrs-, Verbindungs-, industriellen und Versorgungseinrichtungen. Daneben sollten alle kulturhistorischen Denkmäler Deutschlands sowie alles, was das Volk zum Überleben brauchte, vernichtet werden. Deutschland sollte in eine Wüstenei verwandelt werden, in der große Teile der Bevölkerung durch Hungersnöte umkommen würden.

Eva Braun in Berlin

Während der Kriegsjahre besuchte Eva Braun einige Male Berlin. So auch 1945, als sie am 19. Januar zusammen mit ihrer Schwester Gretl in die alte Reichskanzlei kam. Eva hatte in Berlin ein Wohn-/Schlafzimmer mit zugehörigem Badezimmer, das an das Schlafzimmer von Hitlers Privatwohnung in der ersten Etage der alten Reichskanzlei grenzte. Gretl

wohnte während ihres Aufenthalts in der geräumigen Etagenwohnung ihres Mannes in der Bleibtreustraße Nr. 10–11. Eva wollte am 6. Februar unbedingt ihren 33. Geburtstag in Berlin und im Beisein Hitlers und Gretls Mannes, SS-General Fegelein, feiern, mit dem sie aller Wahrscheinlichkeit nach eine mehr als freundschaftliche Beziehung unterhielt. Am 9. Februar fuhren Eva und Gretl wieder nach München. Im Gegensatz zu Gretl war Eva trotz der schlechter werdenden militärischen Lage fest entschlossen, wieder nach Berlin zurückzukehren. Am 23. Februar kam sie in Berlin an. Als Hitler sie sah, wollte er ihr eine Standpauke halten, da sie seine Befehle nicht befolgt hatte, nach Berchtesgaden zu gehen, aber jeder in seiner Umgebung sah, dass er froh darüber war. Zu seinen Adjutanten sagte er am Abend: „Ich kenne sie schon sehr lange, aber wissen Sie, dass es Jahre gedauert hat, bis sie mich ihr Taxi bezahlen ließ?" Viele im Bunker wussten, dass mit Eva Brauns Ankunft ein Bote des

*Eva Braun im Kleid ihrer Großmutter, in dem sie eigentlich immer heiraten wollte. Hier
sitzt sie auf der großen Terrasse des Berghofs, Hitlers Villa auf dem Obersalzberg bei Berchtesgaden. Trotz Hitlers strikter Befehle, bei ihren Eltern und Geschwistern in München zu
bleiben, zog Eva im Februar 1945 doch nach Berlin, um dort einem sicheren Tod
entgegenzugehen. Sie sollte – wenn auch in einem anderen Kleid – doch heiraten und als
Frau Hitler zusammen mit Adolf Hitler am 30. April 1945 Selbstmord begehen.*

Todes den Bunker betreten hatte. Hitler sollte sie noch wiederholt auffordern, Berlin zu verlassen und nach München zu
gehen. Auch Speer bot ihr einen Platz im Kurierflugzeug nach
München an, aber Eva ließ sich nicht beeinflussen. Es gibt
Hinweise, dass es nicht so sehr der stark gealterte und verfal-
lende Hitler war, der sie ins gefährliche Berlin zog, sondern
eher ihre geheime Liebe, SS-General Fegelein. Die lebenslus-
tige Eva wollte so nah wie möglich bei ihm sein und Spaß
haben mit Tanzen, Rauchen und Trinken. Direkt nach Ende
eines Luftangriffs trommelte Eva oft Menschen aus Hitlers
Entourage zusammen und nahm sie mit in ihr bescheidenes
Wohn-/Schlafzimmer, wo dann getanzt, geraucht und viel
Champagner getrunken wurde. Denn Eva, die vielleicht
ahnte, dass sie nicht mehr lange zu leben hatte, wollte nur
noch tanzen und feiern. SS-General Fegelein war der Waffen-
SS-Verbindungsmann des Reichsführer SS Himmler bei
Hitler und ein notorischer Frauenheld und Schürzenjäger. Er
war bekannt als arroganter und berechnender, rücksichtsloser
Karrieremacher, der sich durch seine Heirat mit Evas
Schwester Gretl Zutritt bis in Hitlers engste Umgebung zu
verschaffen wusste. Der einstige Stalljunge Fegelein (geboren
1906) hatte eine superschnelle Karriere innerhalb der SS
zustandegebracht und war der jüngste SS-General.
Obschon nicht sehr intelligent, wusste Eva doch durch ihre
natürliche, charmante und bayerische Art Hitler zu unterhalten und von seinen Grübeleien mit Geschichten und
Klatsch aus dem alltäglichen Leben abzulenken. Sie flirtete
und tanzte gern zu moderner (Jazz-)Musik – etwas, das sie
mit dem 23 Jahre älteren Hitler nicht konnte, der bezüglich

seiner Gesundheit immer mehr verfiel. Und doch war Eva
eine einsame junge Frau ohne einen offiziellen Status. Sie war
und blieb Fräulein Braun, die von Hitler in ihr Zimmer ver-
bannt wurde, sobald Gäste von außerhalb des inneren Kreises
kamen. Da sie nie in der Öffentlichkeit auftrat, war die Existenz von Eva Braun eines der bestgehüteten Geheimnisse des
Dritten Reiches. Es gab wohl manche Untersuchungen über
das intime Liebesleben von Hitler und alle möglichen An-
nahmen darüber. Viele Fachleute neigen doch eher dazu, dass
Hitler in seinem Leben tatsächlich wenige oder keine intime
Beziehung zu Frauen gehabt hat. Aller Wahrscheinlichkeit
nach war diese Enthaltsamkeit ein wichtiger Grund für seine
besondere Aggressivität, was von zahlreichen Psychologen
bestätigt wird. Und dennoch umringte Hitler sich gern mit
schönen Frauen, denen er mit seinem österreichischen
Charme auf distanzierte Art den Hof machen konnte. Es war
und blieb nur platonisch, aber als raffinierter Schauspieler
verstand er es, die positive Wirkung schöner Frauen auf sein
äußeres Bild gut zu nutzen. Aller Wahrscheinlichkeit nach
wusste Eva Braun schon in einem frühen Stadium, dass von
einem echten körperlichen Kontakt mit Hitler keine Rede
sein und dass die Beziehung rein platonisch bleiben würde,
aber dennoch fügte sich sich. Offensichtlich waren ihr ein
Status als „die Freundin des mächtigen Führers" und ein
Luxusleben mit allem Drum und Dran doch wichtiger. Dass
Hitler keinen Geschlechtsverkehr mit Eva hatte, vertraute Eva
einmal ihrem Frisör und auch anderen an, wie ihre Freundin-
nen Herta Schneider und Marion Schönemann bestätigten.
Nach seiner Lebensweise – er verbrachte beinahe sein gesam-
tes Leben unter Männern – kann eine
gewisse homoerotische Anlage bei Hitler
nicht völlig ausgeschlossen werden, aber
Beweise fehlen. In den Jahren, in denen er
an der Macht war, hat Hitler systematisch
alle privaten Informationen über ihn
vernichten lassen. In jener Zeit hätte das
Bekanntwerden einer solchen Anlage
sicher zum Ende seiner Karriere geführt.

*Ein amerikanischer Soldat besucht einige
Wochen nach dem Fall Berlins das Wohn-/
Schlafzimmer von Eva Braun im Führerbunker. Man achte auf den blühenden Zweig
(rechts auf der Kommode), den Eva noch
kurz vor ihrem Selbstmord am 30. April im
Garten der Reichskanzlei gepflückt hatte und
der trotz aller Plünderungen zu der Zeit noch
immer auf seinem Platz steht.*

Abschiedskonzert

Speer war ein leidenschaftlicher Besucher von Konzerten der berühmten Berliner Philharmoniker. Bis zuletzt hatte er es zu verhindern verstanden, dass die Musiker des Orchesters zum Militärdienst einberufen wurden. Speer unterhielt freundschaftlichen Kontakt zum Chef-Dirigenten des Orchesters, Wilhelm Furtwängler. Wenn noch einmal Bruckners 8. Sinfonie gespielt werden sollte, dann war das für Speer, dessen Freunde und Bekannte und für die Mitglieder der Berliner Philharmonie das Zeichen, dass das Ende in Sicht war und sich danach jeder retten musste, so lange es noch ging. Am

12. April, einige Tage bevor die russische Schlussoffensive losbrach, war es dann soweit. Am Nachmittag dieses grauen, kühlen Tages füllte sich der ungeheizte Saal der Philharmonie langsam mit Menschen, die ihre Mäntel anbehielten. Unter den Anwesenden waren neben Speer auch Großadmiral Dönitz, Hitlers Luftwaffenadjutant Oberst von Below, die wichtigsten Mitarbeiter von Speer und zahlreiche andere zivile und militärische Würdenträger. Der Saal war noch nicht stark beschädigt, und die Menschen auf den zusammengesuchten Stühlen fühlten die Spannung dieses letzten Konzerts im eingekesselten Berlin. Speer hatte den Auftrag gegeben, die zu dieser Zeit übliche Stromabschaltung vorübergehend aufzuschieben, und viele Berliner sollen sich darüber gewundert haben. Langsam setzte die Musik ein, und als Erstes erklang die letzte Arie von Wagners Brunhilde, nach der das Finale der „Götterdämmerung" einsetzte, von Speer ausgewählt, da

Eine gut nachgespielte Szene aus dem Film „The last storm", in der zu sehen ist, wie die Leichen von Eva und Hitler zum Ort ihrer Verbrennung getragen werden.

Eine amerikanische Delegation vor dem Notausgang des Führerbunkers an der Stelle, an der das Ehepaaar Goebbels verbrannt wurde. Links ist noch ein halb abgebauter Ventilationsschacht zu sehen. Gut drei Meter weiter rechts ist die Stelle, an der Hitler und seine Frau Eva verbrannt wurden.

gegen diese Gefahr, und einst werden wir siegen." Und oft wiederholte er die Worte des von ihm angebeteten preußischen Königs Friedrich dem Großen, dessen Porträt über seinem Schreibtisch hing: „Wer das letzte Bataillon in die Schlacht wirft, soll siegen!"

Am 16. April 1945 um 03.50 Uhr brach die große russische Schlussoffensive gegen die Reichshauptstadt los. Mit 750.000 Soldaten, 1.800 Panzern, 17.000 Geschützen, Granatwerfern und „Stalinorgeln" (Geschütz, das Raketen durch viele Abschussrohre am laufenden Band abfeuert) setzte an der Nordfront unter Leitung von Marschall Schukow die Offensive mit gewaltigem Artilleriebeschuss ein, dessen unheilverkündendes Gedröhne bis ins 70 Kilometer entfernt gelegene Berlin deutlich zu hören war. Und wenig später begann an der Südfront unter Führung von Marschall Konjew ebenfalls die Schlussoffensive mit einem alles vernichtenden Artilleriebeschuss und dem Einsatz von 500.000 Soldaten und 1.400 Panzern. Am Morgen konnten die russischen Pioniere gut 20 Notbrücken über die Oder legen, während russische Panzer einen Brückenkopf 30 km westlich der Oder hatten einnehmen können. Trotz fehlender deutscher Reservetruppen in dem Gebiet – mit schon bald katastrophalen Folgen – zeigte sich Hitler noch immer optimistisch über einen guten Ausgang.

Hitlers letzter Geburtstag

Am 20. April wurde Hitler 56 Jahre alt. Die ersten russischen Panzer hatten die Vororte Berlins erreicht, und in der Ferne war deutlich das dumpfe Gedröhn der russischen Kanonen zu hören. In der Nacht davor, um genau zwölf Uhr, hatte sich wie üblich Hitlers persönlicher Stab versammelt, um den Führer zu dessen Geburtstag zu beglückwünschen. Mit deutlichem Widerwillen schlurfte er mit krummem Rücken aus seinem Zimmer und begab sich zu seinem versammelten Stab im Korridor. Jeder konnte eigentlich nur noch murmeln, „Mein Führer, herzlichen Glückwunsch", denn jeder wusste, dass das Ende nah war. Gegen 08.00 Uhr am Morgen ging Hitler zu Bett, aber nur eine Stunde später erschien General Burgdorf im Bunker und bat Hitlers Diener Linge hände-

sie so melancholisch auf das nahe Ende des Dritten Reiches anspielte. Dann folgte Beethovens Violinkonzert, gefolgt vom Höhepunkt, der 8. Sinfonie von Bruckner mit ihrem architektonisch aufgebauten letzten Satz, der für Speer einen musikalischen Höhepunkt bedeutete und der ihn immer an seine eigene „größte" Architektur erinnerte.

Die Russen kommen

Inzwischen wurden die Berichte von der Front, die den Führerbunker erreichten, stets alarmierender. Die Russen rollten wie eine beständige und nicht zu stoppende Flutwelle auf Berlin zu, und es kamen die schrecklichsten Berichte aus den brennenden Dörfern und Städten, die in russische Hände gefallen waren. Eine große Menge getöteter Männer und Kinder, vergewaltigter Frauen und allerhand Bestialitäten schrien zum Himmel. Mit hasserfüllten Augen erklärte Hitler andauernd: „Es kann und darf nicht sein, dass diese Horde Barbaren Europa überschwemmt. Ich bin das letzte Bollwerk

Eine der letzten Aufnahmen von Goebbels, der hier Kindern und alten Männern des Volkssturms einen Orden überreicht, da sie beinahe buchstäblich mit bloßen Händen gegen die anstürmende russische Übermacht in den Straßen von Berlin gekämpft hatten. Viele starben dabei wie die Ratten, da sie über keinerlei Kampferfahrung und nur über unzulängliche Waffen verfügten.

ringend, den Führer zu wecken, da er eine bedeutsame Meldung habe. Linge: „Ich weckte Hitler, der sofort aufstand, aber sich nicht anzog und auch nicht sein Schlafzimmer verließ, sondern von hinter der Tür fragte: ‚Was gibt es, Burgdorf?' Nachdem der neben mir vor der Schlafzimmertür stehende General mitgeteilt hatte, dass die Russen durchgebrochen waren, aber dass der Gegenangriff inzwischen begonnen habe und der befehlshabende General wegen Versagens hingerichtet worden war, befahl Hitler mir: ‚Linge, ich habe noch nicht geschlafen. Weck mich eine Stunde später als gewöhnlich, um 14.00 Uhr.' Entsprechend seinem Befehl weckte ich Hitler um 14.00 Uhr. Daraufhin frühstückte er und ließ sich von mir Kokaintropfen in sein rechtes Auge träufeln."

Bis zum Mittagessen spielte er wie gewohnt mit Wolf, dem Jungen seiner Schäferhündin Blondie. Das Essen nahm er mit Eva Braun und seinen Sekretärinnen Christa Schröder und Johanna Wolf ein. Die Stimmung am Tisch war äußerst bedrückt, und es wurde beinah kein Wort gewechselt. Gegen 15.00 Uhr begab Hitler sich mit schleppenden Schritten zur Treppe des Notausgangs des Bunkers, die in den Garten führte. Dort standen u. a. eine Delegation der Hitlerjugend, Offiziere des Armeekorps Mitte, der Kommandant des Führerhauptquartiers, der Chef der Wachkompanie und einige SS-Offiziere, um ihm zu gratulieren. Dann lief der von Gleichgewichtsstörungen und von der deutlich sichtbar zitternden linken Hand als Folge der Parkinson-Krankheit geplagte, kraftlose Diktator, begleitet von seinem Diener Linge und seinem Marineadjutanten von Puttkamer, mit

kurzen, schleppenden Schritten um den Bunker herum in Richtung des nahe gelegenen Wintergartens. Dort, auf der Terrasse vor den Glastüren (und später bei der Lagebesprechung), waren so ziemlich alle Spitzen des Dritten Reiches anwesend, um ihrem Führer noch einmal zu gratulieren. Sie drückten ihm jeder die Hand, gelobten ewige Treue und versuchten, ihn zu überreden, Berlin zu verlassen, bevor die Stadt umzingelt werden würde. Bleich und mit gebeugtem Haupt und krummen Rücken schritt Hitler seine Getreuen entlang, von denen die meisten überlegten, wie schnell sie sich davonmachen konnten, um ihre Haut – wenn auch nur vorläufig – retten zu können.

Vernichtung von Dokumenten

Am 22. April 1945 drängten Feldmarschall Keitel und General Jodl Hitler nochmals ernstlich, Berlin zu verlassen, aber der Führer hatte noch immer keinen endgültigen Beschluss gefasst. Als während der Lagebesprechung ebenso deutlich wurde, dass keiner der von Hitler befohlenen deutschen Gegenangriffe etwas bewirkt hatte, brach er in unglaubliche Wut aus. Es folgte eine lange Schimpfkanonade gegen die Heeresleitung und ihren Verrat, der schon jahrelang im

Frau Goebbels mit ihren Kindern in besseren Tagen im Wintergarten der Villa auf Schwanenwerder. Sie sollte zusammen mit ihrem Mann Selbstmord begehen, nachdem sie einen Arzt beauftragt hatte, ihre sechs Kinder mit Zyankali umzubringen.

Die verkohlten Reste von Goebbels (vorn) und seiner Frau (dahinter), rechts daneben die unversehrten Leichen ihrer Kinder.

Gange war, so Hitler. Die Tirade dauerte gut eine halbe Stunde und endete in der Mitteilung, dass Keitel und Jodl sich zu Großadmiral Dönitz in Norddeutschland zu begeben hatten und dass er, Hitler, in Berlin bleiben würde, wo er Selbstmord begehen werde. Immer mehr Mitarbeiter verließen an diesem Tag den Bunker, und nur die wichtigsten Verbindungsoffiziere blieben zurück. Nachdem Keitel und Jodl sich abgemeldet hatten, ließ Hitler seinen Chefadjutanten, SS-General Schaub, in sein Schlafzimmer kommen. Er gab ihm den Auftrag, all seine persönlichen Unterlagen zu verbrennen, die in diversen Stahlschränken untergebracht waren. Zuerst mussten Dokumente aus den zwei Tresoren in seinem Schlafzimmer im ersten Stock der alten Reichskanzlei und dem Tresor in seinem Schlafzimmer im Führerbunker verbrannt werden und danach die aus seinem Tresor in seiner Wohnung in München und sowie aus dem im Berghof auf dem Obersalzberg. Er forderte von Schaub, alle persönlichen Dokumente zu vernichten und nicht eher wegzugehen, bevor nicht alles zu Asche verbrannt war. Schaub: „Der Führer holte

Durch die Kellerfenster des Borsig-Palais, Teil des Komplexes der neuen Reichskanzlei an der Ecke Wilhelmstraße/Vossstraße, konnten die meisten Bunkerbewohner in der Nacht vom 1. auf den 2. Mai 1945 in großer Zahl ausbrechen.

aus seiner Tasche den Schlüsselbund hervor, an dem die Schlüssel all seiner Tresore waren. Als er mir diese übergab, hatte bis dahin niemand anderes als Hitler diese Schlüssel in seiner Hand gehabt. Nur den Schlüssel zu dem kleinen Tresor am Fußende seines Bettes im Bunker behielt Hitler noch und öffnete diesen damit." Der Tresor schien bis obenhin voll zu sein mit allerhand Papierstücken, die kreuz und quer in großer Unordnung hineingestopft worden waren. Schaub holte einen braunen Koffer, den er geöffnet auf Hitlers Bett legte. Es wurde viel spekuliert über den Inhalt Hitlers geheimer Dokumente. Sicher ist, dass Hitler ein Geheimnis als politische Waffe betrachtete. Das Wissen, das nur er besaß und niemand anderes, machte es ihm möglich, überraschende und oft unerwartete Aktionen auszuführen. Bekannt ist, dass er unter dem Zwang stand, alle Papiere, die einen Bezug zu seiner Vergangenheit hatten und möglicherweise ein schlechtes Licht darauf werfen konnten, zu sammeln und in seinem persönlichen Tresor zu verstauen. Er schaltete dabei die besten Spürnasen der Gestapo ein, die das ganze Land durchkämmten, auf der Suche nach Informationen über den Führer, wie unbedeutend auch immer.

Schweigend begann Hitler, seinen Schrank zu leeren und den Inhalt in den Koffer zu stopfen. Aber plötzlich hörte er damit auf, worauf er Schaub mit einer Gebärde andeutete, damit weiterzumachen. Daraufhin ging er in sein Arbeitszimmer. Es schien noch ein zweiter Koffer nötig zu sein, um alle Papiere aus dem Tresor aufnehmen zu können, und nachdem der Schrank leer war, stellte Schaub die zwei vollen Koffer in Hitlers Wohnzimmer unter dessen persönliche Aufsicht.

Dann machte Schaub sich mit einem SS-Offizier und drei leeren Koffern auf den Weg zu den zwei Tresoren in Hitlers Schlafzimmer in der alten Reichskanzlei. Schaub: „Es war inzwischen Nachmittag, und die russische Artillerie beschoss aufs Neue das Regierungsviertel. Wir gingen ins Haus, das durch die verschiedenen Einschläge in allen Fugen krachte. Die Mauern des linken Flügels standen noch, aber die Türen und Fenster lagen zersplittert zwischen den Resten von Gardinen. Abgebrochener Stuck und Glasscherben bedeckten die Böden, und in den Ecken lagen Möbelteile. Die Treppe zum ersten Stock hing nur noch an ihren Spanten und begann, bedenklich hin- und herzuschlingern, als wir sie betraten. Auch in Hitlers altem Schlafzimmer waren die Wände und Decken noch intakt, aber das Bett und der Schrank, die Stühle und Tische waren durch den Luftdruck der Bomben völlig zersplittert. Gardinen und Türen waren ganz verschwunden. Aber links und rechts der Fenster, die zum Garten schauten, standen noch völlig intakt die beiden Stahlschränke, jeder zwei Meter hoch und einen Meter breit. Es kann von einem Wunder gesprochen werden, dass dieser Teil der alten Reichskanzlei und ausgerechnet Hitlers Schlafzimmer bis auf Kleinigkeiten der Zerstörung entkommen waren. Denn wäre auch dieser Teil zerstört worden, so wären die Tresorschränke so gut wie sicher in den Keller gestürzt und tief unter den

Trümmern begraben worden." Innerhalb von zehn Minuten waren die Schränke leer. Schaub und der Offizier schleppten drei Koffer über die gefährlich wackelnde Treppe zum Führerbunker. Zusammen mit zwei SS-Offizieren trug Schaub die fünf Koffer die steile Wendeltreppe hoch zum Notausgang. In einem schmalen, nicht weit vom Notausgang gelegenen Granattrichter deponierten sie den Inhalt des ersten Koffers und übergossen ihn mit Benzin, woraufhin Schaub die Papiere anzündete. Niemand der drei Anwesenden schaute auch nur einmal nach dem Inhalt der Akten. Schaub: „Rotgelbe Flammen schossen hoch, und eine schwarze Rauchwolke stieg auf. Während dieser Tätigkeiten wurde der feindliche Beschuss so stark, dass ich mich verschiedene Male in den Eingang des Bunkers zurückziehen musste. War ein Stapel verbrannt, eilte ich wieder zu dem Trichter, stellte mich vor das Feuer und übergab den Inhalt des nächsten Koffers den Flammen. Plötzlich merkte ich, dass Adolf Hitler dicht hinter mir stand, vornübergebeugt und mit den Händen auf dem Rücken. Lange sah er schweigend zu, wie seine geheimen Papiere verbrannt wurden und mit diesen die Antwort auf manches Geheimnis des Dritten Reiches. Schließlich sagte er langsam: ‚Es darf nichts davon überbleiben, Schaub. Dies ist der letzte Dienst, den wir unserem Feind erweisen.' Er blieb noch eine Weile stehen, äußerlich vollkommen unbewegt, als ob er mit seinen Gedanken ganz woanders war. Sogar die russischen Granateinschläge schien er nicht zu hören."

Speers Abschied von Hitler

Speer hatte beschlossen, doch noch Abschied von seinem Idol zu nehmen. Nach einem abenteuerlichen Flug landete sein Flieger unversehrt auf der Ost-West-Achse nahe dem Brandenburger Tor. Speer: „Trotz meiner telefonischen Vorankündigung hatte man mich nicht mehr erwartet, und man war überrascht, mich nun noch einmal zurückkommen zu sehen." Etwas später stand Speer vor Hitler. Speer: „Er empfing mich nicht gerührt, wie nur wenige Wochen zuvor nach meinem Treuegelöbnis. Er zeigte insgesamt keine Gefühle. Und wieder hatte ich den Eindruck, dass er leer war, entseelt und ohne Leben. Er setzte eine sachliche Miene auf, hinter der sich alles verbergen konnte."
Am gleichen Mittag sprach Speer u. a. mit Goebbels, der ihm erzählte, dass seine Frau Magda zusammen mit ihren sechs Kindern nun als Gäste Hitlers im Vorbunker wohnte und dass sie beschlossen hatten, als Familie zusammen mit Hitler zu sterben. Speer: „Goebbels blieb ständig neben mir stehen, und so beschränkte sich unser Gespräch auf ihren Zustand … Auch ich war gehemmt und konnte kaum Worte finden … Wir nahmen Abschied, schweigend und bedrückt."

Am gleichen Mittag war ein Telegramm von Göring hereingekommen, in dem dieser wissen ließ, dass er gemäß früherer Absprachen als Hitlers Nachfolger antreten werde, da er meinte, dass Hitler nicht mehr völlig handlungsfähig war. Und wenn er um zehn Uhr abends noch keine Antwort des Führers erhalten hätte, betrachte er sich selbst als dessen Nachfolger mit allen Vollmachten und Befugnissen im In- und Ausland. Das Telegramm geriet zuerst in die Hände von Reichsleiter Martin Bormann, Hitlers mächtigem Privatsekretär, der in dem Schreiben seine Chance sah, sich mit einem Schlag seines Feindes Göring zu entledigen und Hitler davon zu überzeugen, dass Göring Verrat begangen habe. Dies gelang ihm auch, und Hitler begann mit einer Tirade gegen den Morphinisten und Lackaffen Göring, den er des Verrates bezichtigte und als einen der Hauptverantwortlichen für die Niederlage seiner Armeen ansah und der mit der Luftwaffe völlig versagt hatte. In einem Atemzug schrie Hitler, dass Göring sofort verhaftet werden sollte und all seiner Ämter enthoben war. Und so geschah es, dass Göring mit seinem gesamten Stab in seinem Haus auf dem Obersalzberg unter Hausarrest gestellt wurde.
Zu der Zeit hatte Speer noch ein letztes Gespräch mit Eva Braun in ihrem Zimmer im Führerbunker. Speer: „Wir konnten ruhig reden, denn Hitler hatte sich zurückgezogen. Eigentlich war sie die Einzige im Bunker, die eine bewun-

Die Russen setzen (in einer für Propagandzwecke nachgestellten Szene) am Mittwoch, dem 2. Mai 1945, ihre Fahne auf das Dach des Reichstags. Die erste Flagge wurde schon in der Nacht vom 30. April zum 1. Mai gehisst, aber da wurde noch heftig in und um das Gebäude gekämpft.

dernswerte und überlegene Ruhe zeigte. ‚Was halten Sie von einer Flasche Champagner zum Abschied? Und was haben Sie denn lange nichts mehr Leckeres gegessen?' Der Diener brachte eine Flasche Moët & Chandon, Kuchen und Bonbons. ‚Es ist fein, dass Sie gekommen sind … Der Führer wollte mich zurückschicken nach München, aber ich habe mich geweigert; ich bin gekommen, um hier mein Ende zu finden … Übrigens hätten Sie uns beinahe nicht mehr angetroffen. Gestern war der Zustand so hoffnungslos, dass wir mit einer schnellen Besetzung durch die Russen rechnen mussten'"

Speer und Eva sprachen knapp zwei Stunden miteinander, und es war beinahe drei Uhr morgens am 24. April, als Speer gerührt und ohne viele Worte von Eva Braun Abschied nahm, worauf er Hitlers Diener Linge bat, ihn bei Hitler anzumelden, um sich zu verabschieden. Speer: „Dieser Tag hatte mich arg angegriffen, und ich hatte Angst, dass ich mich beim Abschied von Hitler nicht beherrschen könnte. Zitternd stand der Vergreiste mir zum letzten Mal gegenüber; der Mann, dem ich zwölf Jahre meines Lebens geweiht hatte. Ich war gleichzeitig gerührt und verwirrt. Er dagegen ließ, als wir einander gegenüber standen, keine Gefühlsregung erkennen. Seine Worte klangen ebenso kühl, wie seine Hand sich anfühlte: ‚Sie reisen also ab? Nun gut. Auf Wiedersehen, also.' Keine Grüße für meine Familie, kein Wort des Dankes, kein Lebewohl. Einen Moment verlor ich meine Selbstbeherrschung und gab vor, nochmals zurückzukommen. Aber er konnte leicht merken, dass das eine Verlegenheitslüge war, und er wandte sich den anderen zu. Ich konnte gehen." Speer nahm den langen Gang, der zur neuen Reichskanzlei führte, die er noch vor sechs Jahren für Hitler gebaut hatte. Durch

den Keller betrat er – tastend, denn die Elektrizität war ausgefallen – das enorme Gebäude, das trotz diverser Volltreffer noch recht gut erhalten war.

Speer: „Ein letztes Mal wollte ich noch durch meine Reichskanzlei laufen. Durch den Keller kam ich in den Mosaiksaal, den größten Saal des Gebäudes. Das gläserne Dach war teilweise eingestürzt, und überall lagen Brocken heruntergefallenen Stucks, Balken und Glassplitter. Vorsichtig und beinahe tastend beschloss ich, das Gebäude zu verlassen und zum Ehrenhof zu gehen. Die Glassplitter knirschten bei jedem Schritt, den ich machte. Die großen Doppeltüren am Eingang über der Prachttreppe waren durch den Luftdruck aus ihren Angeln geflogen und zersplittert. Die SS-Wachtposten waren nirgendwo mehr zu erkennen, aber vage sah ich die Konturen der noch auf ihrem Sockel stehenden beiden großen Standbilder von Arnold Breker, die die Partei und die Wehrmacht darstellen sollten. Einmal im Ehrenhof angekommen, stand ich einige Minuten bewegungslos, um Abschied zu nehmen und um die Eindrücke auf mich wirken zu lassen. Ich konnte den prächtigen Sternenhimmel sehen, und da meine Augen sich inzwischen an die Dunkelheit gewöhnt hatten, nahm ich gegen den nächtlichen Himmel die Umrisse des Gebäudes wahr. Es herrschte eine beinahe geisterhafte Stille, die man sonst eigentlich nur in den Bergen erlebt. Der Lärm der großen Stadt, der in früheren Jahren sogar während der Nachtstunden bis hierher durchdrang, war nun völlig verstummt. In weiter Entfernung hörte ich die Explosionen der russischen Granaten. Ich verließ nicht nur den Trümmerhaufen meines Bauwerks, sondern ich ließ auch die wertvollsten Jahre meines Lebens hinter mir und war voll banger Vorahnungen über die Zukunft."

Die deutsche Kapitulation vor den Russen am 8. Mai 1945 in Berlin-Karlshorst. V.l.n.r. General Stumpff (Luftwaffe), General Keitel (Oberkommando Wehrmacht) und Admiral von Friedenburg (Marine).
Von Friedenburg sollte sich einige Tage später in einer Toilette aufhängen, da er die Schande der verschiedenen Kapitulationen, die er durchführen musste, nicht länger ertragen konnte.

Fliegende Standgerichte

Sonntag, 29. April. Berlin ist völlig von den Russen umzingelt, die unaufhaltsam in die Innenstadt vorrücken. Beinahe ohne Unterbrechung regnet es russische Granaten auf den Komplex der Reichskanzlei. Tief im Bunker unter dem Garten der neuen Reichskanzlei kommt das normale Leben so gut wie zum Stillstand. Nirgends wird mehr gearbeitet, Ränge und Stände sind bedeutungslos geworden, die Atmosphäre ist verkrampft und bedrückt, und jeder ist mit dem schneller herannahenden Ende beschäftigt. Traudl Junge: „Hitler wollte Frau Christian und mich auch nachts bei sich in der Nähe haben. Auf dem Boden des Besprechungszimmers wurden ein paar Matratzen hingelegt, wo wir ein paar Stunden versuchten, in unseren Kleidern zu schlafen. Draußen vor der halb geöffneten Tür lagen die Generäle Krebs und Burgdorf, Reichsleiter Bormann und der Rest schnarchend in Sesseln."
Die Mahlzeiten, die im Lageraum serviert wurden, nahm Hitler nur noch mit Eva Braun, seinen zwei Sekretärinnen Gerda Christian und Traudl Junge, und seiner Diätköchin Manziarly ein. Auf die Frage von Traudl an Hitler, ob er denke, dass der Nationalsozialismus wiederkehren würde, sagte er: „Nein, mein Kind, der Nationalsozialismus ist tot. Vielleicht wird in hundert Jahren eine ähnliche Idee entstehen, mit der Kraft einer Religion, die sich über die ganze Welt ausbreitet. Aber Deutschland ist verloren. Es war offensichtlich für die Aufgabe, die ich ihm zugedacht hatte, nicht reif genug und nicht stark genug."
Auch in den Bunkern unter der neuen Reichskanzlei nahm das Chaos zu. Die meisten Angehörigen von Hitlers Stab hatten dort ihre Unterkunft. In den langen Gängen hausten nun auch erschöpfte Soldaten der Wehrmacht und des Volkssturms. Eine Feldküche versorgte sie mit warmen Getränken und einfachen Eintopfgerichten, meistens dicken Suppen.

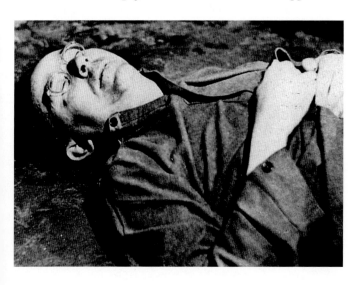

Überall lagen schlafende und entkräftete Menschen auf dem Boden, während zur gleichen Zeit Schwestern, Dienstmädchen, Flüchtlinge und Mitarbeiter der Reichskanzlei zu helfen versuchten, wo es möglich war. In einem der größten Bunker, direkt unter Hitlers riesigem Arbeitszimmer, war ein Nothospital mit Operationsraum eingerichtet worden. Darin arbeiteten Tag und Nacht die entkräfteten Professoren Haase und Schenck, um noch so vielen Verwundeten wie möglich zu helfen. Es wurde operiert und verbunden, wo es noch ging. Aber es strömten immer mehr Verwundete herein, und langsam, aber sicher gingen die Medikamente aus. In den letzten Tagen wurden sogar Amputationen ohne Betäubung verrichtet. Entsetzen rief im Keller auch das gnadenlose Auftreten der „fliegenden Standgerichte" hervor, die so genannte Deserteure und Defaitisten auf der Stelle verurteilten und hinrichteten. Das Personal dieser Standgerichte bestand aus Angehörigen von Gestapo, SS, SD, Geheimer Feldpolizei und Mitgliedern der NSDAP. Prof. Schenck erinnert sich: „Der lange Arm dieser Blutgerichte reichte selbst bis in diese Keller der neuen Reichskanzlei. Nie werde ich die lähmende Angst vergessen, die durch die Ankunft eines Mannes verursacht wurde, der wahrscheinlich aus dem nahe gelegenen Hauptquartier der Gestapo den Auftrag hatte, Todesurteile zu vollstrecken. Ich kann mich nicht erinnern, jemals einen brutaleren Mann gesehen zu haben: schielend, sadistisch grinsend, mit einem Stiernacken, kurz und gedrungen. Auf seinem breiten und groben Kopf mit hoher Stirn saß ein schief stehendes Tirolerhütchen mit schmalem Rand. Der Kerl trug eine lange braunlederne Jacke und ein breites Koppel mit rechts einem großen Pistolenhalfter und an der linken Seite einer Schlinge. Er stieß einen Luftwaffenoffizier vor sich her, dem man die Rangabzeichen abgerissen hatte. Er war offensichtlich wegen Feigheit vor dem Feind zum Tode verurteilt. Bleich und apathisch wurde der Unglückliche nach oben geführt und im Park niedergeschossen …"
Als Fegelein am 25. April den Führerbunker verließ, um in Zivilkleidung das Ende in seinem Apartment in der Bleibtreustraße abzuwarten, hatte er das große Pech, dass im Führerbunker bekannt wurde, dass Fegeleins Vorgesetzter, Reichsführer SS Himmler, geheime Unterhandlungen mit den Alliierten angeknüpft hatte. Hitler war durch diesen Bericht vor den Kopf gestoßen: Jetzt hatte sogar sein „Treuester der

Die stofflichen Überreste des finsteren Himmlers, dem gefürchteten Reichsführer SS und unangefochtenen Herrscher über das Todesreich der Konzentrations- und Vernichtungslager. Nachdem er von den Engländern verhaftet worden war, beging er Selbstmord, indem er eine Zyankalikapsel durchbiss.

Während des Nürnberger Prozesses (1945/1946) wurden die bedeutendsten noch lebenden NS-Führer angeklagt. In der Anklagebank u. a. in der ersten Reihe v.l.n.r. Göring, Hess, von Ribbentrop, Keitel. In der zweiten Reihe als Dritter von rechts Speer neben Seyß-Inquart, dem Reichskommissar der besetzten Niederlande.

Treuen", der Reichsführer SS, ihn verraten. Er forderte eine Erklärung von Fegelein, von dem er annahm, dass dieser mehr über die Verhandlungen wusste und vielleicht in einem Komplott steckte, um ihn lebend an die Alliierten auszuliefern. Aber Fegelein war spurlos verschwunden, und Hitler ließ ihn ab dem 27. April suchen. Schließlich wurde er am 28. April zusammen mit einer fremden Frau halbtrunken im Schlafzimmer seines Apartments angetroffen. Fegelein wurde verhaftet und zum Führerbunker abgeführt, wo er degradiert und nachher auf ausdrücklichen Befehl Hitlers kurz vor Mitternacht unter der Pergola im Park der neuen Reichskanzlei nahe beim Garten des Außenministeriums erschossen wurde. Ebenso wie Hitler fühlte auch Eva sich zutiefst verraten und erniedrigt durch Fegeleins Verhalten. Mit dessen Tod hatte in Evas Augen nun alles keinen Sinn mehr. Lieber ging sie als Hitlers Freundin – zu ihrer Überraschung einen Tag vor ihrem Selbstmord sogar als seine Frau – in den Tod. Es kann gut sein, dass Hitler von der Affäre Evas mit Fegelein gewusst hatte und mit dem Ende vor Augen Rache an dem in seinen Augen feigen und illoyalen SS-General nahm.

Hitler heiratet

Einige Minuten vor Mitternacht am 28. April und kurz nach Fegeleins Erschießung vollzog ein eilig herbeigetrommelter Standesbeamter im Lageraum des Führerbunkers die Trauung von Hitler und Eva Braun. Ziemlich abgehetzt las der Beamte die Trauungsurkunde vor, und mit zitternder Stimme stellte er Hitler die darin enthaltene Standardfrage, ob der Bräutigam versichern könne, dass er von rein arischer Abstammung sei. Noch bevor Hitler antworten konnte, sagte Goebbels ihm, dass es hier um den Führer des Großdeutschen Reiches ging und dass die Antwort auf die Frage hinlänglich bekannt sei. Eva hatte ein schwarzes Satinkleid an, und beim Unterzeichnen der Trauungsurkunde wollte sie zunächst mit ihrem Mädchennamen „Braun" unterschreiben, aber sie besann sich, strich das „B" durch und unterschrieb dann mit „Eva Hitler geb(orene) Braun". Zeugen waren Bormann und Goebbels, und gegen 01.30 Uhr wurden die Champagnergläser erhoben. Dem frisch gebackenen Paar konnte von der kleinen Gruppe der Anwesenden gratuliert werden. Im Anschluss gegen 02.00 Uhr in der Nacht vom 28. auf den 29. April diktierte Hitler Traudl Junge sein politisches und sein persönliches Testament. Traudl Junge: „Als ich hinter ihm herlief in sein Arbeitszimmer und wie üblich bei Diktaten die Abdeckung der Schreibmaschine abnehmen wollte, sagte Hitler zu meiner Überraschung: ‚Nein, mein Kind, nicht die Schreibmaschine, sondern der Stenoblock.' Es war das erste und letzte Mal, dass ich meinen Stenoblock benutzen musste, denn bis dahin

*Das Spiel ist aus. Der ehemalige Reichs-
marschall des Großdeutschen Reiches,
Hermann Göring, in seiner Zelle in
Nürnberg. Das Essen wird in einem
einfachen Napf serviert.*

tippte ich Hitlers Diktate immer sofort auf der Schreibmaschine mit den extragroßen Buchstaben. Ich setzte mich, den
Stenoblock vor mir, als Hitler sagte: ‚Mein politisches Testament.' Einen Moment lang wurde ich nervös, aber dann
beherrschte ich mich wieder. Es schoss durch meinen Kopf,
dass ich nun als Erste in der Welt von Hitler, der schon mit
einem Bein im Grab stand und nichts mehr zu verlieren
hatte, die Wahrheit hören würde, eine Rechtfertigung oder
ein Schuldbekenntnis für all das Elend, in das er uns gestürzt
hatte. Aber nach einiger Zeit drang es zu mir durch, dass ich
eigentlich nichts Neues hörte. Immer wieder die alten, bekannten hohlen Phrasen und Tiraden. Ich schaute überrascht
auf, als Hitler die neue Reichsregierung benannte, mit Großadmiral Dönitz als Staatsoberhaupt und Goebbels als Reichskanzler. Ich verstand nichts mehr, denn wenn alles verloren
war, wie Hitler diverse Male gesagt hatte, der Nationalsozialismus tot war und der Führer kurz davorstand, seinem Leben
ein Ende zu machen, warum also all die neuen Ernennungen?
Während des Diktierens schaute Hitler mich kaum an, und als
das politische Testament fertig war und ich Anstalten machte
wegzugehen, um meine stenografischen Aufzeichnungen auszuarbeiten, machte er mit einer Handgebärde deutlich, dass
ich sitzen bleiben sollte. ‚Nun noch mein persönliches Testament, mein Kind,' sagte er. Nach dem Diktat bat er mich mit
gehetzter Stimme, die Aufzeichnungen sofort und mit größter
Eile in dreifacher Ausfertigung zu erledigen." Die Frontlinie
war bis auf 400 Meter vor die Reichskanzlei vorgerückt, und
es wurde schon um den Kurfürstendamm, die Bismarckstraße
und die Kantstraße in Westberlin gekämpft.
Kurz vor der üblichen Lagebesprechung um 16.00 Uhr gab
Hitler den Befehl, seine Schäferhündin Blondie zu vergiften.
Nach dem Verrat von SS-Chef Himmler misstraute Hitler
auch den Zyankalikapseln, die er von Himmler bekommen

*Der einst so arrogante Außenminister von Ribbentrop auf der
Anklagebank während des Nürnberger Prozesses, bei dem er zum
Tod durch den Strang verurteilt wurde.*

hatte. Hitler wollte keinesfalls, dass sein
Lieblingshund Blondie in russische Hände
fiele. Nur der Gedanke daran mache ihn
krank, ließ er sich gegenüber Christa
Schröder einige Zeit früher aus. Blondie
war für Hitler unglaublich wichtig. Sie
schlief sogar in Hitlers Schlafzimmer, und
Speer hatte sicher Recht, als er sagte, dass
„der Schäferhund im Privatleben Hitlers
vermutlich die bedeutendste Rolle gespielt
hat, der Hund war wichtiger als sogar
seine vertrautesten Mitarbeiter." Der SS-Arzt Stumpfegger
gab Blondie die Giftkapsel, worauf der Hund wie vom Blitz
getroffen tot umfiel. Mit aschgrauem Gesicht warf Hitler
noch einen kurzen Blick auf seinen toten Hund, bevor er in
sein Zimmer ging, um sich auf die Mittagsbesprechung
vorzubereiten.
Gegen 22.30 Uhr abends hörte Hitler, dass Benito Mussolini
und dessen Geliebte Clara Petacci von Partisanen hingerichtet
worden waren und dass man die geschundenen Leichen bei
einer Tankstelle in Mailand an den Füßen aufgehängt hatte.
Hitler fühlte sich durch diesen Vorfall noch mehr bestärkt in

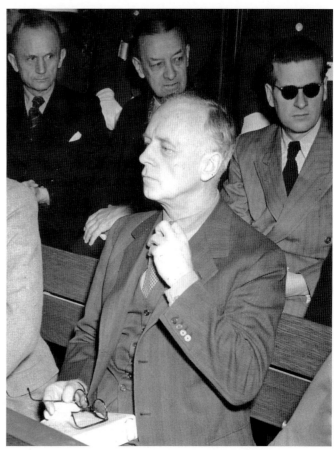

seiner Meinung, dass sein Leichnam direkt nach seinem Selbstmord verbrannt werden müsste, damit den Sowjets nichts in die Hände fallen würde.

Der Schuss

Es ist Montag, der 30. April 1945. Die Russen hatten sich in dieser Nacht dem westlichsten Flügel der Reichskanzlei bis auf etwa 100 Meter genähert und konnten jeden Moment in das Gebäude eindringen. Dann waren es nur noch knapp 400 Meter bis zum Eingang des Führerbunkers. Sie standen inzwischen auf dem Potsdamer und dem Leipziger Platz, beim Luftfahrtministerium und der Gestapo-Zentrale und hatten sich dem Brandenburger Tor bis auf etwa 50 Meter genähert. In der ersten Hälfte des Morgens hatten die Russen nach sehr schweren Gefechten, wobei um jeden Quadratmeter gekämpft wurde, das Brandenburger Tor, den Pariser Platz und den Anfang der Wilhelmstraße erreicht. Sie waren in den U-Bahntunnel unter der Friedrichstraße, und – was am alarmierendsten war – sie waren sogar in den U-Bahntunnel unter der Vossstraße vorgedrungen, an der die Reichskanzlei lag. Mit gekrümmtem Rücken, ein Bein nachziehend und mit zitternder Hand, irrte der geschlagene Diktator wie ein Zombie in den Morgenstunden langsam und apathisch durch die Betongewölbe seines Bunkers. Hitler hatte den SS-Adjutanten Otto Günsche inzwischen beauftragt, für die Verbrennung seines Leichnams und desjenigen seiner Frau Eva zu sorgen. Gegen 13.30 Uhr am 30. April brachten sechs

SSler unter Lebensgefahr wegen der schweren russischen Beschießungen neun 20-Liter-Kanister Benzin zum Notausgang. Günsche hatte große Eile. Es war keine Zeit mehr zu verlieren, denn man erwartete die Russen jeden Moment vor den gepanzerten Türen des Führerbunkers. Inzwischen hatte Hitlers Diätköchin Constanze Manziarly seine Henkersmahlzeit zubereitet, die von Hitlers Diener Linge im Lageraum serviert wurde: Spagetti mit einer leichten Tomatensoße. Neben den Sekretärinnen Traudl Junge und Gerda Christian war auch Constanze Manziarly anwesend. Eva war nicht dabei. Gegen 14.00 Uhr war die Mahlzeit beendet. Kurze Zeit später ging Hitler, begleitet von Linge, durch die Vorkammer und den zentralen Korridor zu Goebbels' Zimmer, um Abschied von ihm und seiner Frau zu nehmen. Danach zog er sich gegen 14.20 Uhr in sein Arbeitszimmer zurück. Gegen 15.10 Uhr nahm Hitler im zentralen Korridor schweigend und nur mit einem Händedruck Abschied von seinen engsten Mitarbeitern. Traudl Junge: „Ich sehe nur die Gestalt des Führers. Er kommt langsam aus seinem Zimmer, gebückter denn je, und gibt uns allen die Hand. Ich fühle seine rechte Hand warm in meiner, er schaut mich an, aber er sieht mich nicht. Sehr weit weg scheint er zu sein. Es sieht so aus, als ob er mir noch leise etwas zumurmelt, aber ich verstehe ihn nicht ... Ich bin erstarrt und merke kaum, was um mich herum geschieht. Erst als Eva Braun zu mir kommt, wird der Bann einigermaßen gebrochen. Sie lächelt und umarmt mich: ‚Bitte, versuchen Sie hier noch herauszukommen, vielleicht kommen Sie noch durch. Grüß Bayern von mir', sagt sie lächelnd und doch mit einem Schluchzen in ihrer Stimme." Nachdem er Abschied von seinen Mitarbeitern genommen hatte, zog Hitler sich in sein Arbeitszimmer zurück. Dabei wurde er wie immer begleitet von Linge, der die schwere Eisentür zum Zentralkorridor schloss. Gegen 15.15 Uhr ging Eva Braun mit Magda Goebbels zum Vorbunker, offensichtlich um die Kinder noch einmal zu sehen. Magda Goebbels teilte SS-Adjutant Günsche mit, dass sie Hitler dringend sprechen wollte. Günsche ging dann mit dem Ansuchen in Hitlers Zimmer, der deutlich verstimmt war, aber doch noch zu Magda Goebbels in den oberen Vorbunker ging. Wahrscheinlich versuchte Magda noch einmal, Hitler zu überreden, Berlin zu verlassen. Kurze Zeit später kam Hitler, kurz darauf gefolgt von Eva Braun,

korridor. Einige Minuten später beschloss Linge, nachzusehen und in das Vorzimmer vor den Privaträumen Hitlers zu gehen. Als persönlicher Diener des Führer war er befugt, jederzeit und unangekündigt die Privatgemächer des Führers zu betreten. Im Vorzimmer angekommen, roch er Pulverdampf, und es schoss ihm durch den Kopf, dass es es also schon passiert sein musste. Wenn er auch nicht mehr wirklich überrascht war, konnte er sich nicht dazu überwinden, die Tür zu Hitlers Arbeitszimmer zu öffnen und den Raum allein zu betreten. Linge holte Hilfe bei Bormann, der in dem Moment im zentralen Flur wartete. Keiner der Anwesenden – auch nicht diejenigen, die sich zu der Zeit dort aufhielten – hat jemals angegeben, den Schuss gehört zu haben. An sich ist das nicht verwunderlich, denn zwischen dem Mittelflur und Hitlers Arbeitszimmer lag

wieder zurück in den Führerbunker und begab sich zu seinem Arbeitszimmer. In der Türöffnung stehend nahm Hitler Abschied von Linge als Letztem. Linge: „Gebückt stand er da. Seine Haarlocke fiel, wie üblich, über die blasse Stirn. Das Haar war grau geworden. Ein paar müde Augen sahen mich an und sagten mir, dass er sich nun zurückziehen wollte. Ich nahm Haltung an und meldete mich zum letzten Mal ab. Äußerlich gelassen und mit ruhiger Stimme, als ob er mich in den Garten schickt, um eben etwas zu holen, sagte er: ‚Linge, ich werde mich nun erschießen. Sie wissen, was Sie zu tun haben. Ich habe den Befehl gegeben, auszubrechen. Schließen Sie sich einer der Gruppen an und versuchen Sie, nach Westen zu kommen.' Ich grüßte ihn. Hitler kam zwei oder drei träge Schritte auf mich zu und gab mir die Hand. Zum letzten Mal in seinem Leben hob er die rechte Hand zum deutschen Gruß. Eine geisterhafte Szene. Ich drehte mich um, schloss die Tür und lief zum Ausgang des Bunkers …" Im Vorbunker trank Linge, noch verwirrt und betäubt durch das Geschehen, ein oder zwei Gläser Genever mit den Männern des Führerbegleitkommandos. Aber er war zu ruhelos und beschloss, schon nach rund zehn Minuten wieder in den Führerbunker hinabzugehen. Im zentralen Korridor traf er SS-Adjutant Günsche an, der vor der Stahltür zu Hitlers Vorzimmer Wache hielt. Als Linge um etwa 15.30 Uhr aus dem Vorbunker zurückkkam, sagte Günsche zu ihm, dass er noch eben zu seinen Männern des Führerbegleitkommandos im Vorbunker gehen wollte, und verließ dann den Zentral-

eine Art Puffer, das zuvor erwähnte Vorzimmer, das zur Korridorseite mit einer schweren Stahltür verschlossen war. Auch das Besprechungszimmer hatte keinen direkten Zugang zu den Privatgemächern, während die schweren Betonwände fast alle Geräusche, auch die eines Schusses, dämpften. Daneben gingen alle zusätzlichen Geräusche im Getrommel der beständig einschlagenden russischen Granaten und dem Gesumme der Klimaanlage verloren.

Im zentralen Korridor sah Linge Bormann an einem Tisch stehen und sagte zu ihm: „Herr Reichsleiter, es ist passiert", woraufhin beide zum Sterbezimmer eilten, wenige Minuten später gefolgt von Günsche. Linge: „Als wir in das Zimmer gingen, sahen Bormann und ich folgendes Bild: Adolf Hitler und Eva Braun befanden sich als Leichen in sitzender Haltung auf dem an der Rückwand stehenden Sofa genau gegenüber der Tür zum Vorzimmer. Adolf Hitler saß in der, von dieser Tür aus gesehen, linken Ecke des Sofas. Er hatte sich mit seiner 7,65-mm-Pistole in die rechte Schläfe geschossen. Sein Kopf war nach rechts und etwas nach vorn gebeugt. Sein rechter Unterarm befand sich zwischen der Seitenlehne des Sofas und dem rechten Oberschenkel, wobei die Hand auf dem rechten Knie lag und nach vorne geöffnet war. Die linke Hand lag auf dem linken Oberschenkel und war nach oben geöffnet. Die Füße befanden sich auf dem Boden. Sie zeigten nach vorne und standen ungefähr 30 bis 40 Zentimeter auseinander. Hitler war wie üblich gekleidet in eine Uniformjacke und eine schwarze lange Hose, schwarze Socken und

trug schwarze halbhohe Schuhe. An seiner rechten Schläfe sah ich einen kleinen, runden dunklen Fleck, so groß wie eine Zehn-Pfennig-Münze. Aus diesem Fleck lief eine schmale Blutspur bis ungefähr zur Mitte seiner Wange. Direkt neben dem Sofa sah ich einen Blutfleck, ungefähr so groß wie ein mittelgroßer Teller, und mehrere Blutspritzer auf der Seite des Sofas und auf der Wand dahinter. Hitlers Augen waren weit offen. Ungefähr 30 cm neben seinem Leichnam befand sich die Leiche von Eva Braun. Sie hatte ihre Beine auf das Sofa gezogen. Die Beine zeigten nach links. Ihr Oberkörper lehnte gegen die Rückseite des Sofas. Die Augen waren offen, die Lippen zusammengepresst und der verkrampfte Gesichtsausdruck wies auf eine Vergiftung durch Zyankali hin. Die Hülse der Kapsel lag vor ihr auf dem Tisch. Der Leichnam war bekleidet mit einem blauen Kleid mit weißem Kragen und mit weißen Socken. Die Schuhe standen vor dem Sofa nebeneinander auf dem Boden. Das Gesicht machte einen vollkommen natürlichen Eindruck. Es war keinerlei Spur von Verwundung zu sehen. Die zwei mir gut bekannten Pistolen von Hitler (7,65 mm und 6,35 mm) lagen nahe bei Hitlers Füßen, nämlich die 7,65-mm-Pistole beim rechten Fuß und die 6,35-mm-Pistole beim linken Fuß. Die kleinere Waffe hatte er als Reserve zur Hand, im Falle dass die größere Waffe versagen sollte …" Über den genauen Zeitpunkt des Selbstmords gehen die Meinungen auseinander, aber am wahrscheinlichsten ist, dass Eva Braun um 15.28 Uhr das Gift einnahm und dass Hitler sich einige Minuten später, gegen 15.30 Uhr, in seine rechte Schläfe schoss. Gegen 16.00 Uhr wurden die Leichen über die 38 Betonstufen des Treppenhauses vom Notausgang zum Verbrennungsplatz im Park der Reichskanzlei getragen. Während die Leiche von Eva Braun, entgegen dem ursprünglichen Plan, nicht in eine Decke

gewickelt wurde, geschah dies wohl bei Hitlers Körper. Die stofflichen Überreste von Hitler wurden als Erste durch das Vorzimmer und den zentralen Korridor die Treppen hochgetragen. Alle Augenzeugen bestätigen, dass die Leichenstarre bei beiden noch nicht eingetreten war. Und ebenso sahen alle Zeugen nur Hitlers Unterschenkel, Socken und Schuhe, wobei ein Augenzeuge bemerkte, dass beim Vorbeitragen der Leiche eines der Hosenbeine hochgezogen war, sodass neben den schwarzen Seidensocken auch ein Teil seiner langen weißen Unterhose sichtbar war. Auch herrscht Einigkeit über die Kleidung Eva Brauns, die ein blaues Kleid mit weißen Rosetten an Hals und Ärmeln trug, aber keine Schuhe. Die Leichname wurden etwa 2,5 Meter schräg links vor der Stahltür des Notausgangs auf ein ebenes Stück Erde gelegt, die Füße in Richtung Bunker. In der meisten Literatur wird immer wieder über einen Granattrichter gesprochen, in dem die Verbrennung stattgefunden haben soll. Aber eindeutige Erklärungen von Augenzeugen bestätigen ohne Zweifel, dass die Leichen auf einem flachen Untergrund verbrannt wurden und nicht in einer Kuhle. Das war auch vernünftiger, denn eine Leiche verbrennt schneller und besser auf flachem Untergrund als in einer Kuhle. Dort ist die Gefahr größer, dass die Flammen aus Sauerstoffmangel ersticken, weil der Qualm schlechter entweichen kann als auf ebener Erde.

Die Verbrennung

Wegen der großen Eile, die geboten war, weil die Russen jeden Augenblick die Reichskanzlei und damit auch den Führerbunker erstürmen konnten, begannen Hitlers Diener Linge, Chauffeur Kempka und SS-Adjutant Günsche sofort mit der Verbrennung der beiden Leichen. Günsche: „Als ich, nachdem ich den Leichnam von Eva Braun neben den von

Hitler gelegt hatte, wieder in Richtung des Bunkereingangs gehen wollte, kamen gerade mit offenen Kanistern in der Hand Linge und Kempka nach draußen. Die Leichen wurden dann von uns dreien mit Benzin übergossen, wobei möglicherweise auch noch andere geholfen haben. Es wurden alle neun oder zehn Kanister – es geht hier um Wehrmachtskanister mit einem Inhalt von 20 Litern, die bis obenhin voll waren – ausgeleert … Das sofortige Anzünden des Benzins war wegen des momentanen schweren Beschusses und der vielen wütenden Brände nicht möglich. Diverse Versuche mit Streichhölzern misslangen. Ich hatte vor, eine der am Bunkereingang liegenden Handgranaten dafür zu verwenden. Beim Aufschrauben der Sicherung sah ich aber, dass Linge schon einen Fidibus aus einem Stück ineinander gedrehtem

Papier gemacht hatte, das von Bormann in dem Augenblick mit einem Streichholz angezündet wurde. Bormann warf den brennenden Fidibus zu den Leichen hin, wonach die Bunkertüren geschlossen wurden. Beim Schließen der Türen sah ich gerade noch, wie die Flammen hochschlugen." Durch den heftigen Beschuss des Geländes konnten die Türen immer nur kurz geöffnet werden, sodass die Anwesenden nicht mehr als einen kurzen Blick von den brennenden Leichen auffangen konnten. Die Russen schossen unaufhörlich mit Phosphorgranaten, wodurch sich der Park der Reichskanzlei in ein großes Flammenmeer verwandelte. Auch die alte und neue Reichskanzlei brannten noch als Folge der schweren Bombardierungen, die gegen Ende des Vormittags stattgefunden hatten. SS-Hauptsturmführer Lindhoff beobachtete im Auftrag

Zwei amerikanische Soldaten vor der Ruine der einst so gefürchteten Gestapo-Zentrale. Bis zum allerletzten Moment verrichtete die Gestapo ihr Werk.

von SS-Adjutant Günsche die Verbrennung der zwei Leichen noch etwa 30 Minuten. Er meldete, dass diese nun stark verkohlt, zusammengeschrumpft und durch Granateinschläge stark beschädigt waren. Es ist sicher, dass die beiden Leichen noch mindestens bis 18.30 Uhr verbrannten und so insgesamt zweieinhalb Stunden gebrannt haben. Nach einer so langen Zeit müssen Fleisch und Gebeine zu poröser Asche verbrannt sein, die bei der geringsten Berührung zerfällt. Es herrscht noch immer große Unklarheit daüber, was dann genau mit den verkohlten Resten geschah. Verschiedene Zeugenaussagen widersprechen sich, und vor allem die Sowjets wollten die Welt glauben lassen, dass sie die mehr oder minder kompletten Leichen von Hitler und dessen Frau gefunden hatten. Aber in Wirklichkeit stimmte das wohl kaum, denn zur großen Frustration der Russen (und insbesondere Stalins) wurden die verkohlten Leichen von Hitler und seiner Frau Eva nie gefunden, da sie einfach nicht mehr da waren. Es ist höchstwahrscheinlich, dass – nachdem sie zweieinhalb Stunden gebrannt hatten – die fast völlig verkohlten Reste durch mehrere Granateinschläge völlig auseinandergerissen und verstreut wurden. Der schwere Granatbeschuss des Parks der Reichskanzlei hielt auch während der Verbrennung mindestens 35 Stunden ununterbrochen an. Wohl ist bewiesen, dass die Russen, die das Gelände später Zentimeter für Zentimeter absuchten, von Hitler höchstens minimale Überreste des Schädels sowie des Ober- und Unterkiefers fanden, die gegenwärtg in einem Karton in einem Archiv in Moskau liegen.

Der Tod von Goebbels und seiner Familie

In der Nacht vom 30. April auf den 1. Mai versuchte der neue Reichskanzler Goebbels vergeblich, mit den Sowjets einen Waffenstillstand einzugehen. Erst um 14.46 Uhr am 1. Mai, also gut 24 Stunden nach Hitlers Selbstmord, sandte Goebbels ein Telegramm an Dönitz, in dem er den Tod des Führers meldete und dass dessen Testament nun in Kraft wäre. Dies beinhalte, dass Dönitz zum Reichspräsidenten und Goebbels zum Reichskanzler ernannt worden seien, Bormann zum Parteiminister und Seyß-Inquart zum Außenminister. Dann begab Goebbels sich zu seiner Frau und den sechs Kindern, die im höher gelegenen Vorbunker wohnten. Mit Spielen und Vorlesen wurden die Kinder beschäftigt, den nahenden Tod noch nicht ahnend. Trotz wiederholten Drängens ihres Mannes, mit den Kindern in den von den Engländern besetzten westlichen Teil Deutschlands zu gehen, weigerte sich Magda, den Bunker zu verlassen. Sie wollte zusammen mit dem Führer und ihren Kindern untergehen. Aller Wahrscheinlichkeit nach brachte Hitlers Leibarzt Stumpfegger gegen 17.00 Uhr die sechs Kindern mit Zyan-

kali um, nachdem sie von ihrer Mutter unter einem Vorwand einen Schlaftrank bekommen hatten. Gegen 20.15 Uhr des gleichen Abends und kurz vor ihrem Selbstmord geht Magda noch einmal zurück in das Zimmer, in dem ihre toten Kinder liegen. Bleich und bebend kommt sie davon zurück, woraufhin sie und ihr Mann Abschied nehmen von u. a. Staatssekretär Naumann, Adjutant Schwägermann, Chauffeur Rach und SS-General Mohnke, dem Kommandanten der Reichskanzlei. Magda ist nicht mehr im Stande, etwas zu sagen, aber Goebbels bedankt sich noch einmal bei allen. Er ist vollkommen ruhig und beherrscht. Es ist etwa 20.30 Uhr, und zynisch wie immer äußert er gegenüber den Anwesenden im zentralen Flur, dass er und seine Frau wohl die Treppe selbst hinauflaufen könnten, sodass ihre Leichen (wie bei Hitler und Eva Braun) nicht ganz nach oben getragen werden müssen. Danach zieht er seinen langen Uniformmantel an, holt seine Handschuhe heraus, die er sorgfältig über seine Finger zieht, setzt seine Uniformmütze auf und reicht seiner Frau einen Arm, woraufhin beide langsam die Treppe hinauflaufen. Im Garten angekommen, gehen sie rund 3 Meter vom Notausgang etwas nach rechts. Das ist etwa 2 bis 3 Meter von dem Ort entfernt, an dem Hitler und Eva verbrannt wurden. Es ist inzwischen beinahe 20.35 Uhr. Noch einmal schauen sie einander an, und dann beißt Magda die Zyankalikapsel durch, worauf sie einen Moment später wie vom Blitz getroffen zu Boden fällt. Nachdem Magda gefallen ist, feuert Goebbels nach aller Wahrscheinlichkeit noch eine Kugel durch ihren Kopf, um sicher zu sein, dass sie tot ist. Dann setzt er die Waffe an seine rechte Schläfe und schießt. Tödlich getroffen fällt auch er nieder. Etwas später kommt Adjutant Schwägermann aus dem Notausgang, um dafür zu sorgen, dass die Leichen seines Chefs und dessen Frau so schnell wie möglich verbrannt werden. Wie abgesprochen jagt Schwägermann seinem toten Chef zur Sicherheit noch eine Kugel durch den Kopf und beauftragt dann einige SS-Männer, vier Kanister mit insgesamt 80 Liter Benzin, die im Notausgang schon bereit stehen, über den Leichen auszugießen und anzustecken. Rund um die grelle Stichflamme, die aus den Leichen hochschlägt, stehen direkt neben den genanten SS-Männern nur Adjutant Schwägermann und Staatssekretär Naumann. Der Garten wird immer noch andauernd beschossen, und am gleichen Abend soll in Gruppen der Ausbruch aus der umzingelten Reichskanzlei und dem Führerbunker begonnen werden. Man will versuchen, durch die russischen Linien zu kommen, mit dem endgültigen Ziel Flensburg in Norddeutschland, wo Reichspräsident Großadmiral Dönitz und seine neue Regierung sitzen. Deshalb werden die brennenden Leichname von Goebbels und seiner Frau schon bald

Nach dem Krieg riss das DDR-Regime beinahe alle ehemaligen Regierungsgebäude längs der Wilhelmstraße ab, so auch den Komplex der neuen und alten Reichskanzlei. Dort wurden später Wohnhäuser errichtet. Der schwarze Pfeil zeigt an, wo der Führerbunker begraben liegt. Die Stelle ist auch jetzt noch durch die Erhebung des Weges, der darüber hinweg verläuft, wahrnehmbar.

FÜHRERBUNKER

verlassen. Es wird kein Benzin mehr über die Leichen gegossen, und schon bald züngeln nur noch kleine Flämmchen an den zwei Leichnamen hoch, bis auch diese ausgehen. Die halbverkohlten Körper bleiben im verwüsteten Garten liegen, bis sie später von den Russen zur Obduktion mitgenommen und der versammelten Weltpresse präsentiert werden.

Der Ausbruch

Am Nachmittag des 1. Mai 1945 hatte SS-General und Kommandant der Reichskanzlei Mohnke zehn Gruppen von insgesamt etwa 450 Personen gebildet, unter ihnen viele Frauen und auch Kinder, die noch am gleichen Abend und in der Nacht aus dem umzingelten Komplex der Reichskanzlei und des Führerbunkers ausbrechen und versuchen sollten, durch die russischen Linien zu kommen. Gegen 22.30 Uhr versammelte sich in einer der unterirdischen Garagen unter dem Ehrenhof die erste Ausbruchsgruppe. Da es keinen Strom mehr gab, waren Fackeln angebracht, die mit ihrem flackernden Licht befremdliche Schatten auf die Anwesenden und die

zahlreichen schwarzen, glänzenden Regierungslimousinen warfen, die dort noch immer standen. Unter den Anwesenden waren zahlreiche Angehörige aus Hitlers engster Umgebung, wie SS-Adjutant Günsche, Botschafter Hewel, Vizeadmiral Voss, Hitlers Sekretärinnen Traudl Junge und Gerda Christian, die Diätköchin Constanze Manziarly (sie sollte den Ausbruch nicht überleben) und Bormanns Sekretärin Else Krüger. Beim Abschied hatte Bormann mit einem halben Grinsen zu ihr gesagt: „Nun also, Krügerchen, wir werden es versuchen, aber die Chancen stehen schlecht." Um nicht als Frauen erkannt zu werden, trugen sie neben Helmen auch Uniformjacken, Hosen und Soldatenstiefel. Um 23.00 Uhr gab Mohnke Befehl zum Ausbruch, woraufhin sich die Gruppe zum angrenzenden Kohlenkeller begab, dessen Fenster auf die Wilhelmstraße hinausgingen. Diese wurden geöffnet, und als Erster kletterte Mohnke auf den von Trümmern bedeckten Bürgersteig der Wilhelmstraße. Nachdem er sich vergewissert hatte, dass gerade nicht geschossen wurde, gab er ein Zeichen, dass die erste Gruppe von etwa zehn Männern und Frauen

ihm in Richtung U-Bahnstation Kaiserhof (heute Mohrenstraße) folgen sollte. Im Licht der Brände, die in den Gebäuden rund um denWilhelmplatz wüteten, rannten sie über die Straße zu dem 50 m entfernten Eingang der U-Bahnstation. Hie und da wurde wieder geschossen, aber die Russen hatten den Ausbruchsversuch noch nicht bemerkt und waren der festen Meinung, dass Hitler und seine engsten Mitarbeiter schon lange aus Berlin geflohen waren. Das war übrigens auch der Grund, warum die Russen so lange mit der Eroberung der Reichskanzlei und des Führerbunkers gewartet hatten. Der größte Teil der Ausbrecher sollte letztendlich später lebend in die Hände der Russen fallen. Aber einige sollten den Selbstmord der Gefangenschaft vorziehen, wie Reichsleiter Bormann und Hitlers Leibarzt Stumpfegger.

Die Russen erobern den Führerbunker

Es ist Mittwoch, 02.00 Uhr, in der Nacht des 2. Mai 1945. Nachdem alle Gruppen ausgebrochen sind, bleiben außer dem überfüllten Notlazarett mit Professor Haase und einem Team von Schwestern noch einige Soldaten der SS-Leibstandarte in der Reichskanzlei zurück. Und in dem fast verlassenen Führerbunker sind nur noch zwei Personen, nämlich der Telefonist SS-Feldwebel Rochus Misch und der Cheftechniker und Elektromonteur Johannes Hentschel. Sie können nur noch auf die Russen warten, die jeden Moment auf der Schwelle stehen können. Ein erschöpfter Rochus Misch sitzt schlafend mit seinem Kopfhörer vor dem verstummten Schaltpult der Telefonzentrale. Und im Zimmer daneben sitzt Hentschel wie gewöhnlich auf seinem Hocker inmitten der übervollen Maschinenkammer mit zahlreichen Schalttafeln, Knöpfen und Schaltern und hält ein Auge auf das Diesel-

aggregat, das die Belüftung antreibt und frisches Wasser aus einem Brunnen hochpumpt. Dieser Brunnen ist von lebenswichtiger Bedeutung, denn er versorgt das Notlazarett mit den zahlreichen Verwundeten und Sterbenden mit frischem Wasser. Hentschel hat schon über 40 Stunden nicht geschlafen, aber weiß, dass er sich kein Nickerchen erlauben kann, so lange Misch noch schläft. Er läuft hoch zur Küche im Vorbunker, setzt eine Kanne Tee auf und steckt einige Riegel Schokolade in seine Tasche. Um 02.30 Uhr macht Hentschel wie üblich seine Runde durch den Bunker. Es ist totenstill, denn die Russen haben aufgehört zu schießen. Im Bunker liegen die leblosen Leichname der Generäle Krebs und Burgdorf, des Chefs des Führerbegleitkommandos Schädle und des Adjutanten Albrecht. Sie begingen Selbstmord, und in einem Zimmer im Vorbunker liegen in drei doppelten Etagenbetten die Leichen der sechs Goebbels-Kinder. Nachdem Hentschel von seiner Runde zurückgekehrt ist, nimmt er gegen 04.00 Uhr morgens Abschied von Rochus Misch, der sich mittlerweile marschklar gemacht hat. Beide tauschen Briefe für ihre Frauen aus,

Diese zwei alten Männer haben die NS-Diktatur und zwei Weltkriege überlebt und sitzen nun kraftlos und verzweifelt zwischen den Schutthaufen einer der einstmals prächtigsten Hauptstädte Europas.

die aber ihre Bestimmung nie erreichen sollen, denn später am Tag geraten beide Männer in russische Gefangenschaft. Erst nach vielen Monaten hören ihre Frauen, dass sie das Ende des Krieges überlebt haben.

Nachdem Misch den Bunker verlassen hat, befällt Hentschel ein Gefühl der Verlassenheit, als ob er in einem mittelalterlichen Kerker eingemauert ist. In Panik rennt er zum Notausgang des Bunkers, um etwas frische Luft zu schnappen. Es beginnt, hell zu werden, aber die Atmosphäre ist geisterhaft, was noch durch leichten Nebel verstärkt wird. Der Park ist völlig umgepflügt und sieht wie ein Schlachtfeld aus. Er sieht acht bis neun Leichen herumliegen, in einer unnatürlichen, verkrampften Haltung, teils mit abgerissenen Köpfen, aufgeschlitzten Bäuchen und abgetrennten Gliedmaßen. Nahe beim Notausgang erkennt Hentschel die verbrannten Leichen von Goebbels und dessen Frau. Von Hitler oder Eva ist keine Spur zu sehen. Gegen 08.00 Uhr kehrt Hentschel zurück in den Bunker und beschließt, etwas zu essen. In der Küche von Kannenberg setzt er Kaffee auf und brät drei Rühreier mit Speck. Trotz der Anspannung hat er Hunger bekommen, denn nach den Eiern isst er noch etwas Leberwurst und ein Butterbrot mit Speck. Danach wäscht er alles ordentlich ab,

worauf er wieder zu seinem Maschinenraum hinuntergeht. Es ist inzwischen 09.00 Uhr, und Hentschel weiß nicht, dass die Russen in der Zwischenzeit ohne nennenswerten Widerstand die Reichskanzlei gestürmt haben und durch den langen unterirdischen Gang in Richtung Vorbunker laufen. Plötzlich hört Hentschel Stimmen, und bevor er weiß, wie ihm geschieht, sieht er einige russische Soldaten mit Gewehren im Anschlag vor seiner offenen Tür stehen. Kurz bevor die Russen ihn gefangen nehmen, stellt Hentschel noch die Pumpen auf Automatik.

Mit der Eroberung des Führerbunkers fiel das letzte Bollwerk Hitlers und des Dritten Reiches. Allein die Eroberung Berlins kostete das Leben von gut 300.000 russischen Soldaten. Im Zweiten Weltkrieg kamen rund 55 Millionen Menschen ums Leben, und dessen Verursacher und zentrale Kraft, Adolf Hitler, hatte sich auf feige Weise durch Selbstmord der irdischen Gerechtigkeit entzogen.

LITERATURANGABEN

Ahrend, H.: The Origins of Totalitarism, New York 1966

Bahnsen, U./O'Donnell, P. O.: De Führerbunker, Amsterdam 1975

Banach, J.: Heydrichs Elite, München 2002

Bauer, H.: Mit Mächtigen zwischen Himmel und Erde, Pr. Oldendorf 1979

Below, N. von: Als Hitlers Adjudant, Mainz 1980

Berkholz, S.: Goebbels' Waldhof am Bogensee, Berlin 2004

Bernadotte, Graf F.: Het Einde, Den Haag 1946

Besymenski, L.: Der Tod des Adolf Hitler, Berlin 1990

Besymenski, L.: Die letzten Notizen des Martin Bormann, die letzten Notizen und sein Verfasser, 1982

Black, P.: Ernst Kaltenbrunner, Eine SS-Karriere, Paderborn 1991

Bloch, M.: Ribbentrop, London 1992

Bradley, J.: Das Dritte Reich, Herrsching 1981

Breitman, R.: Heinrich Himmler, Zürich 2000

Broszat, M.: Das Dritte Reich im Überblick, München/Zürich 1989

Bullock, A.: Hitler. Eine Studie über Tyrannei, 1983

Butler, E.: Marshal without Glory, London 1956

Carr, William: Hitler. A study in Personality and Politics, London 1978

Capelle, Dr. H. van: De nazi-economie, Assen 1978

Care, W.: A History of Germany 1815–1945, New York 1969

Delarue, J.: The Gestapo, New York 1964

Demps, L.: Berlin-Wilhelmstraße, Berlin 1994

Deschner, G.: Reinhard Heydrich, Frankfurt a. M. 1987

Die Chronik Berlins, Dortmund 1986

Die neue Reichskanzlei, München 1939

Dietrich, O.: Zwölf Jahre mit Hitler, München 1955

Dollmann, E.: Dolmetscher der Diktatoren, Bayreuth 1963

Domarus, M.: Hitler. Reden 1932–1945, Wiesbaden 1973

Engel, G.: Heeresadjutant bei Hitler 1938–1943, Stuttgart 1974

Fest, J.: Hitler. Eine Biografie, Neuausgabe 1998

Fest, J.: Das Gesicht des Dritten Reiches. Profile einer totalitären Herrschaft, Neuausgabe 2002

Fest, J.: Speer. Eine Biografie, Berlin 1999

Fraenkel, E.J.: Doktor Goebbels, Amsterdam 1960

Friedrich, J.: Der Brand, München 2002

Giesler, H.: Ein anderer Hitler, Leoni am Starnberger See 1977

Gilbert, M.: Neurenberg Diary, New York 1950

Gilbert, M.: The Holocaust. The Jewish Tragedy, London 1987

Gisevius, H. B.: To the Bitter End, Cambridge/Mass. 1947

Goebbels, J.: Die frühen Tagebücher, London 1962

Berlin ist gefallen, und die Russen haben nun das Sagen. Straße um Straße und Haus um Haus mussten gegen den hartnäckigen Widerstand der Deutschen erobert werden. Der Blutzoll war hoch, denn während der Schlacht um Berlin verloren rund 300.000 russische Soldaten ihr Leben.

Goebbels, J.: Tagebücher 1924–1941, München 1987

Göring, E.: An der Seite meines Mannes, Pr. Oldendorf 1980

Gosztony, P.: Der Kampf um Berlin 1945, Düsseldorf 1970

Gritzbach, E.: Hermann Göring, Werk und Mensch, Berlin 1938

Groehler, O.: Die neue Reichskanzlei. Das Ende, Berlin 1995

Gruenberger, A.: A Social History of the Third Reich, London 1971

Gun, E.: Eva Braun, New York 1969

Hanfstaengl, E.: 15 Jahre mit Hitler, München/Zürich 1970

Hillgruber, A.: Staatsmänner und Diplomaten bei Hitler, Frankfurt am Main 1970

Hitler, A.: Mein Kampf, München 1943

Hoffmann, H.: Hitler war mein Freund, London 1955

Irving, D.: Göring, A Biography, London 1989

Irving, D.: Hitlers War and the War Path, London 1991

Irving, D.: The Secret Diaries of Hitler's Doctor, London 1990

Irving, D.: Goebbels: Mastermind of the Third Reich, London 1996

Jäckel, H.: Menschen in Berlin, Stuttgart 2002

Janssen, O.: Das Ministerium Speer, Berlin 1968

Joachimsthaler, A.: Die Breitspurbahn 1942 – 1945, München 1993

Joachimsthaler, A.: Hitlers Ende, München 2004

Joachimsthaler, A.: Hitlers Liste, München 2003

Jochmann, W.: Adolf Hitler, Monologe im Führerhauptquartier, München 2000

Jodl, L.: Jenseits des Ende, München 1976

Junge, T.: Bis zur letzten Stunde. Hitlers Sekretärin erzählt ihr Leben, 2002

Kempka, E.: Die letzten Tage mit Adolf Hitler, Pr. Oldendorf 1975

Kershaw, I.: The nazi Dictatorship, London 2000

Kershaw, I.: Hitler (2 Bände), Utrecht 2001

Klabunde, A.: Magda Goebbels, Annäherung an ein Leben, München 1999

Knopf, V /Martens, S.: Görings Reich, Berlin 1999

Knopp, G.: Hitlers Helfer, München 1996

Kopleck, M.: Berlin 1933–1945, Berlin 2004

Kordt, E.: Wahn und Wirklichkeit, Stuttgart 1948

Krause, K.: Zehn Jahre Kammerdiener bei Hitler, Hamburg 1949

Krebs, A.: Tendenzen und Gestalten der NSDAP, Stuttgart 1948

Krüger, A.: Die Olympischen Spiele 1936, Berlin 1972

Lang, J. von: Die Gestapo, Instrument des Terrors, München 1990

Lang, J. von: Der Hitlerjunge, Hamburg 1988

Lang, J. von: Der Adjutant. Karl Wolff, München 1985

Lang, J. von: Der Sekretär. Martin Bormann, Frankfurt a. M. 1990

Lehrer, S.: Hitler Sites, Jefferson NC 2002

Le Tissier, T.: Berlin Then and Now, London 1992

Le Tissier, T.: The Third Reich Then and Now, London 2005

Linge, H.: Bis zum Untergang. München/Berlin 1980

Longerich, P.: Die braunen Bataillone. Geschichte der SA, München 1989

Leutheusser, U.: Hitler und die Frauen, Stuttgart 2003

Machtan, L.: Hitlers intieme kring, Amsterdam 2001

Maser, W.: Adolf Hitler. Legende–Mythos–Wirklichkeit, München 1976

Materna, I.: Berlin, Geschichte in Daten, Berlin 1997

Meissner, O.: Staatssekretär unter Ebert–Hindenburg–Hitler, Hamburg 1950

Metcalfe, P.: 1933, Amsterdam 2003

Michalka, W.: Ribbentrop und die deutsche Weltpolitik, München 1979

Musmano, M. A.: Hitlers letzte Zeugen, München 2004

Nolte, E.: Der Nationalsozialismus. München 1963

O'Donnell, J. P.: Die Katakombe, Stuttgart 1975

Olympia 1936, 2 Bände, Berlin 1936

Oven, W. von: Mit Goebbels bis zum Ende, (2 Bände), Buenos Aires, 1950

Oven, W. von: Wer war Goebbels? München 1987

Overy, R. J.: Göring: The Iron man, London 1984

Overy, R. J.: War and Economy in the Third Reich, Oxford 1994

Padfield, P.: Himmler, Reichsführer SS, London 1990

Papen, F. von: Memoiren, London 1952

Pätzold, K.: Kristallnacht. Zum Pogrom 1938, Köln 1988

Pätzold, K.: Geschichte der NSDAP 1920–1945, Köln 1981

Pätzold, K.: Stufen zum Galgen, Leipzig 1999

Petsch, J.: Baukunst und Stadtplanung im Dritten Reich, München 1976

Petzina, D.: Autarkiepolitik im Dritten Reich, Stuttgart 1968

Picker, H.: Hitlers Tischgespräche im Führerhauptquartier, Stuttgart 1963

Price, G. W.: I know these Dictators, London 1937

Reif, J.: Schwanenwerder, ein Inselparadies in Berlin 2000

Reichhardt, H. J.: Von Berlin nach Germania, Berlin 2001

Im Sommer 1945 besuchten amerikanische Kongressabgeordnete Berlin, wobei auch eine Führung durch die neue Reichskanzlei und den Führerbunker auf dem Programm stand. Hier steht die Gesellschaft auf den Treppen vor Hitlers Arbeitszimmer.

Hitler hatte ein fotografisches Gedächnis, das er täglich trainierte, mit dem er gern auftrumpfte und seinen Mitarbeitern und Besuchern zu imponieren pflegte.

Reimann, V.: Joseph Goebbels, Wien/München 1971
Ribbentrop, J. von: Memoiren, London 1962
Riess, C.: Joseph Goebbels, New York 1948
Rosenbaum, R.: Waarom Hitler?, Amsterdam 1999
Rürup, R.: Topografie des Terrors, Berlin 1987
Rürup, R.: Berlin 1945, eine Dokumentation, Berlin 1995
Schenck, E.G.: Das Notlazarett unter der Reichskanzlei, Wiesbaden 2000
Schmidt, M.: Albert Speer: Das Ende eines Mythos, Bern/München 1982
Schmidt, P.: Statist auf diplomatischer Bühne 1923–1945, Bonn 1953
Schönberger, A.: Die neue Reichskanzlei von Albert Speer, Berlin 1981

Schröder, C.: Er war mein Chef, München 2002
Schultz-Naumann, J.: Die letzten dreißig Tage, München 1980
Seabury, P.: Die Wilhelmstraße 1930–1945, Frankfurt a. M. 1956
Seeger, A.: Gestapo-Müller, Berlin 1996
Semmler, R.: Goebbels – the Man next to Hitler, London 1947
Sereny, G.: Albert Speer: verstrikt in de waarheid, Amsterdam 1999
Shirer, W. L.: Berlin Diary, 1934–1941, London 1970
Shirer, W. L.: This is Berlin, London 1999
Shirer, W. L.: The Rise and Fall of the Third Reich, New York 1960
Smith, B.: Heinrich Himmler, Stanford 1971
Speer, A.: Erinnerungen, Neuauflage 2003
Speer, A.: Technik und Macht, Esslingen, 1979
Speer, A.: Der Sklavenstaat, Stuttgart 1981
Speer, A.: Spandauer Tagebücher, Neuauflage 2005
Taylor, A. J. P.: The Origins of the Second World War, Harmondsworth 1961
Terrance, M.: Concentration Camps, USA 2002
Toland, J.: The last 100 Days, London 1966
Toland, J.: Adolf Hitler: het einde van een mythos, Utrecht 1977
Trevor-Roper, H. R.: The Bormann Letters, Londen 1954
Trevor-Roper, H. R.: The Last Days of Hitler, London 1973
Trimbborn, J.: Leni Riefenstahl, Berlin 2002
Tuchel, J.: Die Inspektion der Konzentrationslager, Berlin 1994
Ueberschär, G. R.: Stauffenberg, der 20. Juli 1944, Frankfurt a. M. 2004
Wagner, W.: Knaurs Bildatlas Drittes Reich, Augsburg 2001
Waite, R. G. L.: Adolf Hitler als psychopaat, Amsterdam 1978
Weihsmann, H.: Bauen unterm Hakenkreuz, Wien 1998
Weiß, H.: Biografisches Lexikon des Dritten Reiches, Frankfurt a. M. 1999
Wilderotter, H.: Alltag der Macht, Berlin Wilhelmstraße, Berlin 1998
Wildt, M.: Die Judenpolitik des SD 1935 bis 1938, München 1995
Wildt, M.: Generation des Unbedingten, Hamburg 2002
Zeitgeschichte in Farbe: Hitlers neue Reichskanzlei, Kiel 2002

BILDNACHWEIS

After the Battle
58 oben, 99 oben, 204 unten, 205, 216 unten, 231

Autorenarchiv
3, 16 oben, 24, 25 unten, 27, 46 unten, 48 oben, 60 unten, 64 unten, 70 unten, 73 oben, 74 oben, 77 Mitte und unten, 99 unten, 105 oben, 106 unten, 107, 108 oben, 129, 131 beide, 133 alle, 134, 135 beide, 137 alle, 148 unten, 171 rechts unten, 173 links oben, 175 unten, 182, 183 beide, 184, 185 beide, 186 oben, 216 oben

BPL
2, 7 unten, 9 beide, 13 oben, 14, 19, 54, 74 rechts, 190

Bundesarchiv (Berlin)
127 unten

Library of Congress
7 oben, 8, 12 unten, 20, 37 oben, 38 alle, 39 alle, 42, 44, 46 oben, 50, 65, 71, 72 beide, 77 oben, 78, 79, 80 alle, 81 alle, 82 Mitte und unten, 83, 84 oben, 85 beide, 86 oben, 87 unten, 90 beide, 91 oben, 92 alle, 93 alle, 94 beide, 95 alle, 96 beide, 97 alle, 98 links oben und rechts oben, 99 unten, 102 unten, 139, 157, 159 links oben, 160 unten, 165 unten, 177, 224, 227

Mike Chenault
23 unten, 118, 119, 120 beide, 121, 123 beide, 124 beide, 127

National Archives
1, 4, 5, 6, 10 beide, 11 alle, 12 oben und Mitte, 13 unten, 15, 16 unten, 17 oben, 18 beide, 21, 22 beide, 23 oben, 25 oben, 26, 28, 29, 30 beide, 31 beide, 32 beide, 34, 35 beide, 36, 37 unten, 40 beide, 41 beide, 47, 48 unten, 49, 51 beide, 52, 53, 55, 56, 57, 58 unten, 59, 60 oben, 61, 62, 63, 64 oben, 66 beide, 67 beide, 68, 70 oben, 73 unten, 74 unten, 75, 76, 82 oben, 84 unten, 86 Mitte und unten, 87 oben, 88 beide, 89 beide, 91 unten, 100, 101, 102 oben, 103 alle, 104 beide, 105 unten, 106 oben und rechts, 108 unterste 5 Fotos, 109 beide, 110 beide, 111 beide, 112, 113, 114 beide, 115 alle, 116 beide, 117 beide, 122 beide, 126, 128, 130 alle, 136 alle, 138, 140, 141, 142, 143, 144 beide, 145, 146 beide, 147, 148 oben, 149 beide, 150, 151 beide, 152, 153, 154, 155, 156, 158 alle, 159 alle, 160 oben, 161 beide, 162 beide, 163 beide, 164 alle, 165 oben, 166, 167, 168, 169 beide, 170 beide, 171 oben und links, 172 beide, 173 Mitte und unten, 174 alle, 175 oben und Mitte, 176, 178 beide, 179 alle, 180 alle, 181 alle, 186 unten, 187 alle, 188, 189, 191 beide, 192 beide, 193 beide, 194 beide, 195, 196 alle, 197, 198, 199, 200, 201, 204 oben, 206, 207, 208 beide, 209, 210, 211 beide, 212 beide, 213, 214, 215, 217, 218, 219 beide, 220, 221, 222, 223, 225 alle, 226, 228, 229, 230, 233 unten, 234, 235, 236, 238, 239

Staatsarchiv Hamburg
125 beide

Das Brandenburger Tor bei Nacht.